KLEINER RATGEBER

# MOBBING

Axel Esser
Martin Wolmerath
Klaus Niedl

# Mobbing

Der Ratgeber für Betroffene
und ihre Interessenvertretung

unter Mitarbeit von
Ingrid Mitgutsch

OGBverlag

Verlag des Österreichischen Gewerkschaftsbundes

Die Ratschläge in diesem Buch sind von Autoren und Verlag sorgfältig erwogen und geprüft, dennoch kann eine Garantie nicht übernommen werden. Eine Haftung der Autoren bzw. des Verlages und seiner Beauftragten für Personen-, Sach- und Vermögensschäden ist ausgeschlossen.

Lizenzausgabe des im Bund-Verlag, Frankfurt/Main,
erschienenen gleichnamigen Ratgebers von Esser/Wolmerath

Umschlaggestaltung: Gerhard Peischl unter Verwendung
eines Dias von Tony Stone Bilderwelten

Gedruckt auf chlorfrei gebleichtem Papier

Medieninhaber: Verlag des Österreichischen Gewerkschaftsbundes GesmbH

Satz: Exakta GesmbH, Wien
Verlags- und Herstellungsort: Wien
Printed in Austria
ISBN 3-7035-0726-8

# Inhalt


Abkürzungsverzeichnis ..... 9

Vorwort ..... 11

Vorbemerkungen ..... 13

**I. Was ist Mobbing?**
Ein kurzer Abriß des Konzeptes von Leymann ..... 15

1. Die Definition von Mobbing ..... 16
2. Das Phasenmodell ..... 18
3. Die Mobbing-Handlungen – das „Mobben“ ..... 18
4. Der Leidensweg der Mobbingopfer ..... 23
5. Ursachen für Mobbing ..... 27
6. Was Mobbing nicht ist ..... 29
7. Mittel gegen Mobbing ..... 30
8. Gibt es das „typische Mobbingopfer“? ..... 31
9. Wesentliche Forschungsergebnisse für Österreich ..... 32

**II. Angreifen, Standhalten oder Flüchten?**
Handlungsmöglichkeiten von Mobbingbetroffenen ..... 39

**III. Das Dilemma eines Betriebsrats**
Auch die Mobber sagen, sie würden gemobbt ..... 49

1. Zur Beweislage und Glaubwürdigkeit ..... 50
2. Loyalität und Schuld ..... 54
3. Handlungsfähigkeit und soziale Kompetenz ..... 55
4. Sich ein eigenes Bild machen ..... 56

**IV. Sicherheit bei der Beurteilung von Mobbing gewinnen**
Die Übung an einem Fallbeispiel ..... 59

1. Der Fall „Manfred“ ..... 59
2. Bewertung des Fallbeispiels und Schlußfolgerungen ..... 62

**V. Was unterscheidet Mobbing von anderen Konflikten am Arbeitsplatz?**

1. „Alarmglocken“ für den betrieblichen Alltag ..... 69
2. Was ist ein Konflikt? ..... 70
3. Wer mobbt, betreibt feindselige Ausgrenzung ..... 72
4. Das Wesen der Feindseligkeit ..... 73
5. Das Wesen der Ausgrenzung ..... 74
6. Die persönlichen Voraussetzungen für Mobbing ..... 78
   a) Erste Voraussetzung: Mobber fühlt sich beeinträchtigt ..... 78
   b) Zweite Voraussetzung: Offene und faire Auseinandersetzung scheint riskant ..... 82
   c) Dritte Voraussetzung: Moralische Bedenken sind geringer als das Eigeninteresse ..... 83
   d) Vierte Voraussetzung: Personen machen Probleme; Person weg – Problem gelöst! ..... 83

**VI. Das Handlungsfeld der betrieblichen Interessenvertretung**
Ein Überblick ..... 85

**VII. Allgemeine Mobbing-Prävention** ..... 89

1. Die Menschen aufklären oder Arbeitsbedingungen ändern? ..... 89
2. Risikoabteilungen oder den ganzen Betrieb ansprechen? ..... 91
3. Was bewirkt Mobbing-Aufklärung? ..... 92
4. Mobbing-Aufklärung wird „schlafende Hunde“ wecken ..... 93
5. Möglichkeiten und Methoden der Mobbing-Prävention ..... 95
   a) Aufklärung ..... 96
   a) Ein offenes Ohr haben ..... 97
   a) Informationen an Entscheidungsträger und betriebliche Strukturen gegen Mobbing am Arbeitsplatz ..... 98

**VIII. Die Mobbing-Sprechstunde** ..... 101

1. Parteilichkeit, Neutralität und Objektivität ..... 103
2. Anforderungen an die Beratungsperson ..... 104
3. Das Erstgespräch mit einem Mobbingbetroffenen ..... 107
4. Festlegung des Ziels der Beratung ..... 108

5. Der Mobbingbetroffene ist im Affekt ..... 109
6. Vermittlung von realistischer Zuversicht ..... 110
7. Keinen billigen Trost spenden und keine „Heldengeschichten“ erzählen ..... 112
8. Problemorientierte Vorgehensweise ..... 114
9. Die „Ja, aber …“-Falle und andere Schwierigkeiten ..... 115

**IX. Die Mobbing-Analyse** ..... 123
1. Sich ein klares Bild vom Mobbingprozeß machen ..... 124
   a) Erster Analyseschritt: Das Puzzle zusammensetzen ..... 127
   b) Zweiter Analyseschritt: Informationen gegen den Strich bürsten ..... 131
   c) Dritter Analyseschritt: Forderungen und Zukunftsvision ..... 132
2. Die Beweggründe des Mobbers herausfinden ..... 133
   a) Vierter Analyseschritt: In die Haut des Mobbers schlüpfen ..... 134
   b) Fünfter Analyseschritt: Kosten/Nutzen-Rechnung des Mobbings ..... 139
   c) Sechster Analyseschritt: Wege aus dem Labyrinth ..... 142
3. Das betriebliche Kräftespiel ermitteln ..... 143
   a) Siebter Analyseschritt: Ohnmacht und Stärken des Mobbingbetroffenen ..... 143
   b) Achter Analyseschritt: Macht und Schwachstellen des Mobbers ..... 147
   c) Neunter Analyseschritt: Betriebliche Hintergründe und Probleme ..... 151
4. Praktische Mobbing-Analyse an einem Fallbeispiel ..... 152

**X. Eingreifen in einen Mobbing-Konflikt (Mobbing-Intervention)** ..... 167
1. Zielsetzung des Eingreifens ..... 169
2. Zehn Eckpunkte für ein erfolgversprechendes Eingreifen in Mobbing-Konflikte ..... 172
3. Persönliche Gegenwehr des Mobbingbetroffenen ..... 175
4. Schlichtungsversuche des Betriebsrats ..... 181
5. Konfliktbereinigung und Machteingriff durch Vorgesetzte ..... 191
6. Wann genau ist Mobbing erfolgreich überwunden? ..... 196

**XI. Rechtliche Bewertung und Handlungsmöglichkeiten** ... 207
1. Strafrechtliche Bewertung des Mobbing ... 207
1.1 Körperliche Übergriffe gegen das Mobbingopfer ... 208
1.2 Sachmanipulationen ... 210
1.3 Verbalattacken – negative Kommunikation ... 211
1.4 Kommunikationsverweigerung ... 214
2. Strafrechtliche Handlungsmöglichkeiten ... 215
3. Zivilrechtliche Bewertung des Mobbing ... 218
3.1 Schadenersatzansprüche ... 218
3.2 Unterlassungsansprüche ... 222
3.3 Widerruf ehrverletzender Äußerungen und Veröffentlichung ... 223
4. Zivilrechtliche Handlungsmöglichkeiten ... 224
5. Arbeitsrechtliche Bewertung des Mobbing und Handlungsmöglichkeiten ... 225
5.1 Reaktionsmöglichkeiten des Arbeitgebers ... 226
5.2 Reaktionsmöglichkeiten des gemobbten Arbeitnehmers ... 230
6. Grundsätzliche Probleme bei der Beschreitung des Rechtsweges ... 233
6.1 Haben meine rechtlichen Schritte hinreichende Erfolgsaussicht? ... 233
6.2 Stehe ich ein Verfahren psychisch durch? ... 233
6.3 Wie gehe ich mit dem Verfahrensausgang um? ... 234

**XII. Betriebsvereinbarung „Mobbing“** ... 235

**XIII. Der betriebliche Mobbing-Beauftragte** ... 241

**Anhang** ... 243
1. Zwei Fragebogen zur Selbstklärung bei Mobbing ... 243
a) Fragebogen für den engagierten Helfer ... 243
b) Fragebogen für den Mobbingbetroffenen ... 247
2. Checkliste für handlungsorientierte Beratungsgespräche mit Mobbingbetroffenen ... 249
3. Anschriftenverzeichnis zu Mobbing ... 252

Autorenhinweis ... 254

Literaturverzeichnis ... 255

# Abkürzungsverzeichnis

| | |
|---|---|
| a.a.O. | am angegebenen Ort |
| Abb. | Abbildung |
| ABGB | Allgemeines bürgerliches Gesetzbuch |
| Abs. | Absatz |
| a. M. | anderer Meinung |
| AngG | Angestelltengesetz |
| Anm | Anmerkung |
| AnwBl | Österreichisches Anwaltsblatt |
| ArbG | Arbeitsgericht |
| ArbVG | Arbeitsverfassungsgesetz |
| ARD | ARD-Betriebsdienst |
| arg. | argumentum |
| Art. | Artikel |
| ASGG | Arbeits- und Sozialgerichtsgesetz |
| Aufl. | Auflage |
| ber. | berichtigt |
| BGBl. | Bundesgesetzblatt |
| bzw. | beziehungsweise |
| ca. | circa |
| d. h. | das heißt |
| ders. | derselbe |
| DRdA | Das Recht der Arbeit |
| etc. | et cetera |
| EvBl | Evidenzblatt der Rechtsmittelentscheidungen; Beilage zur österreichischen Juristenzeitung |
| evtl. | eventuell |
| f. | folgend, folgende |
| ff. | fortfolgend, fortfolgende |
| GAngG | Gutsangestelltengesetz |
| gem. | gemäß |
| GewO | Gewerbeordnung |

| | |
|---|---|
| h. M. | herrschende Meinung |
| Hrsg. | Herausgeber |
| insb. | insbesondere |
| i.V. m. | in Verbindung mit |
| JBl | Juristische Blätter |
| JN | Jurisdiktionsnorm |
| JUS | Jus-Extra; Beilage zur Wiener Zeitung |
| LArbG | Landarbeitsgesetz |
| LSK | Leitsatzkartei; Beilage zur Österreichischen Juristenzeitung |
| m. (w.) N. | mit (weiteren) Nachweisen |
| MedienG | Mediengesetz |
| Nr. | Nummer |
| OGH | Oberster Gerichtshof |
| ÖGB | Österreichischer Gewerkschaftsbund |
| Rn. | Randnummer, Randnummern |
| Rspr | Rechtsprechung |
| RZ | Österreichische Richterzeitung |
| s. | siehe |
| S. | Seite |
| s. a. | siehe auch |
| SchauspG | Schauspielergesetz |
| sog. | sogenannt, sogenannte, sogenanntes |
| SSt | Sammlung der Entscheidungen des OGH in Strafsachen |
| StGB | Strafgesetzbuch |
| StPO | Strafprozeßordnung |
| SZ | Sammlungen der Entscheidungen des OGH in Zivilsachen |
| u. | und |
| u. a. | und andere |
| u. ä. | und ähnliche/s |
| usw. | und so weiter |
| u. U. | unter Umständen |
| vgl. | vergleiche |
| Z. | Ziffer |
| ZAS | Zeitschrift für Arbeitsrecht und Sozialrecht |
| z. B. | zum Beispiel |
| ZPO | Zivilprozeßordnung |
| ZVR | Zeitschrift für Verkehrsrecht |

# Vorwort

*Heinz Leymann* hat vor einigen Jahren eine Debatte über ein Thema angestoßen, das sich nicht von heute auf morgen erledigen wird – Mobbing. Mittlerweile liegen zahlreiche Publikationen von Sozialwissenschaftlern und Juristen vor, die für mehr Problembewußtsein gesorgt haben. Was bislang jedoch fehlt, ist ein praktischer Ratgeber zur Konfliktbewältigung, der sich insbesondere an Betriebsräte, Personalvertreter und Mitarbeitervertretungen wendet. Wenn es um konkrete Handlungsstrategien geht, enthalten sich viele kluge Theoretiker vorsichtshalber der Stimme.

Mit diesem Ratgeber haben die Autoren diese Lücke geschlossen. Er enthält eine Fülle von Ratschlägen und praktischen Tips, wie mit Gesprächen und anderen außerrechtlichen Mitteln eine Lösung gefunden werden kann. Nur wenn dieser Weg nicht zum Erfolg führt, kommen rechtliche Sanktionen ins Spiel. Auch dazu findet der Leser umfassende, in leicht zugänglicher Form präsentierte Informationen.

Besonderes Interesse verdient die „Muster-Betriebsvereinbarung“[1)], die selbstredend auch für den öffentlichen Dienst gedacht ist. Sie orientiert sich an dem scheinbar so simplen Grundsatz „Vorbeugen ist besser als heilen“ und enthält eine Menge von Anregungen, wie eine betriebliche Interessenvertretung unerträgliche Umgangsformen im Betrieb erfolgreich bekämpfen kann. Da die Verhältnisse von Betrieb zu Betrieb und von Dienststelle zu Dienststelle unterschiedlich sind, enthält der Entwurf keine Einheitsformulierung, sondern zu jedem Problemkomplex eine Auswahl an sinnvollen Formulierungsvorschlägen.

Dem Buch ist eine weite Verbreitung zu wünschen. Gerade wenn sich „Mobbing“ erst fern am Horizont abzeichnet, ist die richtige Zeit für eine Initiative des Betriebsrats oder der Personalvertretung gekommen. Die Autoren geben ihm dafür das nötige Instrumentarium an die Hand.

Bremen, im Juni 1999 *Wolfgang Däubler*

1 Das Vorwort bezieht sich auf die deutsche Ausgabe, s. Anm. S. 236

# Vorbemerkungen

Mobbing ist ein Problem, das nahezu in jedem Betrieb anzutreffen ist. Die Ausfallkosten, die österreichischen Unternehmen durch Mobbing entstehen, werden im Milliardenbereich angesiedelt, wobei davon ausgegangen wird, daß es rund 300.000 Mobbingbetroffene in Österreich gibt. Beschäftigte sowie Vorgesetzte können im gleichen Maße Opfer von Schikanen, Gemeinheiten und Ausgrenzungen werden. Allerdings muß man dabei nicht tatenlos zusehen. Es gibt vielfältige Möglichkeiten, gegen Mobbing am Arbeitsplatz vorzugehen. Mit diesem Buch möchten wir einige Handlungsmöglichkeiten aufzeigen.

Wir wenden uns mit unseren Ausführungen insbesondere an die Interessenvertretungen in den Betrieben und Dienststellen, da diese es maßgeblich in der Hand haben, gegen Mobbing am Arbeitsplatz einzuschreiten beziehungsweise präventiv gegen Mobbing vorzugehen. Demzufolge ist es gerade für Mitglieder der Interessenvertretungen wichtig, sich über Mobbing zu informieren und die tatsächlichen sowie rechtlichen Aspekte dieses Problems zu erfahren. Auch wenn wir bei unseren Ausführungen stets vom „Betriebsrat“ ausgehen, so ist anzumerken, daß sich diese Erläuterungen grundsätzlich auch auf die Personalvertretungen in den Dienststellen übertragen lassen.

Daneben möchten wir mit unserem Buch all jene ansprechen, die sich – aus welchen Gründen auch immer – mit Mobbing auseinandersetzen – sei es als Mobbingbetroffener, Freund, Arbeitskollege, Mitglied einer Mobbing-Initiative, Mobbingbeauftragter etc.

Wir haben uns bemüht, Ihnen das Lesen unseres Buches zu erleichtern, indem wir stets vom Mobber sprechen – wohlwissend, daß Mobber auch mehrere Personen sein können. Frauen sollen mit diesem Ratgeber ebenfalls angesprochen werden, wenngleich wir aus Vereinfachungsgründen die männliche Form gewählt haben – in der Hoffnung, daß die Leserinnen dieses Buches dafür Verständnis aufbringen.

Dieses Buch kann nicht die Beiziehung von Experten im konkreten Einzelfall ersetzen. Wir empfehlen, stets Rat und Hilfe geeigneter Fachleute (z.B. Arzt, Therapeut, Jurist) einzuholen. Es gibt viele Möglichkeiten, bei Mobbing einzugreifen. Hierbei ist allerdings stets zu bedenken, daß ein konkretes Mobbingproblem eine Eigendynamik mit nicht vorhersehbaren Folgen entwickeln kann.

Obwohl sexuelle Belästigungen am Arbeitsplatz Mobbing sein können, haben wir uns mit dieser Erscheinungsform der psychischen Belastungen am Arbeitsplatz nicht speziell befaßt. Personen, die sexuellen Belästigungen am Arbeitsplatz ausgesetzt sind bzw. sich mit dieser Thematik beschäftigen, sollten zusätzlich zu dem vorliegenden Buch auf ergänzende Spezialliteratur zurückgreifen.

Dank sagen wir jenen, die mit ihren Anregungen, Fragen und Diskussionsbeiträgen zur Verwirklichung dieses Buchprojektes beigetragen haben. Insbesondere bedanken wir uns bei *Mag. Dr. Ingrid Mitgutsch* für ihre Ausführungen in Kapitel XI, die zur Vervollständigung dieses Ratgebers unverzichtbar beitragen.

Wir hoffen, daß wir mit unserem Buch einen Beitrag zur Bewältigung der Mobbingprobleme in den Betrieben und Dienststellen leisten, die anscheinend immer größere Ausmaße annehmen.

*Axel Esser*
*Martin Wolmerath*
*Klaus Niedl*

# I. Was ist Mobbing? – Ein kurzer Abriß des Konzeptes von Leymann

Mobbing ist in Österreich und dem deutschsprachigen Ausland seit ca. 1991 zu einem festen Begriff geworden. Das zeigen auch immer wieder verschiedene Zeitungsberichte[1]. Betriebliche Probleme und Konflikte gab es zwar schon immer, aber erst die skandinavische Forschung prägte den Begriff Mobbing für systematische Feindseligkeiten am Arbeitsplatz und entwickelte dazu theoretische Grundlagen (vgl. *Heinemann* 1972, *Leymann/Gustavsson* 1984, *Einarsen/Raknes/Matthiesen/Hellesoy* 1994). Der Psychologe *Heinz Leymann* (vgl. *Leymann* 1993) hat diesen Begriff mit seinen Arbeiten weiterentwickelt und einem breiten Publikum zugänglich gemacht. Die ersten deutschsprachigen Studien zu Mobbing wurden in zwei österreichischen Unternehmen in den Jahren 1992 und 1993 durchgeführt. Mit der Publikation des ersten österreichischen Ratgebers für Betroffene und Interessensvertretungen (vgl. *Leymann/Niedl* 1994) und des damit verbundenen Medieninteresses entwickelte sich eine breitere Diskussion, die zum Teil bis heute anhält.

Wer sich mit Mobbing befassen will, sollte den Ansatz von *Leymann* kennen. Für die praktische Auseinandersetzung mit Mobbingvorgängen im Betrieb ist das Konzept nach unserer Auffassung zwar unzureichend, aber es bildet die theoretische Grundlage für eigene Lösungswege bei der Mobbingbewältigung. Für Leser, die bisher keine Gelegenheit hatten, es kennenzulernen, geben wir hier eine kritische Zusammenfassung des ursprünglichen Mobbingkonzepts.

Den Ausgangspunkt bildeten arbeitsmedizinische Beobachtungen: Arbeitnehmer fielen aus dem Berufsleben, die psychisch und physisch so schwer angeschlagen waren, daß eine Wiedereingliederung in den Betrieb, ja sogar eine Rückkehr in den normalen Lebensalltag unwahrscheinlich bis aussichtslos erschien. Keine der üblichen arbeitsmedizinischen Ursachen war dafür verantwortlich (z.B. Vergiftung, Verstrahlung, Arbeitsunfälle, körperlicher Verschleiß). Bei genauerem Hinsehen entpuppten sich nicht wenige dieser Fälle als Ergebnis einer langjährigen beruflichen Leidensgeschichte. Die „schwierigen Fälle" waren jah-

---

[1] Z. B. die Meldung in der Tageszeitung „Der Standard" vom 3. Mai 1999, S. 9, daß zwei Ärzte gekündigt worden sind, weil sie angeblich Mobbing betrieben hätten.

relang der Ausgrenzung und Schikane durch Arbeitskollegen und Vorgesetzte ausgesetzt, hatten sich verzweifelt und ohne rechte Chance gewehrt, hatten physische und psychische Schäden davongetragen und waren schließlich aus dem Berufsleben ausgeschieden. Neben körperlichen und arbeitsplatzbedingten Ursachen tauchte mit einem Mal ein Feld zwischenmenschlicher Feindschaft als mögliche Ursache von Arbeitsunfähigkeit auf.

Als Arbeitswissenschaftler engagierte sich *Leymann* dafür, daß diese schädigenden betrieblichen Vorgänge als Ursache für Berufs- und Arbeitsunfähigkeit offiziell anerkannt werden. Eine solche Anerkennung hätte Konsequenzen für Arbeitgeber und das Sozialversicherungssystem, welche die Verantwortung und Kosten für Schutzmaßnahmen, Rehabilitation und Wiedereingliederung übernehmen müßten. Von Gegnern wird argumentiert, daß es sich um ein aufgebauschtes Modethema handle und damit ein Problem herbeigeredet wird, was keines ist („Mobbing gibt's nicht!"). Außerdem wird behauptet, daß die Mobbingopfer selbst schuld scien, weil sie wegen persönlicher charakterlicher Mängel Mobbing geradezu provozieren würden oder weil sie auch ohne betrieblichen Streß „durchgedreht" wären.

## 1. Die Definition von Mobbing

Das Kunstwort Mobbing ist dem englischen Verb *to mob* (= über jemanden lärmend herfallen, anpöbeln, angreifen, attackieren) entlehnt. Es gibt außerdem das Wort *mob law* (= Lynchjustiz), das für die Vorgänge beim Mobbing auch nicht unpassend ist. Der Verhaltensforscher *Konrad Lorenz* bezeichnete damit Gruppenangriffe von eigentlich unterlegenen Tieren, um einen Gegner zu verscheuchen. Der schwedische Arzt *Heinemann* untersuchte Gruppengewalt von Kindern und führte dafür den Ausdruck *Mobbing* ein (vgl. *Heinemann* 1972). Schließlich wird er angewendet, um psychische (Gruppen-)Gewalt im Arbeitsleben zu charakterisieren.

Was passiert bei Mobbing? Beschäftigte oder Vorgesetzte handeln feindselig gegen eine einzelne Person. Die Feindseligkeit wird in einer Grauzone zwischen erlaubten und verbotenen Handlungen ausgetragen. Die Feindseligkeit wird oft intrigant vorgetragen, d.h. sie wird verdeckt initiiert, hinter „Scherzen" versteckt oder völlig anonym durchgeführt. Oft werden Angriffe so geplant, daß dic Böswilligkeit nur schwer zu beweisen ist, oder sie werden mit „objektiven Daten“ unterfüttert, welche die Feindseligkeit legitimieren sollen. Bevorzugt werden Arglosigkeit und Schwachstellen des Opfers ausgenutzt. Alle Möglichkeiten zu einer gleichberechtigten Auseinandersetzung werden ausgeschlossen. Es wird vorbeugend versucht, die Möglichkeiten der Gegenwehr zu vereiteln oder systematisch zu untergraben. Die Feindseligkeit wird über längere Zeit ausgeübt. Die Chancen des Mobbingbetroffenen zur Gegenwehr sind gering. Es gibt folgende aktuelle **Definition**:

**Wichtig!**

„Unter Mobbing wird eine konfliktbelastete Kommunikation am Arbeitsplatz unter Kollegen oder zwischen Vorgesetzten und Untergebenen verstanden, bei der die angegriffene Person unterlegen ist (1) und von einer oder einigen Personen systematisch, oft (2) und während längerer Zeit (3) mit dem Ziel und/oder dem Effekt des Ausstoßes aus dem Arbeitsverhältnis (4) direkt oder indirekt angegriffen wird und dies als Diskriminierung empfindet.“ (*Leymann* 1995, S.18)

Wenn wir ein wesentliches Element dieser Definition genauer betrachten, dann fällt auf, daß eine Person „unterlegen“ sein muß. Dies bedeutet nichts anderes, als daß ein Machtverhältnis zwischen häufig gleichstarken Personen gekippt ist – ähnlich wie bei einer Waage, wenn eine Waagschale schwerer wiegt als die andere. Dieses Kippen ist meistens Ausdruck dafür, daß es sich nicht mehr um einen normalen Konflikt unter den Beteiligten handelt – diese kommen wie wir wissen im betrieblichen Alltag häufig vor –, sondern daß Mobbing begonnen hat. Einer Person fällt es aufgrund verschiedenster Ursachen wie Alter, sozialer Stellung, geringem Selbstwertgefühl, ökonomischen Abhängigkeiten usw. schwer, sich zu verteidigen oder die feindselige Situation zu verlassen.

Betriebsräte können sich nicht allein auf diese Definition stützen, wenn sie bestimmte Vorgänge im Betrieb als „Mobbing“ oder „kein Mobbing“ eindeutig zuordnen wollen. Wir kommen darauf jedoch in den Kapiteln IV. und V. zurück.

## 2. Das Phasenmodell

*Leymann* hat einige hundert Mobbingbetroffene interviewt, dabei typische Verläufe kennengelernt und daraufhin ein Phasenmodell (s. Abb. Seite 19) entworfen[1]. In seinem Gesamtablauf zeigt sich eine Eskalation des Schreckens, bis hin zum völligen Ausschluß aus dem Berufsleben und erheblichen somatischen und psychischen Folgeschäden.

Das Phasenmodell ist eine gute „Landkarte", um sich zu orientieren, was im Verlauf von Mobbing auf die Betroffenen zukommen kann und im schlimmsten Fall auch zukommt.

Es muß berücksichtigt werden, daß die interviewten Personen tatsächlich solche waren, die alle Mobbingetappen mitgemacht haben und am Ende des Ausgrenzungsprozesses angekommen waren. Aufgrund seines arbeitswissenschaftlichen Forschungsinteresses untersuchte *Leymann* die schlimmstmöglichen Verläufe (sog. „Worst-case-Szenario").

Dieses Modell kann leicht falsch verstanden werden, wenn man glaubt, daß jeder Mobbingfall quasi automatisch in der Reihenfolge des Phasenmodells ablaufen müßte. Dies ist sicher nicht der Fall. Bei manchem fängt Mobbing z.B. gleich in Phase 3 an, weil er aus irgendwelchen Gründen der Verwaltung ein Dorn im Auge ist. Andere halten das Mobbing nicht lange aus und kündigen ziemlich bald (das wäre ein Sprung von Phase 2 in Phase 5). Wieder andere werden lange Zeit gemobbt, es gibt aber keine Rechtsbrüche der Personalverwaltung und keine Fehldiagnosen (keine Phasen 3 und 4). Trotzdem endet das Problem schließlich mit längerer Arbeitsunfähigkeit oder Versetzung. Es kann außerdem passieren, daß sich die Mobbingsituation ohne äußere Hilfe wieder entspannt oder daß Mobbing über Jahre hinweg mit geringer Intensität erfolgt, ohne daß ein regelrechter Ausschluß betrieben wird.

## 3. Die Mobbing-Handlungen – das „Mobben"

Das Phasenmodell zeichnet den extremen Leidensweg von Mobbingopfern nach, geht damit weit über das eigentliche Mobben, nämlich den unmittelbaren Psychoterror am Arbeitsplatz hinaus.

[1] Ein alternatives Phasenmodell hat der finnische Wissenschaftler Björkqvist (*Björkqvist* 1992) entworfen. Er stellt die Gruppenwerte und -normen in den Mittelpunkt. Je mehr Mobbing in einer Phase akzeptiert ist, umso aggressiver werden die Feindseligkeiten.

## Phasenmodell
## Der Weg in die Mobbing-Katastrophe

| | Betriebliche Ebene | Persönliche Ebene |
|---|---|---|
| **Phase 1** | **Konflikte in der Organisation** einzelne Unverschämtheiten und Gemeinheiten | Erste Streßsymptome, Bewältigung durch individuelle Anpassung: Versöhnungsangebote, Ignorieren, Kampf, Konfliktbearbeitung |
| **Phase 2** | **Mobbing und Psychoterror** Konzentration auf eine einzelne Person | Angst, Verwirrung, Selbstzweifel, Zunahme der Isolierung, psychosomatische Störungen |
| **Phase 3** | **Rechtsbrüche durch Über- und Fehlgriffe der Personalverwaltung** einzelne Unverschämtheiten und Gemeinheiten | Innere Kündigung, Rückzug oder Auflehnung, Beschwerden, Erschöpfung und verstärkte psychosomatische Störungen |
| **Phase 4** | **Ärztliche und therapeutische Fehldiagnosen; vergebliche juristische Schritte** | Generelle Verunsicherung und Mißtrauen, tiefe Verzweiflung, posttraumatisches Streßsyndrom |
| **Phase 5** | **Ausschluß aus der Arbeitswelt** Versetzungen (mehrfach), Abschieben auf funktionslosen Arbeitsplatz, Kaltstellen, langfristige Arbeitsunfähigkeit, Einlieferung in eine Nervenheilanstalt, Kündigung, Frühpension, Eigenkündigung | Depression, Obsession, Suchtmittelmißbrauch, massive Gesundheitsstörungen, posttraumatisches Streßsyndrom, Persönlichkeitsstörungen, Selbstmord(versuche) |

Anmerkungen:

- Das ursprüngliche Phasenmodell enthielt nur vier Phasen. Die Phase 4 „Fehldiagnosen“ wurde erst im Mobbing-Report (*Leymann 1995)* erwähnt.
- In der Spalte „Persönliche Ebene“ haben wir den Phasen die in etwa entsprechende psychische, soziale und somatische Befindlichkeit und Situation des Mobbingbetroffenen zugeordnet. Eine exakte Zuordnung kann nicht erfolgen, weil jeder Betroffene individuell unterschiedlich reagiert und jede Mobbingsituation ebenfalls unterschiedlich ist.

Eine ärztliche Fehldiagnose oder eine der wirklichen Sachlage nicht angemessene Reaktion der Betriebsleitung kann Teil eines Gesamtprozesses sein, den wir heute Mobbing nennen, aber sie werden selten ebenfalls in der Form eines persönlichen niederträchtigen Angriffs ausgetragen.

Ein Nachteil des Phasenmodells ist, daß wir Mobbing nur über sein Endergebnis definieren können. Erst dann, wenn ein Mensch aufgrund betrieblicher Vorgänge ins Abseits und in die Krankheit getrieben worden ist, können wir mit Sicherheit sagen: „Das **war** Mobbing!". Im betrieblichen Alltag dürfen wir natürlich nicht solange warten. Um beurteilen zu können, ob es sich bei bestimmten Konflikten um Mobbing handelt oder nicht, kann zusätzlich *Leymanns* Auflistung von 45 Mobbinghandlungen zu Rate gezogen werden, die er aus Interviews mit Mobbingopfern herausgefiltert hat. Die im folgenden als **„45er-Liste"** bezeichnete Auflistung ist auf Seite 21 f. dargestellt. Bei dieser Liste handelt es sich um Teile eines Fragebogens (LIPT), der in verschiedenen Untersuchungen eingesetzt wurde. Obwohl *Leymann* der Auffassung ist, daß diese Auflistung die möglichen Mobbinghandlungen relativ vollständig wiedergibt, finden sich bei anderen Autoren viele weitere Mobbinghandlungen (vgl. *Huber*, *Neuberger* 1994 und 1995, *Niedl* 1995). Der Grund dafür ist, daß jede Handlung feindselig sein kann, wenn sie vom Empfänger als feindselig interpretiert wird. Es hat sich aber in Befragungen gezeigt, daß bestimmte Feindseligkeiten immer wieder auftreten – also typisch sind. An *Leymanns* Aufstellung kann man kritisieren, daß sie auf kommunikative Handlungen beschränkt ist (es fehlt z.B. Sabotage), daß nonverbale Angriffe zu wenig berücksichtigt wurden und gleichartige Handlungen mehrfach genannt werden (z. B. „lustig machen").

Auch ist die innere Logik der Aufstellung nicht ganz stimmig. Dennoch gibt die „45er-Liste" einen guten ersten Eindruck über die Vielfältigkeit der Mobbingmöglichkeiten. Der Phantasie beim Mobben scheinen kaum Grenzen gesetzt. Es ist unwahrscheinlich, daß jemals eine vollständige Liste zur Verfügung stehen wird.

Zu beachten ist, daß zwar jede dieser Handlungen für sich genommen unerfreulich ist, es sich jedoch noch nicht um „ausgereiftes" Mobbing handeln muß. Man denke zurück an die Definition von Mobbing, die erfordert, daß solche Handlungen systematisch, oft und über einen längeren Zeitraum erfolgen müßten. Die aufgelisteten Handlungen sind sozusagen mögliche *Bausteine des Mobbing*. Es handelt sich auch nicht um eine abschließende Prüfliste, mit der man folgendermaßen vorgehen könnte: „Alle Handlungen, die enthalten sind, sind Mobbing; alle Handlungen, die nicht verzeichnet sind, sind kein Mobbing."

Interessanter als die einzeln aufgeführten Mobbinghandlungen sind die übergreifenden Kategorien von Mobbinghandlungen, die *Leymann* herausgearbeitet hat. Mit ihnen läßt sich der Zweck und das Ziel der einzelnen feindseligen Handlungen durchschauen (in Kapitel V. befassen wir uns noch eingehend mit den „Motiven" und dem „Sinn" des Mobbing). Im einzelnen handelt es sich um folgende **fünf Kategorien**:

### 1. Angriffe auf die Möglichkeit, sich mitzuteilen

- Der Vorgesetzte schränkt die Möglichkeiten ein, sich zu äußern (1)
- Man wird ständig unterbrochen (2)
- Kollegen schränken die Möglichkeiten ein, sich zu äußern (3)
- Anschreien oder lautes Schimpfen (4)
- Ständige Kritik an der Arbeit (5)
- Ständige Kritik am Privatleben (6)
- Telefonterror (7)
- Mündliche Drohungen (8)
- Schriftliche Drohungen (9)
- Kontaktverweigerung durch abwertende Blicke oder Gesten (10)
- Kontaktverweigerung durch Andeutungen, ohne daß man etwas direkt ausspricht (11)

Beispiel: Man fährt Leuten immer wieder über den Mund, indem Gegenargumente oder Erklärungen gar nicht mehr abgewartet werden. Hiermit können z.B. das Selbstwertgefühl und die Einflußmöglichkeiten des Angegriffenen attackiert werden.

### 2. Angriffe auf die sozialen Beziehungen

- Man spricht nicht mehr mit dem Betroffenen (12)
- Man läßt sich nicht ansprechen (13)
- Versetzung in einen Raum weitab von den Kollegen (14)
- Den Arbeitskollegen wird verboten, den Betroffenen anzusprechen (15)
- Man wird wie „Luft" behandelt (16)

Beispiel: Ein Vorgesetzter weist jemandem Arbeitsräume fernab von allen anderen Beschäftigten zu. Diese Angriffe zielen auf die realen

Möglichkeiten der Zusammenarbeit und des Zusammenseins mit anderen.

**3. Angriffe auf das soziale Ansehen**

- Hinter dem Rücken des Betroffenen wird schlecht über ihn gesprochen (17)
- Man verbreitet Gerüchte (18)
- Man macht jemanden lächerlich (19)
- Man verdächtigt jemanden, psychisch krank zu sein (20)
- Man will jemanden zu einer psychiatrischen Untersuchung zwingen (21)
- Man macht sich über eine Behinderung lustig (22)
- Man imitiert den Gang, die Stimme oder Gesten, um jemanden lächerlich zu machen (23)
- Man greift die politische oder religiöse Einstellung an (24)
- Man macht sich über das Privatleben lustig (25)
- Man macht sich über die Nationalität lustig (26)
- Man zwingt jemanden, Arbeiten auszuführen, die sein Selbstbewußtsein verletzen (27)
- Man beurteilt den Arbeitseinsatz in falscher und kränkender Weise (28)
- Man stellt die Entscheidungen des Betroffenen in Frage (29)
- Man ruft ihm obszöne Schimpfworte oder andere entwürdigende Ausdrücke nach (30)
- Sexuelle Annäherungen oder verbale sexuelle Angebote (31)

Beispiel: Der Mobber versucht, das soziale Ansehen der Zielperson in den Augen der anderen Beschäftigten herabzusetzen, mit dem Ziel der sozialen Isolierung. Hiermit werden die zukünftigen Möglichkeiten der Zusammenarbeit, der Unterstützung und des Zusammenseins mit anderen untergraben.

**4. Angriffe auf die Qualität der Berufs- und Lebenssituation**

- Man weist dem Betroffenen keine Arbeitsaufgaben zu (32)
- Man nimmt ihm jede Beschäftigung am Arbeitsplatz, so daß er sich nicht einmal selbst Aufgaben ausdenken kann (33)
- Man gibt ihm sinnlose Arbeitsaufgaben (34)
- Man gibt ihm Aufgaben weit unter seinem eigentlichen Können (35)

- Man gibt ihm ständig neue Arbeitsaufgaben (36)
- Man gibt ihm „kränkende" Arbeitsaufgaben (37)
- Man gibt ihm Arbeitsaufgaben, die seine Qualifikation übersteigen, um ihn zu diskreditieren (38)

Beispiel: Durch den Entzug des Passwortes wird die Ausführung der Arbeit am PC behindert. Dadurch wird natürlich die Arbeitsleistung des Betroffenen vermindert, was dann später zum Anlaß genommen wird, eine schlechte Leistung zu bemängeln.

**5. Angriffe auf die Gesundheit**

- Zwang zu gesundheitsschädlichen Arbeiten (39)
- Androhung körperlicher Gewalt (40)
- Anwendung leichter Gewalt, zum Beispiel, um jemandem einen „Denkzettel" zu verpassen (41)
- Körperliche Mißhandlung (42)
- Man verursacht Kosten für den Betroffenen, um ihm zu schaden (43)
- Man richtet physischen Schaden im Heim oder am Arbeitsplatz des Betroffenen an (44)
- Sexuelle Handgreiflichkeiten (45)

Beispiel: Eine Person wird immer wieder bei passenden Gelegenheiten mit einem Transportbehälter für Wäsche angefahren, damit sie sich blaue Flecken zuzieht. Natürlich wird das als Versehen dargestellt.

Welche Angriffsformen finden nun besonders häufig statt? In einer Befragung ermittelte *Niedl* in österreichischen Betrieben, daß Mobbingbetroffene im Vergleich zur unbehelligten Belegschaft wesentlich häufiger „Kritik", „Ausgrenzung" und „Sanktionen" ausgesetzt waren. Die Begriffe „Ausgrenzung" und „Sanktionen" finden sich nicht in der „45er-Liste", sondern statt dessen in *Leymanns* allgemeiner Mobbingdefinition.

## 4. Der Leidensweg der Mobbingopfer

Für *Leymann* ist jeder, der Mobbingangriffen ausgesetzt ist, als Mobbingopfer anzusehen. Wir halten es für sinnvoller, von einem Mobbing*opfer* erst dann zu sprechen, wenn Hilflosigkeit und psychosomatische Schädigung sehr groß sind und sich der Mobbingprozeß dem Endstadium nähert. Menschen, die gegenwärtig Mobbingattacken ausgesetzt sind, werden wir als Mobbing*betroffene* bezeichnen.

Ein weiterer Grund, warum man sparsam mit dem Begriff des Mobbingopfers umgehen sollte, liegt darin, daß es immer wieder Fälle gibt, wo sich die Rollen schnell umkehren können: Eine Bewältigungsstrategie bei Mobbing besteht darin, daß man den anderen angreift und jener jetzt in die unterlegene Situation gerät. Plötzlich entsteht die Situation, daß der frühere „Mobbingtäter“ zum „Mobbingopfer“ wird.

Mobbingbetroffene verhalten sich unseren Erfahrungen nach zunächst nicht wie Opfer, sondern versuchen, aktiv im Rahmen ihrer Möglichkeiten etwas zu unternehmen. Sie wehren sich verbal, versuchen eine Aussprache, beschweren sich bei Vorgesetzten (s. Abb. S. 25). Dies zeigen auch verschiedene Studien: Knorz und Zapf (*Knorz & Zapf* 1996) befragten z. B. in Deutschland Mobbingbetroffene, wie ihre Bewältigungsstrategien waren: 66 % führten Gespräche mit ihren Widersachern, 40 % schalteten Vorgesetzte oder Betriebsräte ein, 20 % schalteten die Gewerkschaft ein. Von den Personen, die dabei erfolgreich waren, ist in der Diskussion über Mobbing allerdings nichts mehr zu hören. Haben die Gegenmaßnahmen und Versöhnungsversuche dagegen nicht geholfen, geht der Leidensweg für die Betroffenen weiter.

**Wichtig!**

Wer durch Mobbing angegriffen wird, sollte nicht vorschnell als Opfer eingestuft werden.

Zum Leiden gehört zunächst einmal, daß sich der Mobbingbetroffene in eine Ausnahmesituation gestellt sieht. Er wird häufig oder ständig angegriffen, andere nicht. Die Frage liegt nahe: *„Warum ich?“*

Die Angriffe stellen die persönliche, soziale Sicherheit und die berufliche Integration in Frage. Das verunsichert und verursacht Streß. Schlaflose Nächte, Magen- und Darmprobleme, Kopfschmerzen usw., viele psychosomatische Störungen können auftreten. Angst oder Wut, Selbstzweifel und Auflehnung, Mut schöpfen oder Erschöpfung wechseln sich ab. Je nach Persönlichkeit und Vorgeschichte kann das schließlich in eine Depression münden oder in ein dauerhaftes Aufbegehren, eine sog. Obsession.

# Reaktionen und Bewältigungsverhalten von Mobbing-Betroffenen

Situation eines Mobbing-Betroffenen

## 1. Spontane Reaktionen

- Überraschung, Verblüffung, Schreck, Sprachlosigkeit
- Wut, Ärger
- Anflug von Depression, Schuldgefühl, Unsicherheit („Wieso ich?"; „Wie können Menschen nur so sein?")

## 2. Unterschiedliche Formen von Bewältigungsverhalten

- Aktive Gegenwehr: Schimpfen, Angriffe zurückweisen usw.
- Klärungs- und Versöhnungsversuche („Warum machst du das?"; „Was habe ich dir getan?")
- Ausgleich außerhalb der Arbeit suchen
- Unterordnungsversuche (Kritik zuvorkommen; alles besonders gut machen)
- Ignorieren („dickes Fell" zulegen; so tun, als ob man nichts bemerkt)
- Vermeidungsverhalten (Mobber aus dem Weg gehen)
- Beschwerde beim Vorgesetzten oder Außenstehenden
- Suche nach Rückhalt und Bestätigung
- Verlassen der Situation

## 3. Beginnende Überforderung des Bewältigungsvermögens

- Dauerhaftes Durchspielen der Situation, im Kreise denken und fühlen
- Abbau der inneren Ressourcen; äußere Unterstützung nimmt ebenfalls ab
- Hoffen auf externe Lösungen
- Schwanken zwischen Selbstbehauptungswillen, Selbstzweifel und Angst

## 4. Psychosomatische Auswirkungen und Krankheit

- Psychisches Unwohlsein
- Psychosomatische Beschwerden (Dauerstreß)
- Depressionen oder Obsession
- Mißbrauch von Medikamenten, Alkohol und anderen Drogen
- Posttraumatisches Streßsyndrom
- Arbeitsunfähigkeit

Situation eines Mobbing-Opfers

*Leymann* machte die Beobachtung, daß die Befindlichkeit von Mobbingopfern mit denen der Opfer von Naturkatastrophen, Unglücken oder Gewalttaten vergleichbar ist. Das gemeinsame Merkmal solcher persönlicher Katastrophen ist die existentielle Bedrohung für den Betroffenen bei gleichzeitig erlebter Hilflosigkeit.

Das ist der Situation eines Beifahrers bei einem Beinaheunfall vergleichbar. Der Fahrer erlebt im Augenblick der Gefahr einen Adrenalinstoß, d. h. kurzzeitige Aktivierung (Streß), welche er aber in Handlung umsetzen kann (z. B. Gegenlenken, Bremsen und Ausweichen). Der Beifahrer kann dagegen die Gefahr nur passiv hinnehmen. Bei ihm hält die Aufregung länger nach (z. B. Zittern, Pulsrasen, kalter Schweiß), da keine handlungsmäßige Abfuhr erfolgen konnte. Der Mobbingbetroffene kommt im übertragenen Sinne in die Dauerrolle des Beifahrers kurz vor dem Unfall.

Viele Mobbingbetroffene versuchen, den Mobbingangriffen dadurch vorzubeugen, daß sie überdurchschnittliche Arbeitsleistungen vollbringen, um zumindest bei der Leistung nicht angreifbar zu sein. Das bringt zusätzliche körperliche Belastungen mit sich und bringt in den wenigsten Fällen Abhilfe. Zusätzlich belastet werden Mobbingbetroffene, wenn Vorgesetzte Mobbing dulden oder sogar fördern und wenn ungerechte Maßnahmen gegen den Betroffenen anstatt gegen den Mobber eingeleitet werden.

Weitere Belastungen treten ein, wenn juristische Schritte nicht zum gewünschten Erfolg führen oder sich Entscheidungen endlos hinziehen, was nicht selten der Fall ist. Bedrohlich können sich ärztliche oder therapeutische Diagnosen auswirken, welche die Bedeutung der beruflichen Notlage nicht berücksichtigen, sondern die Ursachen nur in der Persönlichkeit oder in frühkindlichen Schädigungen des Betroffenen suchen.

Wenn alle inneren und äußeren Ressourcen und Bewältigungsmechanismen ausgeschöpft sind, dann nehmen Erschöpfung und Verzweiflung überhand. Längere Zeit von krankheitsbedingter Arbeitsunfähigkeit ist nicht mehr zu umgehen, Einweisungen in (psychiatrische) Kliniken können folgen. Nicht selten werden Selbstmordversuche unternommen. Mobbingbetroffene, die nirgends Unterstützung, Gerechtigkeit und Verständnis finden, verlieren gewissermaßen den „Glauben an die Menschheit". Tiefe Verzweiflung, verzweifeltes Aufbegehren und Mißtrauen prägen diese Menschen schließlich. In diesem späten Stadium kann es auch zu Persönlichkeitsveränderungen kommen. Bei der Einschätzung von Mobbingbetroffenen werden hierbei oft Ursache und

Wirkung vertauscht. Es wird behauptet, daß die Mobbingbetroffenen schon von vornherein psychisch gestört wären und deswegen den normalen Belastungen des Arbeitslebens nicht gewachsen seien. Dagegen stehen zwei Argumente. Erstens zeigt die Erfahrung, daß die Betroffenen erst im Laufe jahrelanger Mobbingattacken die schweren psychischen Störungen bekommen haben. Und zweitens ist Mobbing auch dann in keiner Weise gerechtfertigt, wenn im Einzelfall Menschen mit psychischen Störungen ins Arbeitsleben eintreten.

## 5. Ursachen für Mobbing

Abhängig vom eigenen Blickwinkel sowie von der eigenen Betroffenheit kann derjenige, der die Ursachen für Mobbing hinterfragt, schnell zu Vorurteilen und Verallgemeinerungen neigen. Auch ist zu bedenken, daß man mit einer generalisierenden Zuschreibung der Ursachen sowie der Verantwortlichkeit für Mobbing publikumswirksam politisieren – aber auch polemisieren – kann. Auch beim Thema Mobbing scheinen zum Wohle des eigenen Ansehens getreu dem Motto „Nur ich weiß wirklich Bescheid“ kritische Stimmen vielerorts eher verpönt zu sein.

Die Ursachen für Mobbing sind vielfältigster Natur. Dies haben wir auf unseren vielen Mobbingseminaren und in Gesprächen mit Mobbingbetroffenen sowie Betriebsrats- und Personalvertretungsmitgliedern erfahren. Wer Konflikte nicht konstruktiv, offen und fair zu lösen vermag, wird eher zu Mobbing neigen als eine Person, die dies (noch) kann und Konflikte als eine Chance zum Besseren begreift. Wer einem anderen Erfolg, Wohlstand, Anerkennung, Freude etc. neidet, wird ebenfalls eher zu Mobbing neigen als eine Person, die auch anderen Erfolge, Wohlstand, Anerkennung, Freude etc. gönnt. Wer sich als Vorgesetzter seiner Position nicht sicher ist, wird mögliche Konkurrenten eher mobben als ein Vorgesetzter, bei dem dies nicht der Fall ist. Wer als Arbeitgeber Personal – aus welchen Gründen auch immer – abbaut, wird eher zu Mobbing schreiten als derjenige Arbeitgeber, der seine Beschäftigten halten will bzw. deren Zahl sogar zu erhöhen beabsichtigt. Bereits diese kleine Aufzählung veranschaulicht, daß die möglichen Ursachen für Mobbing weitaus zahlreicher sind, als man vielleicht zunächst annehmen möchte. In Zeiten hoher Arbeitslosigkeit kann es sich im Einzelfall für den Arbeitgeber sogar in finanzieller Hinsicht rechnen, eine Personalplanung zu betreiben, die auf Mobbing fußt. Gerade solche Beschäftigten, die man leicht – vielleicht sogar durch billigere Arbeitskräfte –

ersetzen könnte, denen man sich jedoch wegen bestehender gesetzlicher Arbeitnehmerschutzvorschriften nur äußerst schwer entledigen kann (z. B. Betriebsratsmitglieder, Schwangere, Schwerbehinderte), dürften vermehrt unter Arbeitgebermobbing zu leiden haben. Die nunmehr seit vielen Jahren fortschreitende Deregulierung von Arbeitnehmerrechten sowie das allgemeine gesellschaftliche Klima in Österreich dürften zudem einige Arbeitgeber in ihrer Ansicht bestätigt haben, daß sie uneingeschränkte „Herrscher" über ihre „Imperien" sind, die noch mit jedem Beschäftigten fertig geworden sind. Sobald es sich für die Arbeitgeberseite finanziell rechnet, betriebliche Krisensituationen und Konflikte (z. B. Personalabbau, Ausstoß unliebsamer Arbeitnehmer) mittels Mobbing zu lösen, besteht die Gefahr, daß sie dies auch tun – und sie tun es auch wohl, selbst wenn es bislang keine gesicherten empirischen Ergebnisse für das Ausmaß eines solchen Arbeitgebermobbings gibt.

Grundsätzlich müssen wir **zwei Ursachengruppen** unterscheiden: Einerseits Ursachen, die in der Persönlichkeit der am Mobbing beteiligten Personen zu suchen sind – **personale Ursachen** – und andererseits Ursachen, die wir in der Organisations-/Arbeitsplatzstruktur des Unternehmens finden – sogenannte **strukturelle Ursachen**. Es gibt zahlreiche Belege aus Untersuchungen für diese beiden Gruppen. Zu den personalen Ursachen zählen z. B. ein autoritärer/defizitärer Führungsstil, Neid der Kollegenschaft, Konkurrenzkampf, mangelndes Selbstwertgefühl des Mobbingbetroffenen, Unausgeglichenheit des Mobbingbetroffenen, Lust an der Schikane usw. Bei den strukturellen Ursachen fand man einen geringen Handlungsspielraum am Arbeitsplatz, unklare Kompetenzverteilung, geringer Informationsfluß, Arbeitsplatzunsicherheit, Kooperationserfordernisse (Abhängigkeiten) usw. Wichtig ist, daß wir beide Faktoren – die Person und die Struktur – bei der Mobbinganalyse im Auge behalten. Allzu oft wird nur die Schuld bei den beteiligten Personen gesucht, ohne daß strukturelle Auslöser betrachtet werden.

Aber auch unabhängig von empirischen Befunden muß es das Anliegen einer jeden Interessenvertretung und sollte es auch das Interesse des Arbeitgebers sein, die konkreten Ursachen für Mobbing im Betrieb zu ermitteln und geeignete Maßnahmen zur Ursachenbewältigung zu ergreifen.

# 6. Was Mobbing nicht ist

*Leymann* legt keine ausdrückliche Abgrenzung gegenüber anderen aggressiven, feindseligen, unsozialen, hinterhältigen Verhaltensweisen vor. Wie andere Autoren gibt er den allgemeinen Hinweis, daß nicht jeder Konflikt und jeder Streit mit Mobbing gleichzusetzen ist. Es macht auch aus unserer Sicht keinen Sinn, jede Intrige, jedes Vorenthalten von Informationen, jeden Gebrauch der Ellenbogen sogleich Mobbing zu nennen. Durch die breite Diskussion in den Medien ist der Mobbingbegriff schon in Gefahr, ein Allerweltsbegriff für alle betrieblichen Konflikte und egoistischen Verhaltensweisen zu werden. Wir kommen darauf in Kapitel V. zurück. Zur ersten Orientierung sind hier einige betriebliche Problemfelder aufgeführt, welche nach unserer Einschätzung nicht generell als Mobbing anzusehen sind:

- Feindseligkeiten und Konflikte zwischen Gruppen (z. B. Abteilungen gegeneinander, Mitarbeitergrüppchen, Arbeiter gegen Angestellte, Betriebsrat gegen Geschäftsleitung, Fraktionen im Betriebsrat, Gruppierungen von Vorgesetzten gegeneinander, Meister gegen Techniker);
- Diebstahl durch Arbeitskollegen;
- persönliches Desinteresse oder Antipathie einer Person gegenüber (wenn die Antipathie nicht offensiv und gehässig vorgetragen wird);
- ungerechte und unsoziale Behandlung, die hart, aber nur kurzfristig zur Wirkung kommt (z. B. bei betriebsbedingter Kündigung, Versetzung, Abgruppierung, Kritik, Beförderung anderer, überlastende Arbeitsaufträge);
- Ausnutzung von Informationsvorsprüngen, Vorteilsnutzung für Karrieresprünge.

Es macht außerdem keinen Sinn, von „strukturellem Mobbing“ zu sprechen, wie *Neuberger* (1994) das vorschlägt. Unter strukturellem Mobbing wäre zu verstehen, daß ein problematischer Arbeitsablauf oder unzureichende Arbeitsorganisation, streßfördernde Verordnungen und Anweisungen selbst wie die persönlich vorgetragene Feindseligkeit beim Mobbing einzuschätzen wären. Hier sollte nach unserer Einschätzung der bereits eingeführte Begriff der *strukturellen Gewalt* verwendet werden. Zum Besonderen des Mobbing gehört eben die persönliche Feindseligkeit.

Die Diskussion über Mobbing ist auch deswegen so populär, weil sie erneut darauf aufmerksam macht, wie verbreitet und vielfältig eigennütziges Verhalten im Wirtschaftsleben ist, wie oft auf Kosten anderer vorgegangen wird und wie groß der Schaden ist, den viele davontragen. Wir plädieren trotzdem dafür, daß der Mobbingbegriff nicht für alle Probleme im Betrieb „zuständig" sein soll, sondern auf das Phänomen der chronischen feindseligen Ausgrenzung einzelner konzentriert bleibt.

## 7. Mittel gegen Mobbing

Das Mittel der Wahl gegen Mobbing ist für *Leymann* die Aufklärung (Prävention). Viele würden, so hofft er, von Mobbing ablassen, wenn sie nur wüßten, was sie dabei anrichten. Außerdem dürfte die allgemeine Sensibilisierung dazu führen, daß weniger Mobbingfälle bis zum bitteren Ende durchgezogen werden können. Betriebliche Interessenvertreter sollten sich nach seiner Auffassung für die Prävention engagieren, denn für den Einsatz in akuten Mobbingkonflikten wären sie oftmals ungeeignet: „Gewerkschaftsvertreter handeln oft unwissend und ohne Engagement. Sie verkaufen das Recht des einzelnen, um weiterhin auf gutem Fuß mit der Mehrheit zu stehen" *(Leymann* 1993, S.63). Auch in dem von *Leymann* herausgegebenen Video mit schwedischen Fallbeispielen kommen die Gewerkschaftsvertreter schlecht weg, weil sie sich heraushalten oder die Situation herunterspielen. Wir teilen diese skeptische Auffassung nicht.

In akuten Mobbingkonflikten ist nach Leymann das Mittel der Wahl das Eingreifen von direkten Vorgesetzten bzw. des Managements. Er betont, „daß das Management eigentlich jederzeit die Befugnis und die Mittel in der Hand hat, den Prozeß abzubrechen – selbst wenn schon Jahre verflossen sind" *(Leymann* 1995, S. 37). Aus unserer Sicht ist dies zunächst nur als moralischer Appell zu werten, denn in der betrieblichen Realität dürfte es viele Fälle geben, in denen die Eindämmung von Mobbing zunächst einmal gegen Vorgesetzte und Management erfolgen muß. Oft sind Vorgesetzte mit der Bearbeitung von Konflikten auch persönlich überfordert, und der Betriebsrat muß hier unterstützend eingreifen (vgl. Kapitel X.).

Außerdem fordert *Leymann* eine eindeutige Parteinahme, Schutz und persönliche Unterstützung zugunsten des Mobbingbetroffenen ein. Eine mögliche Mitschuld am Geschehen braucht nach seiner Auffassung nicht weiter beachtet zu werden. Seine Definition des „Mobbingopfers“ stützt sich allein auf die Tatsache, daß jemand in die Enge getrieben und hilflos ist. Die moralische Schuld am Geschehen und die Forderung nach Genugtuung und Änderung sind dementsprechend allein bei den Mobbern anzusiedeln.

Auch wir sind überzeugt, daß Mobbingbetroffene uneingeschränkt der sozialen Unterstützung bedürfen. Wenn man davon ausgeht, daß Mobbing nur durch Druck zu bändigen ist, dann ist ein Opfer/Täter-Schema nützlich. Es gibt Mobbingfälle, in denen vorsätzlich und skrupellos vorgegangen wird und bei denen ohne Zweifel von Tätern gesprochen werden muß. Häufig kommen bei betrieblichen Konflikten viele Dinge zusammen, und man wird den Beteiligten mit einseitiger Parteinahme bzw. Schuldzuweisung nicht gerecht. Sobald man daran denkt, Schlichtungsverfahren oder andere einvernehmliche Lösungsstrategien anzuwenden, kommt man ohnehin nicht umhin, die positiven und negativen Seiten beider Parteien zu berücksichtigen (siehe dazu Kapitel IX.).

## 8. Gibt es das „typische Mobbingopfer“?

Dieser Abschnitt ist entschieden und kurz: **Nein,** es gibt keine „typischen Mobbingopfer“. Es liegt in der menschlichen Natur, daß wir soziale Wesen sind und daß soziale Dazugehörigkeit ein lebenswichtiges Gut ist. Damit ist auch prinzipiell jeder Mensch durch Ausgrenzung und Feindseligkeit verletzlich. *Es kann jeden treffen.*

Das Vermögen zur Gegenwehr, zur Mobilisierung sozialer Unterstützung oder zum rechtzeitigen Rückzug ist individuell sicher unterschiedlich. Für die Bewältigung von Mobbing und für die Beratung und Unterstützung von Mobbingbetroffenen ist dieser Gesichtspunkt auch nicht unerheblich. Doch niemandem nützt die Auflistung verschiedener Typen.

# 9. Wesentliche Forschungsergebnisse für Österreich

Als das Thema Mobbing in Österreich erstmals diskutiert wurde, haben sich viele „Experten" zu Wort gemeldet, um ihren Standpunkt darzustellen. Leider haben sich die meisten dieser Experten auf ihre eigenen, höchstpersönlichen Erfahrungen verlassen und nicht auf die wissenschaftlichen Forschungsergebnisse, die es zu diesem Zeitpunkt schon gab, geachtet. In einigen Fällen hat das dazu geführt, daß sehr engagierte Personen z.B. in Beratungs- und Selbsthilfegruppen viel Zeit in die Arbeit mit Mobbingbetroffenen investiert haben, ohne daß einigermaßen gesicherte Erkenntnisse über die Lösung von Mobbingsituationen vorlagen.

Wir stellen daher in diesem Abschnitt einige wesentliche Forschungsergebnisse für die österreichische Situation vor. Diese Ergebnisse sollen das zuvor beschriebene Mobbingkonzept in die Praxis umsetzen. Dazu ist anzumerken, daß die Untersuchungen bereits in den Jahren 1992 und 1993 durchgeführt wurden. Es handelt sich dabei um eine Untersuchung in einem privaten Forschungsunternehmen und in einem Krankenhaus (*Niedl* 1995).

Erstaunlicherweise sind diese beiden Forschungsarbeiten die bislang einzigen Befragungen im deutschen Sprachraum, die direkt in einem Unternehmen durchgeführt werden konnten. Möglicherweise ist durch die Verbreitung des Mobbingkonzeptes bei den einzelnen Unternehmen eine höhere Sensibilität für dieses Thema entstanden, sodaß die Unternehmen um ihren Ruf fürchten. Alleine diese „Vogel-Strauß-Politik", die sich dem Motto widmet „Keine Mobbinguntersuchung in unserem Unternehmen heißt, daß wir kein Mobbing haben" zeigt, daß das Thema sehr mit Unsicherheit oder Angst besetzt ist. Eine ähnliche Situation gab es, als begonnen wurde, das Thema „Alkoholismus am Arbeitsplatz" zu diskutieren und Begleitmaßnahmen für Alkoholkranke in Unternehmen einzuführen.

## Die Verbreitung von Mobbing: Wieviele Arbeitnehmer sind davon betroffen?

Wenn ein Phänomen auftaucht, so stellt sich zuerst die Frage: Wieviele Menschen sind davon überhaupt betroffen? Im Hintergrund schwingt hier eine Wertung mit, denn habe ich eine größere Gruppe in einem Unternehmen, so werde ich mehr Anstrengungen in die Bewältigung der Thematik investieren als für den Fall, daß es eine winzig kleine Minderheit ist.

Um die Mobbingbetroffenheit messen zu können, benötigen wir eine exakte Definition darüber, was Mobbing überhaupt ist. Da die einzelnen Mobbingfälle sich zum Teil in ihrem Verlauf sehr unterscheiden, hat sich die Wissenschaft (zumindestens eine Zeit lang) auf eine meßbare Definition geeinigt. Mobbing wurde für Meßzwecke so definiert: Eine Person muß im letzten Jahr über einen Zeitraum von mindestens einem halben Jahr und mindestens einmal pro Woche von einer oder mehreren feindseligen Handlungen (aus der „45er Liste") betroffen sein. Bei Befragungen wurde den Personen ein Fragebogen – der sogenannte LIPT-Fragebogen – vorgelegt, und sie konnten je nach ihrer Situation antworten.

Bei der Befragung in einem österreichischen Krankenhaus mit ca. 1300 Beschäftigten sendeten 368 Beschäftigte den Fragebogen zurück. Wendet man die „statistische" Definition von oben an, so waren 98 Personen oder rund 8 % der gesamten Beschäftigten von Mobbing betroffen.

Bei der Untersuchung in einem privaten Forschungsinstitut wurden 251 Personen befragt. 63 Personen antworteten; unter ihnen waren 11 von Mobbing betroffene Personen. Das sind 4,4 %.

Es gibt eine breite Zahl von internationalen Studien, vor allem für den skandinavischen Bereich. Die Mobbingbetroffenheit schwankte dort zwischen 1 % und 17 %, im Mittel beträgt der Wert etwa 7 %.

Reiht man die beiden österreichischen Untersuchungen hier ein, so können wir an dieser Stelle behaupten, daß ca. 7 % der unselbständig Erwerbstätigen (nur diese wurden untersucht) von Mobbing betroffen sind. Dies deckt sich übrigens auch mit den Ergebnissen aus Schulen, wo Mobbing unter Schülern untersucht wurde.

Was bedeutet eine solche Zahl überhaupt? Sind 7 % viel oder wenig? Es kommt auf das Unternehmen an. Die Forschung zeigt, daß wir Mobbing tendenziell in mittleren und größeren Unternehmen finden, eher selten in Kleinunternehmen. Nehmen wir an, daß in einem mittleren Unternehmen ca. 250 Personen beschäftigt sind, so bedeutet dies, daß im Durchschnitt 18 Personen unter Mobbing leiden – also eine größere Abteilung.

Als die Mobbingforschung in Österreich begann, wurde oft von Unternehmensverantwortlichen aber auch von Gewerkschaftern behauptet, daß Mobbing – wenn überhaupt – nur als Einzelfall vorkommt. Die Forschungen belegen aber, daß Mobbing kein betriebliches Randphänomen ist. Wenn eine größere Gruppe von Menschen am Arbeitsplatz über einen längeren Zeitraum gedemütigt, schikaniert oder ausgegrenzt wird, dann sind Maßnahmen dagegen notwendig.

## Wer ist von Mobbing betroffen?

Gibt es bestimmte Gruppen, die stärker von Mobbing betroffen sind als andere? Eine solche Frage könnten wir nur lösen, wenn die arbeitende Gesamtbevölkerung Österreichs befragt werden würde – zumindestens repräsentativ. Eine solche Studie gibt es derzeit nicht, sodaß wir uns auf die beiden gemachten Untersuchungen stützen müssen. Die im Anschluß beschriebenen Ergebnisse müssen also als Einzelaufnahmen betrachtet werden, aus denen ein Trend ablesbar ist.

**Geschlecht** – Ein häufiges Vorurteil, das bei Mobbingdiskussionen immer wieder auftaucht, geht davon aus, daß Mobbing vor allem ein Frauenthema ist. Die wissenschaftlichen Erhebungen – auch die österreichischen Arbeiten – können diese Vermutung nicht stützen. Sie zeigen, daß sowohl **Männer als auch Frauen gleichermaßen Mobbingbetroffene** sind.

**Alter** – Deutlicher fällt das Ergebnis dann aus, wenn man das Alter der Mobbingbetroffenen betrachtet. In der Krankenhausstudie war es vor allem die Gruppe der 21 bis 30jährigen und die Gruppe der 51 bis 60jährigen, die signifikant stärker von Mobbing betroffen war als die übrigen. In der Studie im Forschungsinstitut konnte das Ergebnis gestützt werden: Auch dort waren **die jüngeren Beschäftigten die Hauptbetroffenen**. Was bedeutet das? Eine Gruppe, die oft noch betrieblich schwach verankert ist, die noch Perspektiven vor sich haben sollte, weil sie am Anfang ihrer Berufskarriere steht, wird durch das Kennenlernen von systematischen Feindseligkeiten gleich in den ersten Jahren ihres Berufslebens in ihren Grundfesten erschüttert.

Es gibt zwar noch Ergebnisse zu anderen Zusammenhängen, diese weisen jedoch oft nur leichte Trends auf. So gibt es z. B. Hinweise darauf, daß Mobbing stärker in der Verwaltung, in der Dienstleistung und im Bereich Ausbildung (Schulen)/Information vorkommt als in anderen Arbeitsbereichen.

## Welche Feindseligkeiten treten auf?

Wir alle haben Feindseligkeiten am Arbeitsplatz erlebt oder erleben sie noch immer. Der frustierte Chef, der an den Mitarbeitern seinen Ärger abläßt, die wegen ihres Mannes schlecht gelaunte Kollegin, die ihre Wut am Arbeitsplatz parkt, der immer zu „Scherzen“ aufgelegte Kollege, der von seinen eigenen Problemen ablenken möchte, usw. – wir kennen alle solche Fälle. Und doch bedeutet das nicht gleichzeitig, daß wir alle Mobbing bereits erlebt haben. Es wäre praxisfremd, davon auszugehen, daß es einen konfliktfreien Arbeitsplatz gibt. Konflikte gehören – so scheint es – zum täglichen Arbeitsalltag wie der Bürokaffee. Betrachtet man Mobbingfälle, so unterscheiden sich diese in ihrer Häufigkeit und in ihrem Inhalt deutlich von den Einzeleskapaden.

Wir haben bei der Beschreibung der Mobbingdefinition erwähnt, daß **ein Zeichen von Mobbing das häufige und längere Auftreten von Feindseligkeiten** ist. Bei der Krankenhausstudie sieht man sehr gut den Unterschied, was alltäglich an Feindseligkeiten wahrgenommen wird – also „normal“ ist – und wieviele Feindseligkeiten Mobbingbetroffene zu ertragen haben. In dieser Studie wurden ja alle Beschäftigten des Krankenhauses befragt – die Nichtgemobbten und die Gemobbten.

Die Krankenhausangestellten, die nicht von Mobbing betroffen waren, berichteten, daß sie im Durchschnitt 5,5 feindselige Handlungen im letzten halben Jahr erlebt hatten. Das könnte man als das „normale“ Konfliktniveau des Krankenhauses bezeichnen. Die gemobbten Angestellten berichteten hingegen, daß sie im Durchschnitt 14,9 feindselige Handlungen erlebt hatten. Das heißt, daß sie deutlich stärker gedemütigt, schikaniert und ausgegrenzt wurden als es dem „Normalniveau“ des Krankenhauses entsprach.

Neben der Erkenntnis, daß sich Mobbingbetroffene durch die Anzahl der Mobbinghandlungen vom Durchschnitt abheben, zeigt sich auch, daß diese Gruppe selten einer einzigen Kategorie von Feindseligkeiten ausgesetzt ist, sondern einem ganzen Bündel. Damit kommen wir auch zur Frage: Welche Mobbingformen treten in der Praxis am häufigsten auf?

Wenn Mobbingbetroffene ihre zum Teil oft jahrelangen Martyrien schildern, glaubt man, daß der menschlichen Phantasie keine Grenzen gesetzt sind, wenn Menschen feindselig behandelt werden. Untersucht man die Art dieser Handlungen, so besteht die Gefahr, daß hinter all den schönen wissenschaftlichen Zahlen das wahre Leid verborgen bleibt. Prozentwerte drücken nicht aus, welche Verletzungen und Emotionen hinter den Handlungen stecken.

Betrachtet man häufige Einzelhandlungen, so gaben 49,5 % in der Krankenhausstudie an, daß hinter ihrem Rücken schlecht über sie gesprochen wurde, 44 % sagten, daß sie in der direkten Kommunikation ständig unterbrochen wurden. 43 % gaben an, daß ihre Entscheidungen in Frage gestellt werden, 42 % erlebten, daß häufig Andeutungen gemacht wurden, ohne daß etwas konkret angesprochen wurde, 40 % stellten fest, daß hinter ihrem Rücken Gerüchte verbreitet wurden. Häufig wurde auch der Arbeitsinhalt als Sanktionsmittel verwendet: 34 % bestätigten, daß ihnen Arbeitsaufgaben zugewiesen wurden, die weit unter ihrem Können lagen. 20 % nahmen isolierende Feindseligkeiten als Einzelhandlung wahr: Das soziale Umfeld spricht nicht mit der betroffenen Person bzw. will nicht angesprochen werden.

Diese Ergebnisse finden sich auch bei anderen Untersuchungen wieder. In der BRD befragten *Knorz* und *Zapf* Mobbingbetroffene (*Knorz* & *Zapf* 1996) und stellten die folgenden **fünf häufigsten Mobbinghandlungen** fest: Hinter dem Rücken wird schlecht über jemanden gesprochen (96 %), abwertende Blicke oder Gesten (86 %), Kontaktverweigerung durch Andeutungen (84 %), man wird wie Luft behandelt (80 %), falsche oder kränkende Beurteilung der Arbeitsleistung (80 %).

Betrachtet man diese Einzelhandlungen, so kann man feststellen, daß es sich überwiegend um Akte indirekter Aggression handelt. Mobbingbetroffene erleben also Feindseligkeiten, die für Dritte oft sehr schwer zugänglich und damit schwer verständlich sind. Dies bedeutet aber nicht, daß direkte Aggression nicht vorkommt; sie wird nur seltener angewendet, weil sie leichter beweisbar ist. In der Krankenhausstudie z. B. berichteten die Angestellten von Formen direkter Aggression: 9 % der Befragten gaben an, daß sie zu Arbeiten gezwungen werden, die ihrer Gesundheit schaden, 4 % berichteten, daß man gegen sie über längere Zeit (mindestens 2 Jahre lang) leichtere Gewalt angewendet hat.

Interessant ist in diesem Zusammenhang das Ergebnis einer finnischen Studie (*Björkqvist* 1992): Hier wurden geschlechtsspezifische Unterschiede bei der Art der angewandten Feindseligkeiten gefunden: Männer bedienten sich häufiger „rationaler Strategien" – die Arbeit wird falsch beurteilt, es wird häufig kritisiert und unterbrochen – während Frauen häufiger die Strategie der „sozialen Manipulation" einsetzten – also eher Gerüchte verbreiteten, Andeutungen machten usw.

## Welche gesundheitlichen Auswirkungen kann Mobbing auf die Betroffenen haben?

Wie wir bereits dargestellt haben, reagiert jede Person sehr unterschiedlich auf Feindseligkeiten. Das hat damit zu tun, welche Bewältigungsmöglichkeiten – das sogenannte Coping – ein Mensch hat, wie lange und wie intensiv Mobbing anhält und welche Formen der Feindseligkeiten auftreten. Die gesundheitlichen Auswirkungen fallen anders aus, wenn jemand ein halbes Jahr lang von einer Kollegin schief angesehen wird oder ob jemand zehn Jahre lang täglich von mehreren Personen sozial isoliert wird.

Wie sehr die Zeit eine Rolle spielt, zeigt die Aussage eines erfahrenen schwedischen Mobbingtherapeuten: Er ist davon überzeugt, daß eine Person mindestens genau so lang eine Therapie benötigt, um ihre psychische/physische Energie zurückzugewinnen wie die Zeitdauer war, in der diese Person gemobbt wurde.

Als die Beschäftigten des österreichischen Krankenhauses nach ihren Beeinträchtigungen gefragt wurden, war es wiederum sehr wichtig, alle Beschäftigten zu interviewen. Es ist unrealistisch zu glauben, daß alle Nichtgemobbten frei von Beschwerden sind. Erst durch den Vergleich zwischen den Mobbingbetroffenen und den übrigen in bezug auf die gesundheitlichen Wirkungen kann der Einfluß von Mobbing festgestellt werden.

Das Ergebnis der Befragung zeigte wie so oft in Krankenhäusern, daß alle Beschäftigten überdurchschnittliche Beeinträchtigungswerte aufwiesen. Die Gruppe der Mobbingbetroffenen berichtete aber über ein deutlich höheres Ausmaß an Befindensbeeinträchtigungen als die anderen.

Die Mobbingbetroffenen hatten im Vergleich zu den übrigen Krankenhausangestellten mehr psychosomatische Beschwerden, zeigten eine höhere Depressivität sowie Gereiztheit/Belastetheit und wiesen mehr Angst auf. Dieses Ergebnis zeigt, daß die Mobbingbetroffenen zu dem ohnehin hohen Beeinträchtigungsniveau noch zusätzliche Beeinträchtigungen erfahren mußten.

# II. Angreifen, Standhalten oder Flüchten?

## Handlungsmöglichkeiten von Mobbingbetroffenen

Es gelingt nur selten, Mobbing im Alleingang zu bewältigen. Durch Mobbing wird das menschlich zentrale Bedürfnis nach sozialer Anerkennung, Sicherheit und Integration (Dazugehörigkeit) angegriffen. Deswegen besteht die allerwichtigste Gegenmaßnahme darin, soziale Unterstützung zu gewinnen.

**Die größten moralischen Stützen für Mobbingbetroffene sollten Familienmitglieder und Freunde sein. Aber auch Bündnispartner im Betrieb sind von größtem Wert.** Das kann ein Mitglied des Betriebsrats oder ein Mobbing- oder Konfliktbeauftragter und jeder wohlgesonnene Arbeitskollege und Vorgesetzte sein, auch wenn diese in einer anderen Abteilung oder Niederlassung tätig sind. Das Gefühl, von jemandem verstanden und moralisch unterstützt zu werden, der die mißliche Lage aus der Nähe kennt, hilft sehr.

Ein besonders wichtiger Partner für Mobbingbetroffene ist die betriebliche Interessenvertretung, weil sie den gesetzlichen Auftrag hat, den Schutz eines jeden einzelnen Beschäftigten zu gewährleisten. Zudem besitzt sie die gesetzliche und innerbetriebliche Macht, um gerechtfertigte Ansprüche durchzusetzen. Mobbing untergräbt ja nicht nur die soziale Lage des Betroffenen, sondern gefährdet zudem die wirtschaftliche Existenz des einzelnen oder ganzer Familien. Angesichts hoher Arbeitslosigkeit kann niemand diese Bedrohung auf die leichte Schulter nehmen. Beim Schutz vor Arbeitsanweisungen mit Mobbingcharakter, vor ungerechtfertigten Abmahnungen, Versetzungen und Kündigung sowie für die Durchsetzung zufriedenstellender Arbeitsbedingungen gibt es für Mobbingbetroffene keine Alternative zu einer vertrauensvollen Zusammenarbeit mit dem Betriebsrat.

Der gute Wille des Betriebsrats allein genügt jedoch nicht. Viele Abschnitte dieses Buches richten sich deswegen direkt an Betriebsräte und andere Interessenvertretungen, um die Kompetenz und das Selbstvertrauen ihrer Mitglieder im Umgang mit Mobbing zu vergrößern. Erst mit den betrieblichen Einflußmöglichkeiten und dem Engagement des Betriebsrats im Rücken steigen die Chancen von Mobbingbetroffenen auf eine zufriedenstellende Lösung ihrer Situation.

Was kann ich als Mobbingbetroffener persönlich tun? Welche Maßnahmen helfen wirklich, welche schaden vielleicht mehr, als daß sie helfen? Die nebenstehende Abbildung gibt einen Überblick darüber, welche Handlungsmöglichkeiten einem Mobbingbetroffenen prinzipiell zur Verfügung stehen.

- **Geben Sie der Lösung des Mobbingproblems Priorität**

  Sie werden jetzt vielleicht sagen: „Was soll das? Daß Mobbing ein großes Problem in meinem Leben ist, das weiß ich doch selber!" Daß es Mobbingbetroffenen körperlich und seelisch schlecht geht, daß die berufliche Perspektive möglicherweise in Frage gestellt und die Arbeits- und Lebensfreude mit Sicherheit getrübt ist, ist bekannt. Es ist kaum übertrieben zu sagen, daß Mobbingbetroffene vor einer der größten Bewährungsproben in ihrem Leben stehen. Vor der Arbeit, während der Arbeit und am Feierabend spielt die Angst vor neuen Übergriffen oder deren innere Verarbeitung eine dominante Rolle im Leben von Betroffenen.

  Dennoch glauben wir beobachten zu können, daß Mobbingbetroffene häufig aus ihrer belastenden und teilweise verzweifelten Situation nicht die volle Konsequenz ziehen. Viele versuchen, sich irgendwie mit der Situation zu arrangieren oder sie passiv auszuhalten. Dafür gibt es viele verständliche Gründe: Mobbingbetroffene fühlen sich gekränkt oder ungerecht behandelt und hoffen auf eine Entschuldigung oder Besserung, die aber nicht erfolgt. Sie wurden von der plötzlichen Feindseligkeit überrascht, sind fassungslos und sie wissen nicht recht, wie sie sich wehren sollen. Vielleicht halten Skrupel und Selbstzweifel von Gegenmaßnahmen ab. Oft schwingt die Hoffnung mit, daß sich das Mobbing irgendwie von selbst geben wird. Schließlich spielt eine Rolle, daß sich viele bewußtmachen, welche verheerenden psychischen, sozialen und körperlichen Folgen lange andauerndes Mobbing mit sich bringen kann. Deswegen redet man sich z.B. ein, daß es so schlimm nun wieder auch nicht ist. Vielleicht gibt es auch noch andere Aufgabenbereiche, die von der vollen Konzentration auf das Mobbingproblem abhalten.

  Wenn Sie durch Mobbing angegriffen werden, sollten Sie der Lösung des Problems die erste Priorität all Ihrer Aktivitäten einräumen. Bedenken Sie, daß Ihre Gesundheit, Ihre berufliche Existenz, die Handlungsfreiheit und Ihre menschliche Würde bedroht sind. Sie sollten dabei nicht warten, bis das Mobbing unerträglich geworden ist. Es

# Handlungsmöglichkeiten eines Mobbing-Betroffenen

## Sich durchschlagen

**Innere Kündigung**
Ignorieren, Aussitzen

Gegen-Mobbing

Eigene Versetzung
und Kündigung

**„Aus"-Zeiten**
Sonderurlaub, Kur,
Urlaub, Rehabilitation

---

## Soziale Unterstützung suchen

**Selbsthilfegruppen**

**Fachleute**
Ärzte, Therapeuten

**Arbeitskollegen**

**Familie und Freunde**

**Betriebsrat**

---

## Gegenwehr organisieren

**Streßabbau**
Entspannung, Meditation
Sport, Musik, Hobby

**Selbstbehauptungstraining**
Rhetorikkurs,
Persönlichkeitsbildung

**Mobbing-Analyse**

**Mobbing-Gegenwehr**

**Betriebliche Mittel**
Öffentlichkeitsarbeit
Schlichtung, Einflußnahme
auf den Arbeitgeber

**Juristische Mittel**
Beschwerde, Abmahnung,
Strafantrag, Klage

muß Sie ja nicht jeder lieben, aber ein respektvoller Umgang ist das mindeste, was Sie von einem jeden erwarten dürfen. Deshalb wehren Sie auch den Anfängen von Mobbing, denn kleine Gemeinheiten und Unverschämtheiten können sich auswachsen, wenn sie keinen Widerstand spüren. Machen Sie sich klar: „Mobbing ist zur Zeit mein *größtes* Problem. Ich will alles tun, um dieses Problem bald zu lösen.“

- **Fassen Sie Mut: Sie können etwas gegen Mobbing tun**

  Das Gefühl, daß den Mobbern nicht beizukommen ist, entmutigt und lähmt. Dazu kommt das Unverständnis darüber, warum man überhaupt und auf eine solch widerwärtige Weise angegriffen wird. Wir hoffen aber, daß Sie beim Lesen unseres Ratgebers an Zuversicht gewinnen, daß Mobbing kein ausweglose Schicksal ist. So kränkend und ungerecht Sie es vielleicht auch empfinden, Sie dürfen nicht darauf hoffen, daß die Mobber freiwillig ein Einsehen haben und von selbst das Mobben aufgeben werden. Obwohl die Mobber die Situation verschuldet haben, ist es unumgänglich, daß Sie sich selbst aus der Defensive bringen: Machen Sie sich klar, daß Sie erfolgreich etwas gegen Mobbing tun können, aber daß Sie auch *handeln* müssen, wenn sich Ihre Lage bessern soll (siehe hierzu die Kapitel IX. und X.).

- **Suchen Sie Gesprächs- und Bündnispartner**

  Sie brauchen für Ihr seelisches Gleichgewicht Menschen, mit denen Sie ausführlich über ihre Not sprechen können und die zu Ihnen halten. Es schadet Ihnen, wenn Sie sich in Ihrem Kummer vergraben, weil Sie anderen nicht zur Last fallen wollen oder weil Sie sich vielleicht schämen, ein Mobbingbetroffener zu sein. Wenn Sie augenblicklich in ihrem privaten Umfeld nicht fündig werden, sollten Sie sich um Gleichgesinnte in einem Gesprächskreis oder einer Selbsthilfegruppe bemühen. Vielleicht lassen sich Kontakte zu (ehemaligen) Arbeitskollegen wiederbeleben, die etwas eingeschlafen waren.

  So wichtig es ist, Gesprächspartner für die Probleme zu haben, so notwendig ist auch eine gewisse Zurückhaltung. Man darf seine sozialen Bezugspersonen nicht grenzenlos mit den eigenen Problemen belasten. Wenn man nur noch über seine schrecklichen Erfahrungen bei der Arbeit redet, wird es dazu kommen, daß die anderen nichts mehr davon hören wollen und sich nach und nach abwenden. Solche

Situationen kommen in Familien von Mobbingbetroffenen leider häufiger vor. Entlastend und sinnvoll wäre es, bestimmte Tage in der Woche festzulegen, in denen intensiv und zielgerichtet über die Mobbingprobleme gesprochen wird, während an den übrigen Wochentagen Mobbing „tabu" ist. Außerdem sollte man nicht vergessen „zu leben", d. h. auch ganz normale Aktivitäten gemeinsam zu machen. Wenn wir eingangs sagten, daß Sie der Lösung des Mobbingproblems erste Priorität einräumen sollen, dann ist damit nicht gemeint, daß darüber ununterbrochen geredet und gegrübelt werden sollte. Es liegt nicht am mangelnden guten Willen, daß die Aufnahmebereitschaft von Familie und Freunden geringer ist als der Wunsch des Mobbingbetroffenen, sein Leid mitzuteilen. Ständig mit dem Problem eines anderen konfrontiert zu sein, aber zugleich nichts Entscheidendes tun zu können, ist für jeden nach einer gewissen Zeit unerträglich.

Für das Aufsuchen eines Gesprächskreises oder einer Selbsthilfegruppe spricht ferner, daß hier ähnliche Interessen und Erfahrungen zusammentreffen. Neben der moralischen Unterstützung sollten die Gespräche stets auch dazu genutzt werden, praktische Abhilfe für die Mobbingsituation zu durchdenken und zu planen.

Zu geeigneten Bündnispartnern können auch wohlgesonnene Vorgesetzte und der Betriebsrat gehören.

### • Lernen Sie, mit guten Ratschlägen gut umzugehen

Gutgemeinte Ratschläge für zwischenmenschliche Konflikte sind ein Problem für sich. Zwar haben alle Mobbingfälle Gemeinsamkeiten, aber jeder konkrete Mobbingfall unterscheidet sich von allen anderen, schließlich ist die jeweilige Situation eine andere und die beteiligten Personen und deren Motive sind verschieden. Somit tragen Ratschläge immer das Risiko, entweder haarscharf am konkreten Problem vorbeizugehen oder so allgemein und „immer richtig" zu sein, daß man mit ihnen nichts anfangen kann. Welche Ratschläge Ihnen auch immer gegeben werden, die Brauchbarkeit für Ihre konkrete Mobbingsituation können Sie nur selbst beurteilen. Dies gilt selbstverständlich auch für unsere Ratschläge. Im besten Fall werden Sie aus den Ratschlägen anderer Leute Ratschläge für sich selbst entwickeln können. Ratsamer wäre es noch, wenn Sie nicht nur allein darüber grübeln, was am besten zu tun ist, sondern Ihr Vorgehen mit vertrauten Personen diskutieren.

- **Nehmen Sie professionelle Hilfe in Anspruch**

  Scheuen Sie sich nicht, professionelle Hilfe in Anspruch zu nehmen. Schließlich sind die Belastungen für Mobbingbetroffene enorm. Gehen Sie unverzüglich zum Arzt, wenn Sie Beschwerden haben, um möglichen gesundheitlichen Langzeitschäden vorzubeugen. Ähnlich, wie sich Manager heutzutage einen „Coach" leisten, um mit dem täglichen beruflichen Streß besser fertig zu werden, können Sie versuchen, einen Therapeuten zu finden, um sich in dieser für sie schweren Zeit unterstützen zu lassen. Bei einem entsprechendem ärztlichen Gutachten, d. h. wenn bei Ihnen erhebliche psychosomatische Schädigungen diagnostiziert wurden, ist es nicht unwahrscheinlich, daß die Krankenkasse die Behandlungskosten übernimmt.

- **Nehmen Sie sich Zeit**

  Natürlich wünschen Sie sich, daß die Angriffe lieber heute als morgen vorbei sein sollen. Es ist aber realistischer, wenn Sie sich darauf einrichten, daß das Mobbing noch eine Weile weitergeht, bis Sie nämlich gute Bündnispartner gefunden haben und auf der Basis einer gründlichen Analyse eine erfolgversprechende Strategie zur Überwindung des Mobbings entwickeln konnten. Vielleicht ist eine Perspektive von drei oder vier Monaten angemessen. Hoffen Sie nicht auf eine schnelle Lösung. Stellen Sie sich auf eine gewisse Zeit ein, in der das Problem gelöst werden soll. Mit einer mittelfristigen Zeitplanung gelingt es Ihnen leichter, eine eigene Panikreaktion zu vermeiden. Mancher Mobbingbetroffene hat in einer spontanen Reaktion mit dem Ruf „Ich halte das nicht mehr aus" die Kündigung des eigenen Arbeitsvertrages ausgesprochen und damit eigene rechtliche und finanzielle Möglichkeiten verschenkt.

- **Analysieren Sie das Problem gründlich**

  Vermeiden Sie den größten Fehler bei der Beurteilung von Mobbing. Der steckt nämlich in der Vorstellung, daß mit der moralischen Verurteilung des Mobbings und des Mobbers alles getan wäre und jede weitere Analyse überflüssig ist. Genauso wenig, wie sich Mobbing durch Lamentieren überwinden läßt, hilft bloße moralische Verurteilung oder blinder Aktionismus. Nehmen Sie sich Zeit, um das Geschehen und die Beteiligten vor Ihrem geistigen Auge zu betrachten und zu analysieren. In Kapitel IX. machen wir Vorschläge für die Art und Weise einer gründlichen Analyse von Mobbing. Ein wichtiges

Hilfsmittel stellt nach unserer Vorstellung das Führen eines Mobbingtagebuches dar. Zur Analyse gehört auch, daß Sie sich die Seite Ihrer „Gegner“, deren mögliche Motive und Zwänge genau anschauen. Ebenso unerläßlich ist es, eigene mögliche Schwachstellen zu analysieren und Verfahrenswege zur Überwindung des Mobbings zu entwerfen.

Es reicht nicht, daß Sie sich wünschen, vom Mobber in Ruhe gelassen zu werden.

- **Pflegen Sie Körper und Seele**

Als Mobbingbetroffener merken Sie deutlich, wie sich soziale Probleme negativ auf das psychische und körperliche Wohlbefinden auswirken. Es ist naheliegend, daß man alles versucht, um die belastenden Angriffe abzustellen: „Wenn das Mobbing aufhört, geht es mir auch wieder gut.“ Mobbing ist jedoch überwiegend nicht kurzfristig abzustellen. Sie sollten daher jede Möglichkeit nutzen, Ihr beeinträchtigtes Wohlbefinden außerhalb der Arbeit zu verbessern. Lassen Sie sich z. B. von einem Arzt beraten, welche natürlichen Mittel Sie gegen Schlafstörungen anwenden können. Versuchen Sie es z. B. mit Meditation, Yoga, autogenem Training, Sauna, gehen Sie angeln, besuchen Sie kulturelle Veranstaltungen, gehen Sie tanzen. Schließen Sie sich einem Verein an. Das bringt Sie nicht nur auf andere Gedanken, sondern macht Freude, bringt Sie mit anderen Menschen zusammen, und Sie haben die Möglichkeit, Ihr lädiertes Selbstbewußtsein wieder aufzubauen. Regelmäßiger Sport kann Ihnen helfen, die überzähligen Streßhormone abzubauen. Manche warnen, daß man auf diese Weise nur dem eigentlichen Problem im Betrieb ausweicht, indem man Ablenkungen sucht. Es ist schon richtig, daß man sich nicht darum drücken darf, das Mobbingproblem zu lösen, aber wenn Körper und Seele gestärkt wurden, wird das auch besser gelingen.

- **Verringern Sie Ihre Abhängigkeit vom Mobber**

Solange Sie den Mobber davon überzeugen wollen, daß Sie eigentlich ein guter Mensch sind, der die Angriffe gar nicht verdient hat, bleiben Sie dennoch von seinem Wohlwollen abhängig. Dasselbe gilt, je mehr sie versuchen, Ihre Handlungsweisen gegenüber dem Mobber ins rechte Licht zu rücken oder sich zu rechtfertigen. Auch wenn Sie darauf aus sind, daß sich der Angreifer entschuldigen soll oder bestraft wird, machen Sie Ihre innere Befindlichkeit stark von dessen Verhalten abhängig. Wollen Sie so lange unglücklich bleiben, bis der Mobber sich entschuldigt hat oder bestraft worden ist? Häufig gibt es auch den erfolglosen Versuch, den Mobber davon zu überzeugen, daß er schlecht gehandelt hat. Dahinter steht wohl die vage Hoffnung, daß er sich nach dieser Erkenntnis eines Besseren besinnen wird. Wer auf Einsicht und Wohlwollen des Mobbers hofft, bleibt abhängig und manipulierbar. Dies ist eine wenig erfolgversprechende Strategie. Bedenken Sie, daß ein Mobber sich das eigene Leben leicht zu machen versucht, indem er anderen das Leben schwer macht. Was ist die Alternative? Alle Anstrengungen sollten besser auf das pragmatische Ziel konzentriert werden, daß nämlich die Mobbinghandlungen unterbleiben.

Eine Charakteränderung des Mobbers sollte nicht Ihr oberstes Ziel sein.

- **Entwickeln Sie eine eigene Strategie**

Der Appell an den Mobber „Laß mich doch endlich in Ruhe" hilft erfahrungsgemäß nicht. Sie kommen nicht umhin, eine Strategie zu entwickeln, die der Situation und Ihnen selbst als Person angemessen ist. Wenn Sie ein strategisches Vorgehen entwickelt haben, werden Sie merken, daß sich Ihr Verhalten und Erleben deutlich von Ihren spontanen Reaktionen unterscheiden. Hatten Sie bei Beginn des Mobbings z. B. versucht, Ihren Peinigern möglichst aus dem Weg zu gehen (Vermeidungsverhalten), so kann es nun dazu kommen, daß Sie jeder Begegnung erwartungsvoll entgegensehen, um die Vorkommnisse in Ihr Mobbingtagebuch einzutragen.

Es kann sich im Einzelfall auch als gute Strategie herausstellen, die Mobbingangriffe zu ignorieren bzw. auszusitzen. Voraussetzung ist, daß der Mobbingbetroffene nach gründlicher Analyse der Mobbingsituation und Einschätzung der eigenen Standfestigkeit innerlich von der Richtigkeit und Wirksamkeit überzeugt sein muß. Der Mobber muß ernsthaft spüren, daß er hier nichts mehr bewirken kann. Andere Strategien sind darauf aus, das Sanktionsrisiko für den Mobber zu erhöhen, die soziale Basis des Mobbings (heimliche Befürworter) auszutrocknen oder sein Vorgehen in der Betriebsöffentlichkeit bloßzustellen (vgl. Kapitel X.).

In ausweglosen Situationen kann die beste Strategie auch in einer Kündigung des Arbeitsverhältnisses bestehen. Dieser Schritt sollte jedoch sehr sorgfältig abgewogen werden. Bevor ein Mobbingbetroffener eine Panikentscheidung in einer Streßsituation trifft („Ich halte das nicht mehr aus, ich laß alles stehen und liegen und gehe"), sollte er sich eine „Auszeit" nehmen (z. B. Resturlaub) und gründlich mit anderen überlegen, was zu tun ist. Oftmals wird die Flinte zu früh ins Korn geworfen: Viele Mobbingsituationen sehen unlösbar aus, es fehlt jedoch tatsächlich nur eine genaue Analyse und ein entschiedenes Zugreifen an der richtigen Stelle. Wer sich entschließt zu gehen, sollte diesen Schritt erhobenen Hauptes tun und nicht wie ein geprügelter Hund verschwinden. Man sollte auch nicht leichtfertig und voreilig rechtliche Positionen aufgeben. Daß die Mobber mit ihrem üblen Vorgehen den Sieg davontragen, ist für jeden Betroffenen und alle gerecht denkenden Beobachter eine bittere Pille. Hier standzuhalten ist ehrenvoll, kann aber auch die eigenen Kräfte vollends überfordern. Auch dies ist eine Abwägungsfrage.

Manche der zur Verfügung stehenden Abwehrmöglichkeiten wollen Mobbingbetroffene aus Angst, aus dem Gefühl der persönlichen Überforderung, aus moralischen Gründen oder aus Selbstachtung nicht nutzen. Viele der Handlungsmöglichkeiten haben eine widersprüchliche Seite. Stets ist es vom konkreten Einzelfall abhängig, was unternommen werden sollte. Von einer gründlichen Analyse und vom betrieblichen Kräfteverhältnis hängt letztlich ab, ob Sie angreifen, standhalten oder lieber das Weite suchen sollten.

# III. Das Dilemma eines Betriebsrats

## Auch die Mobber sagen, sie würden gemobbt

Betriebsräte berichten uns von verschiedenen Schwierigkeiten beim praktischen Umgang mit Mobbing. Manche Probleme sind lediglich in der Unerfahrenheit begründet. Andere Probleme resultieren aus dem Umgang mit den Mobbern. Es scheint jedoch weitere typische Probleme zu geben, die auftreten, sobald ein neuer Fall bearbeitet werden soll. Wir konnten drei Arten von Schwierigkeiten ermitteln, die sich aber auch teilweise überschneiden:

1. Probleme mit der Beweislage (s. Abb. Seite 50).
2. Spielt die Frage von Loyalität und Schuld eine Rolle? Und:
3. Geht es um die Bewahrung oder den Verlust der Handlungsfähigkeit im Mobbingkonflikt?

Ein großes Problem scheint für Betriebsräte darin zu liegen, daß sie sich auf eine sofortige und eindeutige Parteinahme für das jeweilige Mobbing*opfer* festgelegt fühlen, eine Parteinahme, welche sie aber nicht immer gerechtfertigt finden oder nicht ohne Prüfung vornehmen wollen. Der Betriebsrat befindet sich oftmals in einer schwierigen Position, denn er muß sich mit akuten oder unterschwelligen Konflikten befassen, die sich erst zu Mobbing auswachsen könnten, aber nicht müssen. Bei ihm werden Beschwerden vorgetragen, deren Berechtigung erst noch zu prüfen ist, denn nicht jede Beschwerde ist von vornherein berechtigt und wahrheitsgemäß. Er hat mit Konflikten zu tun, bei denen von beiden Seiten kräftig gemobbt wird. Beide Seite beschweren sich und fühlen sich gemobbt, und eventuell haben beide Seiten berechtigte Beschwerdegründe. Der Betriebsrat kann auch aufgefordert sein, Mobbingbetroffene zu unterstützen, die sich in der Vergangenheit alles andere als kollegial verhalten und sich deswegen im Betrieb unbeliebt gemacht haben. In manchen Konflikten liegt vorsätzliche Feindseligkeit vor, in anderen Fällen ist die Feindseligkeit das Ergebnis von Mißverständnissen. Außenstehende wollten hilfreich eingreifen, machten aber das Falsche und stehen nun als Mobbingbeteiligte da. Mit diesen Beispielen sei angedeutet, daß sich ein Betriebsrat nicht auf eine schematische Einteilung der Beteiligten in *das Opfer* und *die Täter* einlassen sollte.

# 1. Zur Beweislage und Glaubwürdigkeit

Wann ist es ratsam, bei Mobbing einzugreifen? Diese Frage ist in jedem Fall dann zu bejahen, wenn ein Mitarbeiter sich beschwert oder um Hilfe bittet, weil er sich als Mobbingbetroffener sieht. Es sollte für eine Aktivierung des Betriebsrats ebenfalls ausreichen, wenn Außenstehende berichten, daß wahrscheinlich Mobbing im Gange ist. Bei ungebetenem Eingreifen kann es allerdings passieren, daß sich die Konfliktparteien die Schlichtung des Betriebsrats regelrecht verbitten, weil z. B. jede Seite noch auf den eigenen Sieg hofft.

Die Schwierigkeiten beginnen aber bereits, wenn man sicher beurteilen will, ob Mobbing vorliegt oder nicht. Die Erfahrungen der österreichischen Anlaufstellen (z. B. der Arbeiterkammer Wien) haben gezeigt, daß ein Teil der vorgebrachten Mobbingfälle „arbeitsrechtliche" Delikte waren, die nichts mit Mobbing zu tun hatten. Die Durchsicht der Mobbingdefinition, des Phasenmodells und der „45er-Liste" bringt nicht in allen Fällen eine befriedigende Sicherheit, ob nun tatsächlich Mobbing vorliegt, wer das Opfer und wer der oder die Täter sind. In Kapitel V. führen wir als ergänzend zu den beschreibenden Kriterien von *Leymann* die beiden inhaltlichen Mobbingkriterien „Feindseligkeit" und „Ausgrenzung" ein. Dennoch wird sich der Betriebsrat gelegentlich damit begnügen müssen, daß er nur ein „sicheres Gefühl" hat, daß es sich um Mobbing handelt, ohne daß es am Wortlaut irgendwelcher Definitionen festzumachen ist.

## Probleme mit Beweislage und Glaubwürdigkeit

- Es läßt sich nicht sicher beurteilen, ob tatsächlich Mobbing stattfindet.
- Unsicherheit, ob bestimmte Umgangsformen schon Mobbing sind.
- Gegenseitiges Mobben ist zu beobachten, aber keiner äußert ein Problem.
- Es wird zwar gemobbt, aber niemand ist unterlegen.
- Die Mobber fühlen sich selbst gemobbt.
- Die Angaben des Mobbingbetroffenen klingen unglaubwürdig.
- Der Mobbingbetroffene ist auch für die Berater „schwierig" im Umgang.
- Berater kann nicht glauben, daß es so schlimm sein soll.
- Es kommen Zweifel, weil die Mobber glaubhafte Gegenbeweise liefern.

Wenn der Betriebsrat aufgrund einer Mobbingbeschwerde tätig wird, kann es passieren, daß ihm die Mobber glaubhaft versichern, daß sie die eigentlichen Mobbingopfer sind, die sich nur zur Wehr gesetzt haben. Dies läßt sich mit gutem Gewissen nicht von vornherein als bloße Schutzbehauptung abweisen. Es kann nicht sein, daß der, der sich zuerst beschwert und klagt, automatisch als schützenswertes Mobbingopfer eingestuft wird, während die andere Seite damit schon vorverurteilt ist.

Zwar kann man anführen, daß das spätere Mobbingopfer durchaus zunächst in der stärkeren Position gewesen sein kann. Aus seiner Perspektive des Arbeitsmediziners hat das keine Konsequenzen bezüglich der uneingeschränkten Unterstützung für das Mobbingopfer. Wenn der Betriebsrat dagegen die Geschichte und die Begleitumstände eines Mobbingkonflikts unbeachtet läßt, kann er nicht nur die Lösung des Konflikts und die Hilfe für die Betroffenen untergraben, sondern seine eigene Glaubwürdigkeit in den Augen der Belegschaft zerstören.

Man könnte deswegen überlegen, jeden Konflikt zwischen Mitarbeitern in der Frühphase den jeweiligen Vorgesetzten zu melden und an ihn zur Lösung zu übergeben. Aber das ist praktisch unrealistisch. Außerdem würden Menschen entmündigt, wenn man die Bewältigung zwischenmenschlicher Unstimmigkeiten generell an höhere Instanzen delegiert. Vorgesetzte haben zwar mehr betriebliche Macht als Mitarbeiter und könnten deshalb Mobbing durch Machteingriff unterbinden, aber sie haben nicht unbedingt besseres Fingerspitzengefühl oder bessere Fähigkeiten, Konflikte zu bewältigen als normale Mitarbeiter oder Mitglieder des Betriebsrats. Der blinde Einsatz von Macht gegen Mobbing kann außerdem, trotz bester Absichten, auch leicht ins Gegenteil umschlagen.

Wir glauben, daß ein engagierter Betriebsrat nicht umhin kommt, sich in jedem einzelnen Mobbingfall ein eigenes inhaltliches Urteil zu bilden. Es reicht zur Bewältigung betrieblicher Mobbingsituationen nicht aus zu wissen, wer das Opfer ist.

*Leymann* beklagt, daß sein arbeitsmedizinischer Mobbingbegriff in den Medien und durch andere Autoren quasi zu einem modischen Wort für „Konflikt“ verwandelt worden ist. Klar ist, nicht jeder Konflikt ist Mobbing. Wir sind allerdings der Auffassung, daß Mobbing am Arbeitsplatz nur bewältigt werden kann, wenn Mobbing als eine besondere Konfliktform behandelt wird. Das bedeutet aber auch, daß allen beteiligten Seiten der Status einer Konfliktpartei einzuräumen ist, unabhängig davon, welche Seite die Grausamkeiten verübt hat. Die Aufgabe des außenstehenden Dritten ist es dann, den Sachverhalt genau zu prüfen und beim Eingreifen die Verhältnismäßigkeit der Mittel zu wahren.

**Wichtig!**

Es reicht zur Bewältigung von Mobbing nicht aus zu wissen, wer „Opfer" ist.

Nehmen wir ein fiktives, aber nicht weit hergeholtes Beispiel. Dabei zeigt sich, daß es für den Betriebsrat zur Ermittlung seiner Strategie nicht ausreicht festzustellen, wer der unterlegene Part in einem Mobbingkonflikt ist. In der folgenden Abbildung haben wir einen Mobbingvorgang im zeitlichen Verlauf dargestellt.

**Verschiebung der Mobbing-Perspektive**

| Zeitpunkt | Jänner | April | Juli | September | Dezember |
|---|---|---|---|---|---|
| Beteiligte | | | | | |
| **Herr A** | ☺ | ☺ | 😐 | ☹ | ☹ |
| Mobbing | ↓ | ↓ | ↓ | ↓↑↑ | ↑↑↑ |
| **Frau B** | ☹ | ☹ | 😐☺☺! | ☺☺☺ | ☺☺☺ |
| Zuschauer | | 😐😐? -------- | ↗ | (Solidarisierung) | |

**Erläuterung des Beispiels:** Der Betriebsrat war im April über die Situation von Frau B informiert worden und hatte sich sein Bild gemacht. Demzufolge wurde Frau B von Herrn A übel mitgespielt, sie wurde beschimpft und kritisiert. Der Betriebsrat riet Frau B, zu einer externen Mobbingberatung zu gehen, da man selbst noch nicht genug Erfahrungen mit solchen Problemen habe. Er sei aber bereit, sich zu engagieren. Allerdings wurde der Fall nicht konsequent weiterverfolgt. Zu diesem

Zeitpunkt galt Herr A eindeutig als der Mobber und Frau B als die Mobbingbetroffene.

Im Dezember kommt Herr A zur Mobbingberatung der Caritas. Ihm werde seit September von einigen Untergebenen so übel mitgespielt, daß er jetzt dauerhaft krankgeschrieben sei, berichtet er dort. Die Angriffe dauerten zwar noch kein halbes Jahr, seien aber so massiv, daß er es nicht mehr aushalten könne. Unter Heranziehung der Mobbingdefinition, des Phasenmodells und der Auflistung von Mobbinghandlungen wird nun Herr A vom Berater als Mobbingopfer eingestuft. Er schreibt mit Einverständnis von Herrn A einen Brief an die Geschäftsleitung.

Würde nun die Geschäftsleitung ausschließlich aus Sicht des aktuellen Mobbinggeschehens handeln, dann wäre für sie Herr A das Opfer und Frau B sowie die Kollegen die Täter. Damit würde die Geschichte des Konflikts insgesamt nicht gerecht beurteilt. Der Unterschied zwischen den beiden Beobachtungen macht die Begebenheit aus, daß sich einige zunächst neutrale Beobachter im April mit Frau B solidarisierten und ab Juli einen massiven Gegenangriff gegen Herrn A vorbrachten, dem dieser nicht gewachsen war. Wenn man so will, wurde eine Art Selbstjustiz durchgeführt.

In einem unserer Mobbingseminare berichtete ein Betriebsratsmitglied, daß er und zwei weitere Arbeitskollegen in den letzten beiden Jahren ihren gemeinsamen Vorgesetzten zum Alkoholiker gemobbt hätten. Über Jahre habe der Vorgesetzte seine Untergebenen jeweils einzeln traktiert, regelrechten Psycho- und Arbeitsterror ausgeübt, dann habe er versucht, sich gegen eine zunehmende Solidarisierung durchzusetzen. Schließlich hätten die angegriffenen Untergebenen den Spieß umgedreht. Die Handlungen des Vorgesetzten seien haarsträubend gewesen, dennoch sei nun die Tatsache nicht aus der Welt zu räumen, daß sich die drei Kollegen des Mobbings schuldig gemacht hätten. Der anwesende Betriebsrat rang nach diesem Geständnis sichtlich mit der Fassung. Nach einigen Minuten Bedenkzeit sprach er dann sein abschließendes Urteil: „Er hat sich schweinisch benommen, es geschah ihm recht!“

Sehen wir einmal davon ab, daß hier ein Mitglied des Betriebsrats selbst in Mobbing verstrickt war. Was wir aufzeigen wollen ist, daß es aus betrieblicher Sicht oft nicht ausreicht, das Opfer zu identifizieren. Aus der aktuellen Lage abzuleiten, daß die drei Kollegen die ausschließlich bösen Mobber wären, während der Vorgesetzte das bedauernswerte Mobbingopfer ist, wird dem Geschehen nicht gerecht und würde im Betrieb nicht auf Akzeptanz stoßen. Daraus läßt sich der Schluß ziehen:

**Wichtig!**

Der Betriebsrat kommt nicht umhin, jeden Fall selbst inhaltlich zu bewerten.

## 2. Loyalität und Schuld

Es gibt einige Konstellationen, bei denen Betriebsratsmitglieder auf eine Beteiligung an der Bereinigung des Mobbingprozesses verzichten sollten:

- Wenn man mit einem der Mobber befreundet oder näher bekannt ist. Schließlich ist es sehr problematisch, später vor die Alternative gestellt zu werden, entweder um der Gerechtigkeit willen die Freundschaft zu riskieren oder umgekehrt wegen der Freundschaft die Gerechtigkeit zu beugen;
- wenn eine starke Abhängigkeit vom Mobber besteht;
- wenn man der Auffassung ist, dem Mobbingbetroffenen werde zu Recht übel mitgespielt.

Es gibt andere Konstellationen, die hohe Anforderungen an die eigene Glaubwürdigkeit, Gerechtigkeit und Ehrlichkeit stellen, bei denen es aber nicht notwendig ist, die Aufgabe des Mobbingbeauftragten an eine andere Person zu delegieren:

- Wenn der Mobbingbetroffene die Situation verschuldet hat;
- wenn der Mobbingbetroffene schon eindeutig in die Defensive und Hilflosigkeit geraten ist, aber beide Seiten mit unfairen Mitteln kämpfen. Für die Schlichtung ist diese Konstellation sogar einfacher, weil nicht nur eine Seite nachgeben muß und zu befürchten hat, daß sie allein das Gesicht verlieren könnte;
- wenn man mit dem Mobbingbetroffenen befreundet oder näher bekannt ist; dies erleichtert einerseits die Unterstützung des Betroffenen, kann aber im Umgang mit dem Mobber problematisch werden, weil einem von dieser Seite „Befangenheit“ und „Vorurteile“ vorgeworfen werden können. Es ist aber nicht notwendig, sich deswegen in die völlig neutrale Rolle eines Richters zu begeben. Es genügt, wenn der anderen Seite eine faire Chance gegeben wird, ihre Sichtweise der Dinge und ihre berechtigten Interessen darzulegen.

# 3. Handlungsfähigkeit und soziale Kompetenz

Die Furcht von Betriebsratsmitgliedern, den Anforderungen und Erwartungen nicht gerecht zu werden, läßt sich nicht verbal ausräumen. Eigene Unzulänglichkeiten und äußere Unwägbarkeiten mindern die Handlungsfähigkeit des Betriebsrats in Mobbingkonflikten (s. Abbildung). Zur Erhöhung der Handlungsfähigkeit und der sozialen Kompetenz bieten sich zunächst einmal vertiefende Schulungsmaßnahmen zum Thema Mobbing oder Konfliktmanagement an. Des weiteren könnten Seminare mit dem thematischen Schwerpunkt „Gesprächsführung" bzw. „Grundlagen der Kommunikation" hilfreich sein. Eine wirkungsvolle Unterstützung könnte der in Mobbingangelegenheiten engagierte Betriebsrat durch eine externe Supervision erhalten. Darüber hinaus dürfte der kontinuierliche Kontakt mit anderen Stellen, die mit Mobbing befaßt sind, den Horizont und die Kompetenz erweitern.

**Einschränkungen der**
**Handlungsfähigkeit des Betriebsrats**

- Furcht, daß einem der Prozeß aus den Händen gleiten wird;
- Besorgnis, daß alles nur noch schlimmer wird;
- keine vernünftigen Lösungswege in Sicht („Reden allein nützt doch nicht");
- der Arbeitgeber oder die Betriebsratskollegen spielen nicht mit;
- das Mobbingopfer leidet zwar, will aber kein Aufsehen erregen;
- eigene Unsicherheit im Umgang und Gespräch mit Mobbingbetroffenen;
- eigene Unsicherheit im Umgang mit Mobbern;
- Überforderung bei Gesprächen am runden Tisch.

Ein echtes Dilemma kann die Situation sein, daß der Mobbingbetroffene zwar stark unter seiner Situation leidet, er sich aber gegen jede Aktivität Dritter wendet. In die Rolle des hilflosen Helfers gestellt, besteht die Gefahr, daß der Helfer selbst wütend und aggressiv gegenüber dem Mobbingbetroffenen reagiert. Hier ist vor allem Geduld gefordert und Respekt vor den Beweggründen des Mobbingbetroffenen nötig, auch wenn man die Gründe für dessen Handlungsunfähigkeit nicht nachvollziehen kann. Insbesondere der Betriebsrat kann zu dem Entschluß gelangen, daß ein Eingreifen gegen Mobbing im Allgemeininteresse der Belegschaft liegt. Dann muß er vollständig in eigener Verantwortung vorgehen und darf den Mobbingbetroffenen nicht als Galionsfigur seiner Maßnahmen mißbrauchen.

Greifen wir die Überschrift des Kapitels wieder auf: Ein Problem für die Handlungsfähigkeit des Betriebsrats könnte sein, daß auch die Mobber behaupten, daß sie gemobbt würden. Der außenstehende Dritte mag nun befürchten, dadurch in eine völlig unübersichtliche Lage von Beschuldigung, Gegenbeschuldigung, Beweis und Gegenbeweis zu geraten. Paradoxerweise ist jedoch die Situation, daß sich die Mobber mit inhaltlichen Argumenten verteidigen, eine gute Ausgangslage für ein Schlichtungsverfahren. Denn obwohl das Gespräch noch auf der Ebene von Beschuldigung und Gegenbeschuldigung ist, findet doch bereits ein Gespräch über die Situation statt. Wenn hingegen Mobbing in jeder Hinsicht verdeckt und getarnt erfolgt und seine Existenz geleugnet wird, ist das Eingreifen wesentlich schwieriger.

## 4. Sich ein eigenes Bild machen

Der Betriebsrat kommt nicht umhin, sich für jeden einzelnen Mobbingfall ein eigenes Urteil zu bilden. Die Urteilsfindung kann in drei Schritten vorgenommen werden. Dabei ist jeder Schritt unabhängig von den anderen zu machen (s. Abb. Seite 57).

Im **ersten Schritt** ist zu prüfen, ob Mobbinghandlungen einer gewissen Intensität, Dauer und Zielgerichtetheit vorliegen. Wir können ermitteln, inwieweit beide Seiten mobben und ob eine Seite bereits die Oberhand gewonnen hat oder wahrscheinlich gewinnen dürfte. Wir können dabei zu einem eindeutigen Urteil kommen, ohne Rücksicht darauf, ob wir mit Beteiligten befreundet oder verfeindet sind und ob wir für das Vorgehen Verständnis aufbringen oder uns der Hintergrund eine gewisse Rechtfertigung für die Feindseligkeit nahelegt.

Im **zweiten Schritt** prüfen wir, ob eine Person in die unterlegene Position geraten ist und/oder persönlich stark an der Auseinandersetzung zu leiden hat. Dann versuchen wir, alle Möglichkeiten der persönlichen Unterstützung zu mobilisieren (Freunde, Beratung, Gespräche, Selbsthilfe, medizinische und therapeutische Hilfe). Dabei ist die Frage der möglichen Mitschuld oder der unterlassenen Chancen unbedeutend. Diese Hilfe ist elementar und sollte von keinerlei Bedingungen abhängig gemacht werden. Das Gewähren dieser Unterstützung darf den Willen,

# Kurzanalyse eines Mobbingfalles

## 1. Schritt: Liegt tatsächlich Mobbing vor?

Prüfung von Beschwerden und Beobachtungen anhand folgender vier Kriterien:

- Ist die Mobbingdefinition im wesentlichen erfüllt?
- Sind regelrechte Mobbinghandlungen erkennbar (45er-Liste, vgl. S. 21 f.)?
- Ist deutliche Feindseligkeit und/oder Ausgrenzung bemerkbar?
- Welche Mobbingphase liegt vor?

Es geht bei dieser Prüfung nur um die formale Feststellung, ob der sichtbare Konflikt als Mobbingkonflikt abläuft. Anlässe, Gründe, Ursachen sowie Schuldfragen spielen für diese Beurteilung noch keine Rolle. Handelt es sich um keinen Mobbingkonflikt, so sind andere geeignete Maßnahmen zur Behebung des Problems zu ergreifen.

## 2. Schritt: Ist jemand schutzbedürftig?

Prüfung, ob eine individuelle Notlage vorliegt nach folgenden Kriterien:

- Ist eine Konfliktpartie deutlich unterlegen?
- Werden wehrlosmachende Methoden eingesetzt?
- Ist das Bewältigungsvermögen überfordert?

Der Leidensdruck und die persönliche Note einer Person sind ausreichender Grund für eine persönliche Anteilnahme und Unterstützung. Diese Fürsorge bedeutet keine Vorverurteilung der anderen Konfliktpartei. Das Angebot von Schutz und Unterstützung soll auch dann gewährt werden, wenn der Schutzbedürftige eine Mitschuld am Konflikt hat.

## 3. Schritt: Welcher Konflikt ist wie zu lösen?

Prüfung der Konfliktthemen sowie der möglichen Ursachen und Hintergründe:

- Gibt es (auch) einen sachlichen Konfliktstoff?
- Welche gegenseitigen Erwartungen gibt es?
- Gibt es Ansätze für Vermittlung und Schlichtung?
- Gibt es unversöhnliche Gegensätze und Interessen?
- Welche Lösungsansätze sind zu erkennen?

den dahinterliegenden Konflikt sachlich und gerecht lösen zu wollen, nicht untergraben.

Im **dritten Schritt** kommt es darauf an, mit kühlem Verstand die zugrundeliegenden Interessen herauszuarbeiten, abzuwägen und verschiedene Lösungsvarianten zu erarbeiten. Auch bei diametral entgegengesetzten Interessen oder Positionen muß ein Verfahren der Klärung vorbereitet werden. Nach sorgfältiger Prüfung kann sich herausstellen, daß nur ein Machteingriff wirkungsvoll ist. Wenn wir aber Mobbing immer durch Machteingriff unterdrücken wollen, übersehen wir, daß die zugrundeliegenden Interessengegensätze oft nicht bereinigt werden und als nun „gedeckelte" Konflikte weiterschwelen.

# IV. Sicherheit bei der Beurteilung von Mobbing gewinnen

## Die Übung an einem Fallbeispiel

Es scheint uns sinnvoll, dem Leser ergänzend zu dem theoretischen Überblick die Möglichkeit zu geben, die eigene Urteilsfähigkeit für Mobbing zu trainieren. Deswegen werden hier und im Kapitel IX. Mobbingsituationen in der Form von Übungen präsentiert, bei denen der Leser eine eigene Analyse vornehmen und diese im Anschluß mit unseren Einschätzungen und Überlegungen vergleichen kann.

## 1. Der Fall „Manfred“

Wir möchten Sie nun bitten, das folgende Fallbeispiel zu analysieren und zu beurteilen. Das Beispiel wurde von *Leymann* (1993, S. 36) vorgelegt und ist in der Mobbingliteratur bereits kritisch hinterfragt worden. Es läßt sich sehr unterschiedlich auslegen, wie an dem anschließenden kritischen Kommentar von *Neuberger* (1994) abzulesen ist. Was aus arbeitsmedizinischer Sicht für *Leymann* eine eindeutige Sache ist, wirft für viele, denen wir das Fallbeispiel vorgelegt haben, eher neue Fragen auf. Wir wollen Ihrer Bewertung jedoch nicht vorgreifen. Lesen und überprüfen Sie den Sachverhalt selbst, und fällen Sie Ihr eigenes Urteil. Sie werden hierzu etwa 20 Minuten benötigen. Gehen Sie folgendermaßen vor:

**1. Schritt:** Lesen Sie den Fall „Manfred“ aufmerksam durch.

### Fallbeispiel „Manfred“:

Manfred arbeitete als Klempner in einem großen Chemiebetrieb in einer Abteilung, die für Reparaturen an Rohrleitungen zuständig ist. Er gehört einer christlichen Sekte an. Als sei dies eine Selbstverständlichkeit, versuchte Manfred immer wieder, seine Arbeitskollegen zu bekehren und zum Eintritt in die Sekte zu bewegen.

Die Kollegen fühlen sich belästigt, doch anstatt das Problem über kollegiale Gespräche, eventuell unter Einschaltung des Chefs, anzugehen, übertragen sie den Konflikt auf die private Ebene.

*1. Anfangs reagieren sie grob auf Manfreds Bekehrungsversuche. Als das nicht half, ließen sie ihn links liegen. Sie drehten sich weg, wenn er mit seinen Reden anfing. Niemand sprach ihn mehr an.

*2. Als auch das nicht half, eskalierte die „Nicht-Kommunikation“: Die Kollegen weigerten sich, mit Manfred in der Kantine am selben Tisch zu sitzen. Wenn er hereinkam, standen sie auf und verließen den Raum. Aber auch das half nichts.

*3. Nun verfiel man auf eine groteske Art ‚von Gewaltandrohung, wie man sie in gewissen „Männergesellschaften“ beobachten kann: „Makabere Scherze“, einschüchternde Drohungen, die nicht wirklich in die Tat umgesetzt werden. So nahm ein belästigter Kollege ein Messer in die Hand und drohte: „Halt deine miese Klappe, oder …“. Einer knüpfte einen Henkersknoten und befestigte das Seil unter der Decke des gemeinsamen Umkleideraumes. Oder die Kollegen zimmerten einen Sarg und stellten ihn vor Manfreds Spind auf.

*4. In dieser Phase verselbständigte sich der Konflikt. Manfred gab die Bekehrungsversuche auf. Aber einmal in Gang gekommen, gingen die „Scherze“ der Kollegen weiter, ein ganzes Jahr lang, bis Manfred sich versetzen ließ.

**2. Schritt:** Lesen Sie nun den Kommentar von *Neuberger* 1994, S. 109 zum Fall „Manfred“.

**Kommentar zum Fall „Manfred“:**

„Für *Leymann* gilt Manfred als Mobbingopfer; man kann jedoch die Geschichte auch ganz anders lesen: Mit seinem religiösen Fanatismus dringt Manfred in die Privatsphäre der Arbeitskollegen ein und belästigt sie in erheblichem Maß. Um sich zu schützen, grenzen sie sich ab. Als das den missionarischen Eifer immer noch nicht stoppt, greifen die Kollegen zu härteren Mitteln, werden grob und verletzend. Erst dann reagiert Manfred – zu spät! Wer ist hier Mobber, wer Gemobbter?“

**3. Schritt:** Versuchen Sie, die folgenden Fragen zum Fall „Manfred“ zu beantworten.

**Fragen zum Mobbingfall „Manfred“:**

1. Werden problematische Handlungen von Manfred durchgeführt?
   Wenn ja, welche?
2. Welche problematischen Handlungen werden von den Kollegen durchgeführt?
3. Welche Handlungen beider Seiten sind (nach der „45er“-Liste in Kapitel I.3 und entsprechend Ihrer eigenen Wertung) regelrechte Mobbinghandlungen?
   Warum?
4. Wer geht systematisch, oft und über einen längeren Zeitraum (entsprechend der Mobbing-Definition in Kapitel I.1) vor?
   Wer ist unterlegen?
   Wer wird ausgestoßen?
5. Welche Phasen sind zu beobachten, welche Phasen wurden nicht durchlaufen?
   Ziehen Sie zur Beantwortung das Phasenmodell (vgl. Kapitel I.2) hinzu.
6. Abschließendes Urteil zur Frage:
   Wer ist Mobber, wer ist Mobbingbetroffener?
7. Bis zu welchem Zeitpunkt liegt ein Konflikt vor, und wo beginnt Mobbing?
8. Wie beurteilen Sie jetzt den kritischen Kommentar von *Neuberger*?
   Bleiben für Sie am Mobbingfall „Manfred“ noch Fragen offen, oder ist alles klar?
9. Verschiedene Eskalationsstufen des Konflikts sind mit Sternchen (*) gekennzeichnet.
   Zu welchem Zeitpunkt des eskalierenden
   Konflikts (siehe Sternchen *1, *2, *3, *4) hätte man als Betriebsrat sinnvoll eingreifen können?
   Welche Maßnahmen wären jeweils sinnvoll gewesen?

**4. Schritt:** Vergleichen Sie nun Ihre Antworten mit unserer Bewertung.

## 2. Bewertung des Fallbeispiels und Schlußfolgerungen

Vergleichen Sie nun Ihre Ergebnisse mit unserer Bewertung des Falls „Manfred". Vergegenwärtigen Sie sich, in welchen Punkten Sie mit uns übereinstimmen und in welchen Punkten Sie an einer von uns abweichenden Meinung festhalten möchten.

**Zu Frage 1:**

Manfred hat ein religiöses Sendungsbewußtsein und versucht, seine Arbeitskollegen zu bekehren. Dies fällt eindeutig in den Bereich dessen, was erlaubt ist. Doch Manfred reagiert auf den offensichtlichen Unwillen seiner Kollegen nicht, sondern er versucht ausdauernd (von außen betrachtet: penetrant) und gegen den nonverbal und verbal vorgebrachten Widerstand, sein Anliegen offensiv durchzusetzen. Sein religiöses Sendungsbewußtsein dürfte aufgrund des Widerstands vermutlich sogar verstärkt werden – denn typisch für solche Glaubensgemeinschaften ist, daß das Desinteresse in der sozialen Umwelt gerade als Beweis für die „Verderbtheit" der Welt angesehen wird, der man unerschütterlich entgegentreten muß. Sozial belastend ist sein Eifer, weil er für die anderen eine dauerhafte Belästigung darstellt und weil er dabei den Respekt von den Überzeugungen und Wünschen der anderen vermissen läßt.

**Zu Frage 2:**

Die grobe Zurückweisung der Bekehrungsversuche oder das Wegdrehen, wenn man ungebeten angesprochen wird, das sind sicher nicht die optimalen Formen, um eine Belästigung abzustellen. Aber es handelt sich hierbei noch nicht um nachhaltige unsoziale Verhaltensweisen. Problematisch wird es dagegen, sobald die Arbeitskollegen nicht einzeln, sondern als Kollektiv reagieren – wenn ihn niemand mehr anspricht oder die Arbeitskollegen gemeinsam Raum und Tisch verlassen, sobald Manfred auftaucht. Die makaberen Scherze stellen eindeutig unsoziale Verhaltensweisen dar. Da sich die Arbeitskollegen spätestens hier ihrer Mehrheit und Macht bewußt geworden sind, hätten sie ihre Phantasie auch für sozial verträgliche Methoden einsetzen können, um die unerwünschten Bekehrungen abzustellen.

**Zu Frage 3:**

Entsprechend der „45er"-Liste sind folgende Handlungen der Arbeitskollegen tatsächlich Mobbinghandlungen: grobe Zurückweisung (Mobbinghandlung Nr. 4); Wegdrehen (Mobbinghandlung Nr. 11); nicht mehr reden (Mobbinghandlung Nr. 12); nicht mehr ansprechen lassen (Mobbinghandlung Nr. 13). Aus der Falldarstellung ist nicht eindeutig herauszulesen, ob die religiöse Einstellung direkt angegriffen wird (das wäre Nr. 24). Es ist auch nicht ablesbar, ob Manfred die „Scherze" als böse Ausgrenzung oder als reale Androhung körperlicher Gewalt (Nr. 40) eingeordnet hat. Für „makabere Scherze" gibt es keine Rubrik in der „45er"-Liste.

Die Belästigung und die Respektlosigkeit von seiten Manfreds sind nach der „45er"-Liste keine Mobbinghandlungen. An anderer Stelle beschreibt *Leymann* aber die wesentlichen Unterscheidungsmerkmale zwischen Mobbing und ähnlichen Formen belastender Kommunikation in folgender Weise: „Die Merkmale sind: Konfrontation, Belästigung, Nichtachtung der Persönlichkeit und Häufigkeit der Angriffe über einen längeren Zeitraum hinweg" (*Leymann* 1993, S. 22). Diese Merkmale treffen nun eindeutig auf Manfreds Verhalten zu. Danach wäre es doch Mobbing?

Was Manfreds Verhalten aber insbesondere fehlt, ist jede Form von Feindseligkeit. Darin unterscheidet er sich völlig vom Verhalten seiner Kollegen. Das ist nachvollziehbar, da sein Motiv darin besteht, die Menschen vor dem Unglauben zu retten. Deswegen möchte Manfred mit seinen Kollegen in Kontakt kommen. Im Gegensatz dazu sind die Arbeitskollegen zunehmend darauf aus, Manfred loszuwerden.

**Zu Frage 4:**

Manfred geht systematisch und ausdauernd vor, da er seinem Sendungsbewußtsein konsequent folgt. Er verfolgt sein Ziel über einen längeren Zeitraum. Sein Handeln erfüllt somit zwei Kriterien der Mobbingdefinition (vgl. Kapitel I.1). Seine Arbeitskollegen gehen dagegen zunächst nicht systematisch vor, denn sie scheinen auf die jeweiligen Bekehrungsversuche jeweils nur unmittelbar abweisend zu reagieren. Erst ab dem mit (*2) gekennzeichneten Zeitpunkt wird ihr Verhalten ebenfalls systematisch. Der Unterlegene ist ohne Zweifel Manfred, der schließlich aus Selbstschutz die eigene Versetzung betreibt.

**Zu Frage 5:**

Über Phase 1 ist nichts ausgesagt. Sie ist für die Konfliktentwicklung im Fall Manfred auch nicht notwendig. Es ist gut vorstellbar, daß jemand wie Manfred in eine religiöse Sekte eintritt und dann spontan versucht, weitere Personen zu bekehren. Dazu müssen im Vorfeld keine größeren

Konflikte in der Abteilung stattgefunden haben. Alle Auseinandersetzungen lassen sich der Phase 2 zuordnen (Psychoterror, Mobben). Phase 3 hat es ebensowenig gegeben wie Phase 4, denn die Personalverwaltung hat nicht eingegriffen, und Fehldiagnosen hat es auch nicht gegeben. Phase 5 hat nun teilweise eingesetzt, da es zu einer Versetzung gekommen ist (aber noch nicht zu mehreren Versetzungen).

**Zu Frage 6:**

Es bedarf einiger Überlegungen, um hier zu einem eindeutigen Urteil zu gelangen. Die Handlungen beider Seiten erfüllen etliche Definitionskriterien für Mobbing. Die gravierenden Unterschiede liegen darin, daß erstens bei Manfred keine feindselige Absicht erkennbar ist und er zweitens eindeutig unterlegen sowie hilflos ist und ausgegrenzt wird. Manfred ist das Mobbingopfer.

**Zu Frage 3:**

Wenn wir *Leymann* richtig interpretieren, dann dürfte er den Zeitpunkt, in dem der Konflikt in Mobbing umschlägt, sehr früh ansetzen. *Leymann* schreibt: „Die Kollegen fühlten sich belästigt, doch anstatt das Problem über kollegiale Gespräche, eventuell unter Einschaltung des Chefs, anzugehen, übertragen sie den Konflikt auf die private Ebene. Anfangs reagierten sie grob ..." *Leymanns* Erwartung ist demzufolge, daß sie unmittelbar durch klärende Gespräche bzw. Einschalten der Hierarchie hätten reagieren sollen. Statt dessen hätten sie den Konflikt auf die private Ebene gezogen und damit Mobbing begonnen. Doch *Leymanns* Einschätzung, daß die Kollegen den Konflikt auf die private Ebene gezogen hätten, ist nicht korrekt, denn die Konfrontation war von Beginn an auf einer privaten Ebene. Manfreds religiöser Eifer war Privatangelegenheit und hatte nichts mit betrieblichen Belangen zu tun.

Vom Ende her betrachtet, kann leicht gesagt werden, daß die Arbeitskollegen den Konflikt gleich auf eine andere Ebene hätten bringen sollen. Aber in der Anfangssituation – Manfred fängt immer wieder mit Bekehrungsversuchen an, jeder einzelne Arbeitskollege zeigt immer wieder und zunehmend deutlich seinen Unwillen – war für keinen der Beteiligten vorauszusehen, wohin das Ganze noch eskalieren würde. Wenn *Leymann* nur die Arbeitskollegen kritisiert, daß sie frühzeitig bessere Wege hätten einschreiten oder den Chef einbeziehen müssen, dann mißt er hier mit zweierlei Maß. Weder Manfred noch die Arbeitskollegen schauen in die Zukunft. Manfred versetzt sich nicht in die Situation seiner Kollegen, die er bekehren will. Schließlich ist es seine Absicht, sie zu bekehren. Die Arbeitskollegen versetzen sich ihrerseits nicht in die Lage Manfreds. Sie fragen sich nicht, welche Folgen ihre zunehmende Verärgerung und Zurückweisung für Manfred haben könnte. Sie wollen vor allem in Ruhe gelassen werden.

Es scheint uns nachvollziehbar, daß die Arbeitskollegen zu Beginn nicht daran denken, den Vorgesetzten einzuschalten. Die von ihnen zu erwartende Reaktion war vielleicht: „Ihr seid doch Erwachsene, könnt Ihr das nicht selber regeln?“ Es ist ebenfalls noch nachzuvollziehen, daß die Arbeitskollegen vor kollegialen Gesprächen Abstand nehmen. Denn jedes Zugehen auf Manfred könnte von diesem, da er die Abweisungen bereits ignoriert hatte, mit verstärkten Bekehrungsversuchen beantwortet werden. Der Übergang von Konflikt zu Mobbing erfolgt erst, als sie zu gemeinsam geplanten Maßnahmen übergehen. Aktionen wie Weghören, Nicht-Ansprechen, Nicht-Ansprechen-Lassen, Vom-Tisch-Aufstehen sind ja gewissermaßen defensive Vermeidungsstrategien gegen das Bekehrtwerden (es gäbe natürlich sozialere Methoden). Die Arbeitskollegen gehen eindeutig zu Mobbing über, als sie Manfred durch Drohungen und durch die makaberen Scherze als Person angreifen. Sie machen sich nicht mehr die Mühe, das eigentliche Problem anzugehen, sondern sie suchen Genugtuung und versuchen, Manfred auszugrenzen. Verwerflich ist – und das ist dann Mobbing in Reinkultur –, daß sie nicht nachlassen, als Manfred seine Bekehrungen längst eingestellt hat. Das ist „Nachtreten“, obwohl der Gegner längst am Boden liegt.

**Zu Frage 8:**

Aus *Leymanns* Ausführungen läßt sich schließen, daß er die moralische Verurteilung von Mobbern und gegebenenfalls deren betriebliche Sanktionen einfordert. Auf der Seite der Betroffenen wird dagegen volles Verständnis, Unterstützung und Rücksichtnahme erwartet. Eine Diskussion über Handlungen und Versäumnisse des Opfers soll unterbleiben.

Beim Fallbeispiel „Manfred“ stoßen *Leymanns* Erwartungen häufig nicht auf ungeteilte Zustimmung. Betriebsratsmitglieder, denen der Fall von uns vorgelegt wurde, sind meist ebenfalls der Meinung, daß Manfred Schutz und Fürsorge benötigt, aber sie können nicht nachvollziehen, warum Manfreds Anteil am Konflikt völlig außer Acht gelassen werden soll. Zudem halten sie eine solche Vorgehensweise aus betrieblicher Sicht nicht für konsensfähig.

Nun steht außer Zweifel, daß sich Manfreds Arbeitskollegen unsozial und unmoralisch verhalten haben. Es steht aber auch außer Zweifel, daß

Manfred in naiver oder ignoranter Weise die Situation provoziert hat, und zwar nicht durch einen einmaligen, sondern durch chronische Bekehrungsversuche. Er hat alle Signale seiner Kollegen ignoriert und sich damit seinerseits kontinuierlich über deren Rechte hinweggesetzt.

Wir könnten uns eine erfolgreiche Schlichtung oder ein Clearing-Verfahren nicht vorstellen, wenn wir Manfreds Anteil an dem sozialen Konflikt völlig außer Betracht lassen und uns nur mit dem Mobbing der Mobber befassen. Ein Schlichtungsverfahren muß ja naturgemäß mit einem gewissen Einverständnis der Beteiligten enden – zumindest mit der Frage, wie es weitergehen soll. Wie sollten sich jedoch Manfreds Arbeitskollegen jemals mit dem Ergebnis eines solchen Verfahrens einverstanden erklären, in dem nur ihre Verfehlungen zum Tragen kommen dürfen? Wie sollte dann eine neuerliche Integration von Manfred in den Kollegenkreis möglich sein? Dies dürfte nur über äußeren Druck und Androhung von Sanktionen gelingen. Sodann stellt sich aber die Frage, wie die Kollegen auf derartigen Druck reagieren werden und wohin sie der unterdrückte Groll treiben wird.

Selbst in Fällen, in denen Mobber uneinsichtig und unnachgiebig sind und man um einen Machteingriff seitens der Geschäftsleitung nicht umhin kommt, sollte stets der Maßstab gelten: streng, aber gerecht. Das bedeutet, daß Mobbing verhindert und sanktioniert werden muß. Es bedeutet aber ebenfalls, daß verletzte Rechte von Mobbern nicht unter den Teppich gekehrt werden dürfen, nur weil sie verwerflich gehandelt haben. Fehler und Versäumnisse des Mobbingbetroffenen oder anderer Stellen, die für den Konflikt von Bedeutung sind, dürfen bei der Bewertung des Konflikts nicht tabu sein. Schließlich ist immer wieder zu beachten, daß Mobbingangriffe oft maßlos überzogene Reaktionen auf Handlungen der Mobbingbetroffenen darstellen, die von seiten der Mobber zu einer großen „Schuld“ des Mobbingbetroffenen aufgebauscht werden.

**Zu Frage 9:**

Es wird vielfach gesagt, daß die Mobbingkonflikte so frühzeitig wie möglich aufgegriffen und gelöst werden sollten, bevor sie weiter eskalieren. Das ist im Prinzip richtig. Viele Konflikte müssen aber auch erst ein gewisses Reifestadium erreicht haben, bevor überhaupt sinnvoll eingegriffen werden kann. Zum Beispiel müssen die Beteiligten mit ihren eigenen Lösungen bereits gescheitert sein und ein gewisser, bewußter Leidensdruck vorliegen. In der Anfangsphase des Falls „Manfred“ dachte jeder Beteiligte vermutlich, daß er allein damit fertig wird. Möglicherweise wäre (*2) der am besten geeignete Zeitpunkt für das Eingreifen des Betriebsrats. Einerseits sind hier die Probleme noch nicht chronisch, andererseits besteht schon ein gewisser Leidensdruck auf beiden Seiten.

Dieser Fall zeigt deutlich, daß man als außenstehender Dritter durchaus unterschiedlicher Meinung sein kann, bis zu welchem Punkt das Verhalten von Manfreds Arbeitskollegen und auch von Manfred selbst akzeptabel, verständlich, nachvollziehbar oder aber unakzeptabel ist. Man kann an der Bearbeitung viel lernen (wie bei jedem konkreten Fall im Betrieb). Es wird aller Voraussicht nach keine absoluten Wahrheiten bei der Beurteilung von Mobbing geben, sondern moralische und pragmatische Spielräume.

Einem Seminarteilnehmer gelang es, mit einer einzigen Frage die Debatte über den Fall „Manfred" noch einmal von vorne beginnen zu lassen. Er fragte: „Wie würdet ihr denn den Fall beurteilen, wenn im Fall ‚Manfred' das Wort ‚Sekte' durch das Wort ‚Gewerkschaft' ausgetauscht würde?"

# V. Was unterscheidet Mobbing von anderen Konflikten am Arbeitsplatz?

Die meisten Autoren, die sich mit Mobbing befaßt haben, sind sich in der Annahme einig, daß jedem Mobbingfall ein Konflikt vorausgeht. Die betriebliche Realität scheint aber oft dagegen zu sprechen: Es sind zwar viele zwischenmenschliche Gemeinheiten zu beobachten, aber ein nachvollziehbarer Konfliktstoff ist kaum oder überhaupt nicht zu erkennen. *Leymann* vermutet deswegen auch, daß der ursprüngliche Konflikt im Laufe des Mobbing oft schon längst in Vergessenheit geraten ist.

Wir glauben dies nicht. Wir sind überzeugt, daß Mobbing eine besondere Art und Weise ist, Konflikte auszutragen. In Mobbingkonflikten ist nichts vergessen, und es gibt für die Mobber „lebenswichtigen" Konfliktstoff. Dieser Konfliktstoff liegt jedoch nicht offen zutage. Wir werden im folgenden der Frage nachgehen, was den Unterschied zwischen akuten Konflikten ausmacht, in denen gemobbt wird, und solchen, in denen dies nicht passiert. Mit diesem Verständnis wird die Bewältigung von akutem Mobbing erleichtert.

## 1. „Alarmglocken" für den betrieblichen Alltag

Am Arbeitsplatz brauchen wir eine „griffige" Mobbingdefinition, leicht erkennbare „Alarmglocken", wenn Gefahr im Verzuge ist. Es wäre völlig übertrieben, wenn sich etwa der Mobbingbeauftragte des Betriebsrates in alle auftauchenden Konflikte einmischen wollte. Es ist auch zu erwarten, daß nicht alle Konflikte, die ihm als Mobbing vorgestellt werden, wirklich Mobbing sind. Es ist außerdem für die betriebliche Praxis undenkbar, daß bei jedem Konflikt ein halbes Jahr mit dem Eingreifen gewartet wird, weil erst nach dieser Zeit definitorisch eindeutig Mobbing vorliegt. Wir dürfen auch nicht jedesmal abwarten, bis sich in einem dauerhaften Streit eine unterlegene Person herauskristallisiert hat. Und schließlich, wie soll man sich zurechtfinden, wenn „auch Allerweltshandlungen, denen man ‚mobbende' Effekte gar nicht zutrauen sollte, einen Menschen zerbrechen (können)"? (*Leymann* 1993, S. 22)

Wir sollten also zielsicher in der Lage sein, „stinknormale“ Konflikte von solchen akuten Konflikten zu unterscheiden, die in Mobbing zu eskalieren drohen. Ansonsten verzetteln und verbrauchen wir uns in allgemeiner Konfliktbereinigung. Es wäre bedauerlich, wenn sich der Mobbingbegriff als Ersatzwort für Ärger, Streit und Konflikt abschleifen würde. Die Gefahr besteht, daß sich ein Anti-Mobbing-Akteur in den Augen der Belegschaft und des Managements lächerlich macht, weil er sich als „Friedensengel“ an zu vielen Orten schlichtend einmischt, wo dies weder erwünscht noch nützlich ist.

## 2. Was ist ein Konflikt?

Ein Konflikt entsteht, wenn widerstreitende Interessen und Bedürfnisse aufeinanderstoßen. Mit dem Wort „Konflikt“ kann der Widerstreit von Bedürfnissen und Interessen innerhalb eines Menschen oder zwischen Menschen bezeichnet werden. Wenn es bei einem Menschen innerlich zu widerstreitenden Ideen und Bedürfnissen kommt, sprechen wir von einem intrapsychischen Konflikt (d. h. jemand kommt in Konflikt mit sich selber, z. B. in Form von Gewissensbissen oder Entscheidungsnotstand). Bei Interessengegensätzen zwischen Personen wird von einem interpersonellen Konflikt gesprochen.

- **Offener Konflikt**

  Die widerstreitenden Interessen eines Konflikts können klar artikuliert sein. Jeder Beteiligte und viele Außenstehende wissen im Prinzip, worum es geht. Es kann bereits zum offenem Streit und Schlagabtausch gekommen sein, oder es sind übergeordnete Stellen angerufen worden. Das wäre z. B. bei Kompetenzstreitigkeiten, Konkurrenz, Kampf um verbleibende Arbeitsplätze bei Rationalisierungen denkbar. Es hat auf den ersten Blick den Anschein, als wenn es sich bei Mobbing um Konflikte dieser Art handelt. Mobbingkonflikte wären demzufolge Konflikte, die zunächst „normal“ als Streit verlaufen, die dann aber zu keiner Lösung führen, weil niemand aufgeben will. Schließlich eskaliert der Konflikt, Mobbinghandlungen werden von einer oder beiden Seiten eingesetzt, um eine Entscheidung zu erzwingen. Auf diese Weise verlaufen jedoch vermutlich nur wenige Mobbingkonflikte.

- **Verdeckter Konflikt**

  Beiden Seiten ist klar, daß sie widerstreitende Interessen haben; aber aus unterschiedlichen Gründen wird ein offener Austausch darüber, d. h. ein Kampf oder die Suche nach einem Kompromiß, vermieden. Wenn die Sache, um die es geht, für die eine oder beide Seite(n) persönlich bedeutend ist, wird der Konflikt verdeckt weiter ausgetragen. Hier werden Bündnisse geschmiedet, Intrigen gesponnen, immer wieder Angriffe vorgebracht, der Gegner zurückgewiesen usw., ohne daß es die ganz große (klärende) Auseinandersetzung gibt. Ein solcher Ablauf dürfte bei Mobbing häufiger anzutreffen sein. Jede Seite weiß, worum es im Prinzip geht, und wundert sich über das Vorgehen der anderen Seite nicht.

- **Konfliktempfinden nur auf einer Seite**

  Viele Konflikte scheinen jedoch zunächst ausschließlich im Kopf eines der beteiligten Personen, nämlich des späteren Mobbers, zu schwelen. Ohne Vorwarnung, ohne offenen Streit brechen sie unvermittelt aus und werden mit viel Engagement und Ausdauer ausgetragen. Der Mobbingbetroffene ahnt oft zunächst gar nicht, daß er demnächst heftigen Attacken ausgesetzt sein wird, er kann sich dann gar keinen Reim darauf machen, warum er überhaupt mit dieser Heftigkeit und dauerhaft angegriffen wird. Zusätzlich verwirrend ist, daß Zeiten der Attacken mit relativ friedlichen, desinteressierten, ja sogar freundlichen Phasen abwechseln können. Auf eine typische Frage des Mobbingbetroffenen: „Sagen Sie doch mal, was eigentlich los ist oder was ich Ihnen getan habe?“, geben die Mobber keine klare Antwort. Diese Form scheint uns relativ typisch für Mobbingkonflikte zu sein.

Mobbingbetroffene können sich hierauf häufig keinen Reim machen, wie die folgende Passage zeigt: „Aber du schwankst immer wieder zwischen Wut, Verständnislosigkeit und Verzweiflung – weil du auch nicht kapierst, warum sie immer und immer wieder versucht, dich anzugreifen oder extra alles anders macht – nur um dich zu provozieren.“ (aus dem Fall „Britta“; *Huber,* S. 84).

Betrachten wir den Unterschied zwischen einem „normalen“ Streit und einem Streit innerhalb eines Mobbingkonflikts etwas genauer:

**Streit:** Beim Streit steht die Auseinandersetzung um die strittige Sache im Vordergrund. Es werden, obwohl jede Seite möglicherweise ihre ganze Macht in die Waagschale wirft, um die eigenen Interessen durchzusetzen, dennoch bestimmte Verfahrensregeln eingehalten. Vor allem wird die Integrität der anderen Seite und deren soziale Beziehungen nicht grundsätzlich in Frage gestellt.

**Mobbingkonflikt:** Bei Mobbing steht die Auseinandersetzung mit der strittigen Person im Vordergrund. Das für Außenstehende nicht klar erkennbare Problem ist aus der Sicht des Mobbers gravierend genug, um Unterdrückung, Schikane, Rufmord und Ausgrenzung zu rechtfertigen. Die Schwächung des Gegners wird zum Hauptziel. Die (scheinbare) Hartnäckigkeit des Mobbingbetroffenen, der Arbeitsplatz und Selbstwertgefühl bewahren will, legitimiert aus der Sicht des Mobbers die weitere Eskalation und Willkür bei der Wahl der Methoden.

*Glasl* unterscheidet neun Eskalationsstufen eines Konflikts (vgl. *Glasl* 1990). Ein typischer Streit wäre nach dessen Konzept im Rahmen der Eskalationsstufen 1 bis 3 zu suchen, die er „Verhärtung", „Debatte" bzw. „Taten" nennt. Mobbing müßte hingegen bei den Stufen 5–7 angesiedelt werden, die er als „Gesichtsverlust", „Drohen" bzw. „begrenzte Vernichtungsschläge" kennzeichnet. Der Wunsch nach „totaler Zerstörung des Gegners" (Eskalationsstufe 8) oder das Ziel des „Gemeinsam in den Abgrund", weil die eigene Macht nicht zur Vernichtung des Gegners ausreicht (Stufe 9), dürften bei Mobbing allerdings eher selten auftreten. Während *Glasl* von einer allmählichen Eskalation des Konflikts von Stufe 1 ausgeht, dürfte das Besondere bei Mobbing sein, daß der Konflikt unmittelbar auf einem höheren Konfliktniveau beginnt.

**Wichtig!**

Bei Mobbingkonflikten bleibt das zugrundeliegende Problem meist im Hintergrund, während die angegriffene Person als „das Problem" in den Vordergrund gerückt wird.

## 3. Wer mobbt, betreibt feindselige Ausgrenzung

*Leymann* legt vier Eckpunkte für die Erfüllung des Tatbestandes „Mobbing" vor:

- feindselige Kommunikation;
- systematisch und mindestens halbjährige Dauer;

- eine Person ist in die Unterlegenheit geraten;
- Ausstoß droht.

Unseres Erachtens sind nicht alle vier Eckpunkte von gleicher Bedeutung.

Was unterscheidet Mobbingangriffe (das eigentliche Mobben) von anderen Streitereien, Unverschämtheiten und Konflikten am deutlichsten? Unseres Erachtens ist es die aufdringliche Feindseligkeit und das deutliche Bestreben nach Herabsetzung und Ausgrenzung der angegriffenen Person, die Mobbing kennzeichnen.

**Wichtig!**

Der Kern von Mobbing ist feindselige Ausgrenzung.

Weniger bedeutsam scheint uns dagegen das Zeitmoment. Wer von anderen gemobbt wird, spürt die Feindseligkeit unmittelbar und sofort. Dazu ist es nicht nötig, daß die Angriffe schon über längere Zeit erfolgt sind. Eine Beschäftigte, die über wenige Wochen hindurch zum Zweck der Ausgrenzung wiederholt sexuell belästigt wird, ist subjektiv sicher stärker betroffen als eine vergleichbare Beschäftigte, die von einem nicht sehr umgänglichen Kollegen über mehrere Monate hindurch nicht gegrüßt wird. Man muß auch längst nicht unterlegen und isoliert sein, um sich vor der Zukunft zu fürchten. Die Erwartung, immer wieder – unerwartet – angegriffen zu werden, und die Furcht, daß das soziale Sicherungsnetz unzuverlässig wird, sind allein schon sehr bedrohlich.

## 4. Das Wesen der Feindseligkeit

Einem „Feind" gegenüber fühlen wir die innere Berechtigung, ihm in jeder Hinsicht und mit allen uns zur Verfügung stehenden Mitteln zu schaden und/oder ihn zu vernichten. Unsere Haltung ist hier wesentlich radikaler und kompromißloser als gegenüber einem, den wir nur als „Gegner" ansehen. Das liegt daran, daß wir dem Feind zutrauen, uns in lebenswichtigen Belangen schaden zu können und dies auch zu wollen. Möglicherweise haben wir bereits die Erfahrung machen müssen, daß der andere uns derart geschadet hat. Unsere Gefühlslage gegenüber einem Feind ist von Zorn, Haß, Ekel und Geringschätzung geprägt.

Zorn, Haß und in abgeschwächter Form Ärger treten als Gefühle dann auf, wenn wir in unserem Handeln und Wollen, bei der Verwirklichung unserer Ziele oder beim Genuß angenehmer Dinge behindert werden. Es reicht, wenn wir uns einbilden, daß der andere uns in unserer Freiheit behindert oder daß wir fürchten, daß dessen Handlungsweise uns in Zukunft beeinträchtigen könnte, um jemanden innerlich zum Feind zu erklären. Haß und Ärger treten auch auf, wenn wir beleidigt, gedemütigt, übervorteilt oder unter Zwang gestellt worden sind.

Die Gefühle der Geringschätzung und des Ekels gegenüber einem Feind machen es uns wiederum oft erst möglich, die moralischen Grenzen und die eigene Furcht vor dem anderen zu überwinden und zu aggressiven Handlungen überzugehen. Jemand, der innerlich noch als „Kollege" angesehen wird, wird nicht so leicht mit Mobbingangriffen überzogen werden, als jemand, der bereits als „Untermensch", „Idiot" oder „Dreckschwein" tituliert wird. „Die Empfindung von Geringschätzung einem Menschen gegenüber tendiert dazu, (...) daß die Person als ‚Untermensch' betrachtet wird" (*Izard,* S. 380).

Feindseligkeit kann sich in aggressiven Handlungen äußern, die den Betroffenen direkt schädigen sollen. Oft wird bei Mobbing jedoch nicht so direkt schädigend vorgegangen, vielmehr werden indirekt Situationen herbeigeführt, die dem Angegriffenen schaden sollen. Jeder Schaden für den Angegriffenen wird billigend in Kauf genommen. Diese „zurückhaltende" Vorgehensweise hat mit dem Selbstschutz der Mobber zu tun.

## 5. Das Wesen der Ausgrenzung

In der Mobbingdefinition von *Leymann* 1993 fehlt der Gesichtspunkt der Ausgrenzung. Erst in seinem Mobbingbericht (*Leymann* 1993) definiert er Mobbing als konfliktbelastete Kommunikation „... mit dem Ziel und/oder dem Effekt des Ausstoßes aus dem Arbeitsverhältnis" (*Leymann* 1995, S. 18). Nach seinen Beobachtungen kann der Ausschluß aus dem Arbeitsleben entweder zielgerichtet sein oder sozusagen als Nebenprodukt des Mobbings abfallen.

Es ist wichtig festzuhalten, daß bei Mobbing offenbar nicht z. B. die Unterwerfung einer Person angestrebt wird, sondern deren Ausschluß.

Wäre die Unterwerfung des Mobbingbetroffenen das Ziel, dann wäre aus den Äußerungen des Mobbers in irgendeiner Form abzulesen, was er von seinem „Opfer“ eigentlich erwartet. Die Erfahrung lehrt das Gegenteil: Unabhängig davon, ob sich Mobbingbetroffene auflehnen, anbiedern, verstecken oder ob sie Anpassungsversuche unternehmen, geht das Mobbing oftmals unvermindert weiter.

**Wichtig!**

Das Bestreben bei Mobbing ist nicht Unterwerfung, sondern Ausgrenzung.

Nach unserer Auffassung ist die Ausgrenzung der Kern von Mobbing. Ausgegrenzt zu werden ist die alltägliche Erfahrung von Mobbingbetroffenen. Egal welche Mobbinghandlungen konkret durchgeführt werden – das Bestreben der Mobber geht immer in dieselbe Richtung: Weg mit der Person!

*Leymann* hat fünf Kategorien von Mobbingangriffen herausgearbeitet (vgl. Kapitel I.3): Es handelte sich um Angriffe (1) gegen die Möglichkeit, sich mitzuteilen, (2) auf die sozialen Beziehungen, (3) auf das soziale Ansehen, (4) auf die Berufs- und Lebenssituation und (5) auf die Gesundheit. Um den ausgrenzenden Charakter von Mobbing noch deutlicher zu machen, fassen wir diese fünf Angriffsformen in zwei Gruppen zusammen. Das sind (s. Abb. Seite 76):

1. **Angriffe gegen die Person**
   (z. B. Selbstwertgefühl, Entfaltung, Sicherheit) und
2. **Angriffe gegen das soziale Gefüge**
   (z. B. Anerkennung, Ansehen, Teilhabe).

Bei den Angriffen gegen das soziale Ansehen (z. B. durch öffentliche Demütigung, durch Verleumdung und erfolgreichen Rufmord) ist leicht nachvollziehbar, daß eine soziale Ausgrenzung angestrebt ist. Hier sind die Mobber offensichtlich bestrebt, ihren Kontrahenten das „soziale Wasser“ abzugraben.

Warum behaupten wir, daß auch die Angriffe, die direkt gegen die Person gerichtet sind (z. B. Demütigung, Kritik, Herablassung und Nicht-Grüßen), eine Form von Ausgrenzung sind. Jemanden auszugrenzen be-

# Direkte und indirekte Angriffsziele bei Mobbing

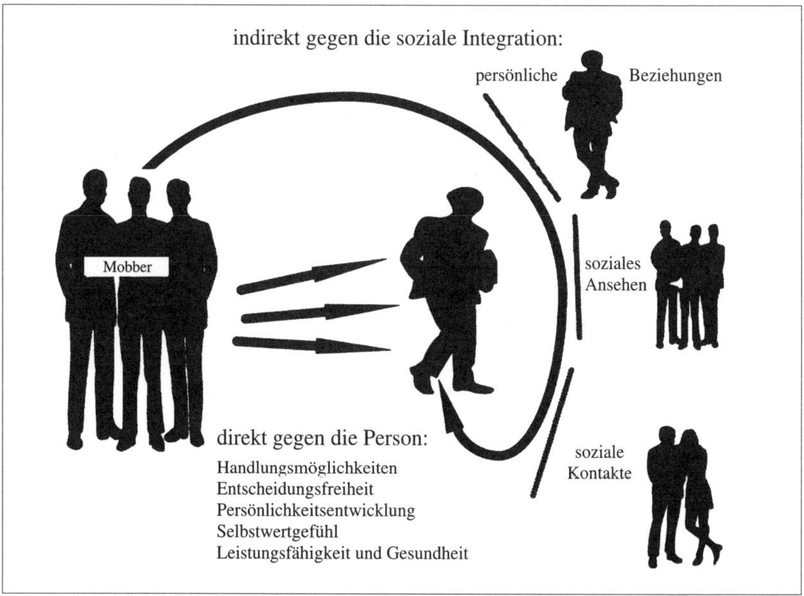


## Methoden des direkten Mobbings gegen die Person

- **Kritik:** permanent, destruktiv, verletzend, ohne Alternativen, ohne Berücksichtigung der Umstände, ohne Rücksicht auf den Leistungsstand, Vertuschung wahrer Ursachen, ohne Prüfung des wirklichen Sachverhalts, ohne Möglichkeit der Erläuterung und Rechtfertigung, pauschal, ohne Wohlwollen, ohne Mut zu machen, schuldzuweisend.
- **Sanktionen:** häufig, destruktiv, öffentlich, ohne Wiedergutmachungsmöglichkeiten, ungerechtfertigt, aus Machtmißbrauch.
- **Herabsetzung:** Beleidigungen, verbales und nonverbales Herabsetzen und Schmähen der Person, Verachtung deutlich machen, Entwicklungsbehinderung, (sexuelle) Übergriffe, in die Defensive drängen.

## Methoden des indirekten Mobbings über das soziale Umfeld

- **Kooperationsbeziehungen untergraben:** Arbeitszusammenhänge unterbinden, persönliche Unterstützung erschweren, der Mobbingbetroffene wird „verbannt“, Solidarisierung wird zum Risiko, öffentliche Demütigung, Blamage, Gerüchte und Lügen verbreiten, Rufmord, Fehler aufblähen.
- **Manipulation** der Arbeit, Sabotage, Intrigen, gezielte Unter- bzw. Überforderung.

deutet nach unserer Auffassung, daß der Mobber dem Mobbingbetroffenen kontinuierlich signalisiert: „Du bist es nicht wert, daß ich Dir den Minimalstandard mitmenschlichen Umgangs zubillige. Du bist nichts wert. Du bist eine Unperson, ein Untermensch". Wir müssen uns verdeutlichen, daß Mobbingbetroffenen sozusagen die Geschäftsgrundlage des üblichen menschlichen Miteinanders entzogen wird. Diese Geschäftsgrundlage besteht darin, daß wir üblicherweise mit einer gewissen Rücksicht, Höflichkeit, einer Vermeidung von harscher Kritik, einer Bereitschaft zuzuhören, einer (minimalen) Bereitschaft zur Unterstützung, also mit Respekt rechnen können und im Alltag auch damit rechnen. Beim Mobbing ist aber das Gegenteil der Fall; die Betroffenen müssen ständig vor unliebsamen Überraschungen auf der Hut sein. Einen Menschen, dem das allgemein Übliche, der Minimalstandard menschlichen Umgangs nicht zugebilligt wird, den grenzt man aus. Für den Mobber gehört der Mobbingbetroffene nicht in den Kreis von Menschen, denen solches zusteht.

**Wichtig!**

Ausgrenzung umfaßt soziale Isolierung und die Aufkündigung des Respekts. Mobbingbetroffenen wird die Geschäftsgrundlage des üblichen zwischenmenschlichen Miteinanders entzogen.

Der Kern von Mobbing ist Ausgrenzung mit den möglichen Eskalationsstufen Verdrängung und Vertreibung und als letzter Stufe die Billigung der Vernichtung. Gleichgültigkeit, Herablassung, Verachtung oder kalter Haß sind als gefühlsmäßige Grundlage nötig. Damit läßt sich Mobbing nun auch gut von anderen unerfreulichen Handlungen wie Belästigung, ungerechte Behandlung, Meckerei sowie Ignoranz unterscheiden. Im Fall „Manfred" waren die Bekehrungsversuche zwar für die Arbeitskollegen lästig, aber Manfred wollte diese nicht ausgrenzen.

**Wichtig!**

Bei Mobbingkonflikten gibt es keinen Kompromiß.

Eine Besonderheit des Mobbingkonflikts besteht darin, daß er normalerweise nicht durch einen Kompromiß zu lösen ist. Zwischen dem Streben der Mobber nach Ausgrenzung und dem Wunsch des Mobbingbetroffenen nach (aus seiner Sicht) problemlosen Arbeits- und Sozialbeziehungen, gibt es keinen Mittelweg.

## 6. Die persönlichen Voraussetzungen für Mobbing

Nicht jeder Konflikt führt zu Mobbing. Warum die Mobber einen spezifischen Konflikt nicht als Beschwerde, als Streitgespräch oder in Form einer einmaligen Machtprobe austragen, ist eine interessante Frage. Mobbing aus reiner Boshaftigkeit, pathologischem Haß oder purer Langeweile halten wir eher für eine seltene Erscheinung. Wir fanden vier Voraussetzungen dafür, daß Mobbing einsetzt. Keine dieser Voraussetzungen ist für sich allein genommen die „Ursache" von Mobbing (s. unten stehende Abbildung).

**Persönliche Voraussetzungen für Mobbing**

a) Mobber fühlt sich beeinträchtigt.
b) Offene und faire Konfliktaustragung wird als Risiko empfunden.
c) Eigentinteresse ist größer als moralische Bedenken.
d) Personalisierende Problemsicht: Die Person ist das Problem mit der Folgerung: „Ist der andere weg, habe ich kein Problem mehr".

### a) Erste Voraussetzung: Mobber fühlt sich beeinträchtigt

Die erste, quasi „natürliche" Voraussetzung für Mobbing ist darin zu sehen, daß Mobber sich in irgendeiner Form beeinträchtigt, behindert, beschädigt fühlen oder ihre Zukunft gefährdet sehen. Der Grund der Beeinträchtigung kann für Außenstehende sowohl verborgen sein, als auch offen zutage treten. Dies zeigt das folgende Beispiel.

**Beispiel:**

„Nun bin ich (57) fast 25 Jahre in derselben Firma. Alt bin ich geworden bei der vielen Arbeit. Und alt darf man heutzutage als Frau nicht werden! Besonders dann nicht, wenn ausschließlich Männer die Chefs sind. Die stehen nämlich auf sehr jung, langbeinig und andere Vorzüge. Mir ist doch jetzt ein junges Ding vor die Nase gesetzt worden. Wenig Berufserfahrung, aber eine große Klappe. Ihre hingeschmissenen Stenogramme kann sie kaum lesen. Dafür kocht sie dreimal am Tag Kaffee. Den bringt sie dann ins Chefzimmer – mit Hüftschwung und frischgeschminkten Lippen.

Nun soll sie mich ‚entlasten'. Und das heißt ja nichts weiter, als daß sie meinen Job kriegen soll. Gnadenbrot – das hab' ich nun von einem Vierteljahrhundert Firmentreue!"

Der vorstehende Leserbrief, im Jahr 1995 in der Zeitschrift „Das neue Blatt" erschienen, ist ein Beispiel für ein massives Beeinträchtigungsgefühl. Die Sekretärin interpretiert die Neueinstellung in jeder Hinsicht als gegen sich gerichtet. Sie kann sich nur vorstellen, daß sie ausgebootet und aufs Altenteil abgeschoben werden soll. Daß es auch sinnvoll sein könnte, einen personellen Übergang langfristig anzulegen, kommt ihr nicht in den Sinn. Alle Äußerungen bezüglich der neuen Arbeitskollegin sind negativ und herablassend. Der Tenor lautet: „Die kann nichts und hat außer jungem Fleisch für den gemeinsamen Chef nichts zu bieten." Es könnte ja auch sein, daß die Neue deswegen so viel Kaffee kocht, weil sie noch so unsicher und nicht eingearbeitet ist. Der Unmut der Älteren ist so groß, daß sie sich mittels Leserbrief über ihre Lage beschwert. Wir wissen nicht, ob sich die geschilderte Situation zu einem Mobbingfall entwickelt hat – einige wichtige Voraussetzungen dafür sind schon erfüllt.

Häufig aber sind die Gründe für Mobbing verborgen. Auslöser können Ängste, Vorurteile und furchtsame Erwartungen des Mobbers sein. Der andere wird als Bedrohung der eigenen Interessen wahrgenommen. Inwieweit diese Befürchtungen tatsächlich berechtigt oder überzogen sind, wird nicht genau geprüft. Die einmal ausgelösten Ängste treiben Mobber dazu, den anderen lieber vorsorglich zu bekämpfen, als das Risiko einzugehen, irgendwann einmal in die Defensive zu geraten nach dem Motto „Angriff ist die beste Verteidigung".

**Wichtig!**

Die Handlungsgründe der Mobber haben rationale und emotionale Wurzeln.

Die tatsächliche oder befürchtete Beeinträchtigung muß für den Mobber persönlich gravierend sein, so gravierend, daß ihm Mobbing gerechtfertigt scheint. Für den Außenstehenden ist die emotionale Aufladung des Mobbers oft nicht gut nachzuvollziehen. Auch wenn sich Mobber cool oder zynisch-gelassen über ihr Opfer hermachen, läßt die Hartnäckigkeit, mit der sie den längst unterlegenen Gegner weiter attackieren, auf eine große emotionale Beteiligung des Mobbers schließen. Was bewegt den Mobber? Die nebenstehende Abbildung ist eine groteske Offenbarung. Es zeigt sich, daß die Mobber den Mobbingbetroffenen genau das absprechen und entziehen, was sie für sich selbst aggressiv verteidigen wollen: Ansehen, Sicherheit, Handlungsfreiheit.

So kann es z. B. sein, daß ein Vorgesetzter eine ältere Mitarbeiterin allein deshalb loswerden will, weil er fürchtet, daß diese Konstellation seinem Image als jung-dynamische Führungskraft abträglich sein könnte. Kollegen, die häufiger krank sind, provozieren oftmals, ohne das im mindestens zu wollen, ihre Mitkollegen, weil diesen ihre eigene Gesundheitsgefährdung, der hohe Arbeitsdruck usw. bewußt wird. Frisch eingestellte oder neu eingearbeitete Mitarbeiter aus anderen Branchen können Mobbingbetroffene werden, weil die Mobber fürchten, ihre normale soziale Anerkennung einzubüßen oder Einkommensverluste hinnehmen zu müssen, weil durch die Einarbeitung zunächst weniger Leistung erbracht werden kann. Paradoxerweise wird dann viel Energie verbraucht, um den Neuen fertigzumachen, anstatt eine Verbesserung der Situation anzustreben.

Festzuhalten bleibt, daß das Mobbingproblem längst nicht gelöst ist, wenn wir lediglich die verachtenswerte Motivation des Mobbers wie Neid, Eifersucht, Eitelkeit oder Niedertracht festgestellt haben. Vielmehr kommt es darauf an, die Kenntnis der Motive des Mobbers – sei es Eifersucht oder Eitelkeit – für die Lösung nützlich zu verwerten (siehe dazu die Kapitel IX. und X.).

Von Betriebsräten wird Neid häufig als Motiv für Mobbing vermutet. Beim Neid liegt die Beeinträchtigung für den Mobber darin, daß andere bessere Entwicklungs- und Lebensmöglichkeiten (Arbeitsplatz, Geld, Anerkennung, Zukunftsaussichten usw.) haben als man selbst. Diese Mög-

## Die verborgenen Motive eines Mobbers

### 1. „Mein soziales Ansehen, mein Status sind gefährdet!"

Beispiele:

- Ich werde unwichtiger, keiner achtet mehr auf mich.
- Ich könnte mich lächerlich machen und blamieren.
- Der andere läuft mir möglicherweise den Rang ab.

### 2. „Mein Arbeitsplatz, meine berufliche Position sind gefährdet."

Beispiele:

- Ich könnte ausgebootet, umgesetzt, entlassen werden.
- Ich kann meine Arbeitsleistung nicht erbringen (das hat Folgen).
- Ich kann die gewohnte Qualität meiner Arbeit nicht erbringen.

### 3. „Meine Handlungs- und Entscheidungsfreiheit ist gefährdet."

Beispiele:

- Der andere will neue Methoden einführen, die mir nicht liegen.
- Es gibt „unnötigen" Aufwand zur Klärung.
- Der andere könnte mir auf gewisse Schliche kommen.

### 4. „Ich will mich sicher und anerkannt fühlen."

Beispiele:

- Ich bin in meiner Gruppe anerkannt; das soll auch so bleiben.
- Ich kann mich (auf Kosten des anderen) ins rechte Licht rücken.
- Lieber treten als getreten werden.

lichkeiten scheinen ihm erstrebenswert und sind ihm zugleich gegenwärtig verschlossen. Er könnte die Sache auf sich beruhen lassen oder eigene Wege suchen, ebenfalls erfolgreich zu sein. Als Mobber versucht er, den anderen zu bestrafen, zu erniedrigen, den Genuß seiner besseren Lage zu vergällen. Der Neid schlägt dabei in aktive Mißgunst um. Im Schlichtungsverfahren ist es denkbar, daß der Schlichter mit dem Mobber die Thematik Neid ohne moralische Verurteilung anspricht und den Mobber auf alternative Handlungsmöglichkeiten aufmerksam macht, wie er die Ziele und Entwicklungsmöglichkeiten, auf die er neidisch war, ohne mißgünstiges Mobbing verwirklichen könnte.

## b) Zweite Voraussetzung: Offene und faire Auseinandersetzung scheint riskant

Dies scheint uns der wichtigste psychologische Hintergrund für Mobbing zu sein. Eine offene und faire Austragung des Konflikts wird als persönliches Risiko eingeschätzt, welches man keinesfalls eingehen möchte. Das Risiko kann darin bestehen, daß der Mobber einfach keine Mittel und Wege kennt, um Konflikte im beiderseitigen Einvernehmen zu bearbeiten und fürchtet, daß ihm alles aus den Händen gleiten wird. Vielleicht schätzt er die Wahrscheinlichkeit, die eigenen legitimen Interessen auf legalem Weg durchzusetzen, als gering ein (z. B. hätte eine Beschwerde im Fall „Manfred“ keine Aussicht auf Erfolg, wenn der Vorgesetzte in derselben Sekte ist). Eine offene Auseinandersetzung kann aus sehr unterschiedlichen Gründen gemieden werden:

- Manche Mobber kennen und beherrschen einfach keine anderen Konfliktlösungsverfahren als Kampf. Weil sie siegen wollen, sind ihnen auch unfaire Mittel recht.
- Dem Interesse des Mobbers („Der andere soll weg!“) stehen gesetzliche Vorschriften, wie z. B. der Kündigungsschutz, im Weg. Der Mobber verfügt über keinerlei Macht und Einwirkungsrechte; er besitzt z. B. keine Weisungsbefugnis.
- Der Mobber weiß, daß seine Motive von seinem sozialen Umfeld oder von Vorgesetzten nicht akzeptiert würden, weil sie z. B. unmoralisch, egoistisch oder peinlich sind.
- Der Mobber möchte seine Interessen unbedingt zu 100 % durchsetzen, aber in einer fairen Auseinandersetzung wären die Chancen für die eigenen Interessen zwischen den Konfliktparteien etwa gleich verteilt, und das Ergebnis bleibt zunächst offen.

Mobbing ist als eine verdeckte Strategie zu verstehen, die gewählt wird, wenn die eigenen Interessen nur dann durchsetzbar scheinen, wenn die eigenen dahinterliegenden Motive nicht zu erkennen sind. Verdeckt ist nicht der Angriff, sondern die wirklichen Motive des Angriffs. Es wird versucht, die andere Person in Mißkredit zu bringen, zu schwächen, zu manipulieren und dem übrigen sozialen Umfeld den Beweis zu liefern, daß diese Person das Problem darstellt.

Wenn man so will, ist es paradoxerweise gerade unser Rechtssystem, das Mobbing als eine verdeckte und gewissermaßen gebremste Form der Aggression fördert. Gäbe es die rechtlichen Schutzzäune nicht, würden die Aggressoren ihre Interessen unmittelbar in die Tat umsetzen und die

Betreffenden nicht kaltstellen, sondern „kaltmachen“, d. h. wirklich körperlich angreifen, ihres Einkommens berauben oder davonjagen.

### c) Dritte Voraussetzung: Moralische Bedenken sind geringer als das Eigeninteresse

Die dritte Voraussetzung ist, daß die moralischen Bedenken geringer als das Eigeninteresse sind. Dies dürfte immer dann naheliegend sein, wenn die eigenen Interessen einem so (lebens-)wichtig vorkommen, daß sie unbedingt und unter allen Umständen durchgesetzt werden sollen. Diese Voraussetzung dürfte in den Betrieben, in denen das eigene berufliche Überleben auf der Tagesordnung steht, wo also „mit harten Bandagen gekämpft wird“ und wo angesichts umfassenden Arbeitsplatzabbaus „jeder sehen muß, wo er bleibt“, nur allzu leicht erfüllt sein.

### d) Vierte Voraussetzung: Personen machen Probleme; Person weg – Problem gelöst!

Die vierte Voraussetzung für Mobbing liegt in einer personalisierenden Sichtweise von Problemen. Viele Menschen machen stets andere Menschen für ihre Situation verantwortlich, d. h. sie erklären sich Unstimmigkeiten und Unzulänglichkeiten des sozialen Lebens stets dadurch, daß bestimmte Personen jeweils „schuld“ daran sind, wenn es nicht optimal läuft. Es wird nicht nach tiefergehenden oder übergreifenden Ursachen der Probleme gesucht. Ein Stau auf der Autobahn entsteht nach solcher Betrachtungsweise nicht durch eine Verkettung von Aktionen einer Vielzahl von Verkehrsteilnehmern bei hohem Verkehrsaufkommen, sondern immer dadurch, daß sich bestimmte Personen schuldhaft falsch verhalten haben (z. B. Autofahrer zu langsam gefahren sind, Bauarbeiter die Schilder falsch plaziert haben, Verkehrsplaner die Baustelle zum falschen Zeitpunkt eingerichtet haben).

**Wichtig!**

Mobber sehen die Welt aus einer Er-oder-ich-Perspektive.

Die personalisierende Sicht verbaut häufig die Bereitschaft, in Konflikten nach sachlichen Lösungen oder Kompromissen zu suchen, bei denen alle gewinnen könnten. Das Motto heißt: Die Person **macht** Probleme! Das führt dann schnell zu dem Urteil: Die Person **ist** das Problem. Und im Umkehrschluß kommen die Mobber dann zu dem Ergebnis: Wenn die Person erst einmal weg ist, habe ich kein Problem mehr. Der erfolgversprechende Weg, um die eigenen Interessen durchzusetzen, liegt für sie in der Ausschaltung und Vertreibung der anderen Person. *Entweder er oder ich!* Diese Sichtweise ist allerdings nicht nur bei Mobbern zu finden.

# VI. Das Handlungsfeld der betrieblichen Interessenvertretung – Ein Überblick

Was kann die betriebliche Interessenvertretung bei Mobbing tun? Bei genauerer Betrachtung hat etwa ein Betriebsrat ausgesprochen viele Möglichkeiten, bei Mobbing sinnvoll einzugreifen. Welche Möglichkeiten er ergreifen möchte, hängt von der Stärke des Interesses, von der Problematik im Betrieb, von der verfügbaren Zeit und von der Unterstützung durch die Belegschaft sowie dem Arbeitgeber ab. Man kann direkt oder indirekt Einfluß nehmen. Der Betriebsrat kann selbst eingreifen oder dafür sorgen, daß andere (z. B. aus der Personalabteilung) für Mobbing zuständig werden. Es können strukturelle Änderungen angestrebt werden, die gegen Mobbing vorbeugen (s. Abbildung).

**Handlungsfeld der betrieblichen Interessenvertreter bei Mobbing**

Insbesondere das Arbeitsverfassungsgesetz bildet die rechtliche Grundlage für den Betriebsrat, aktiv gegen Mobbing vorzugehen. Hinzu kommen die umfangreichen betriebspolitischen Handlungsmöglichkeiten des Betriebsrats, die nicht zu gering eingeschätzt werden dürfen.

Nach *Leymanns* Ausführungen verhalten sich noch viele Gewerkschaftsfunktionäre falsch, abwartend und abweisend gegenüber Mobbingproblemen. Er vermutet, daß Betriebsräte oft die Belange eines Einzelnen opfern würden, um mit der Mehrheit der Beschäftigten in Einklang zu bleiben (um wiedergewählt zu werden). Um Loyalitätskonflikten von vorneherein auszuweichen, schlägt *Leymann* vor, daß sich Betriebsräte vor allem in der Prävention engagieren sollen.

Dieses negative Urteil können wir nicht teilen. Viele Betriebsratsmitglieder halten sich nach unserer Erfahrung bei Mobbing deswegen zurück, weil sie sich noch nicht als ausreichend kompetent für die Lösung zwischenmenschlicher betrieblicher Konflikte fühlen.

Insbesondere der Betriebsrat wäre gut beraten, wenn er nicht ständig der gerade aktuellen Mobbingsituation im Betrieb hinterherhinkt, sondern wenn er sich vorbeugend Gedanken macht. So könnte man sich z. B. in einer Betriebsratssitzung mit dem Tagesordnungspunkt: „Mobbing – wie wollen wir in Zukunft mit dem Thema umgehen?“ befassen. Nur wenn der Betriebsrat selbst die Weichen stellt, behält er auch die Initiative und kann verhindern, daß er von unliebsamen Ereignissen überrascht wird.

Wenn eine allgemeine Mobbingprävention (vgl. Kapitel VII) durchgeführt werden soll, ist unbedingt zu beachten, daß eine gewisse Infrastruktur und zumindest das Angebot einer **Sprechstunde** personell abgesichert sein muß. Es gibt nichts Schlimmeres, als daß man das Thema anspricht und dann keinerlei Unterstützung anbieten kann, falls von einzelnen Beschäftigten Bedarf angemeldet wird. Wenn regelmäßige Mobbingberatungen angeboten werden (z. B. im Rahmen der Sprechstunde), dann muß auch entschieden werden, wie tief der Betriebsrat in die Problematik einsteigen soll. Es kann ebensogut eine Beschränkung auf persönliche Unterstützung und Information geben wie ein Angebot auf Diagnose der Situation und auf Unterstützung in der Austragung des Konflikts. Eine Mobbingsprechstunde kann im Rahmen der normalen Sprechstunde des Betriebsrats integriert sein, wobei mehrere Mitglieder in die Mobbingthematik hineinwachsen und Kompetenz erlangen. Es kann auch als exponierter Ansprechpartner ein **Mobbing- oder Konfliktbeauftragter** ernannt werden.

Will man als betriebliche Interessenvertretung soweit gehen, daß man in konkreten Mobbingfällen mit dem Mobber und/oder mit dem Arbeitgeber in Verhandlungen tritt oder Druck ausüben will, bedarf es guter Vorbereitung. Wird das direkte Eingreifen in einen Mobbingkonflikt für möglich gehalten, dann ist einerseits ein Auftreten als Anwalt des Betroffenen möglich, andererseits kann der Betriebsrat auch überlegen, als neutraler Schlichter zur Lösung beizutragen (vgl. Kapitel IX und X). Wenn er als Anwalt der Betroffenen auftreten will, dann ist dafür zu sorgen, daß eine andere betriebliche oder außerbetriebliche Schlichtungsstelle existiert, die diese Aufgabe kompetent ausfüllen kann. Eine besonders erfolgversprechende Strategie besteht in dem Abschluß einer Betriebsvereinbarung „Mobbing".

# VII. Allgemeine Mobbing-Prävention

Paradoxe Ausgangslage: Wer gegen Mobbing vorbeugen will, muß bereit sein, sich auf Mobbingkonflikte, Mobbingbetroffene und -opfer einzulassen.

Prävention bedeutet Vorsorge, Verhütung, Vorbeugung oder Risikominderung. Was kann nun der Betriebsrat zur Vorbeugung gegen Mobbing tun? Wir wollen zunächst einige allgemeine Gedanken durchspielen und dann die praktischen Möglichkeiten der Mobbing-Prävention darstellen. Es gibt zwei grundsätzlich verschiedene Herangehensweisen in der Prävention. Im ersten Fall wird versucht, durch Aufklärung und direktes Ansprechen der Menschen diese zu einem besseren Verhalten zu motivieren (Verhaltensprävention). Beim zweiten Ansatz wird versucht, diejenigen Bedingungen und Umstände, die negative Verhaltensweisen der Menschen fördern, zu verändern (Verhältnisprävention).

## 1. Die Menschen aufklären oder Arbeitsbedingungen ändern?

Alle, die mit Mobbing befaßt sind, stoßen auf grundlegende Probleme der Arbeitswelt insgesamt (Konkurrenzprinzip, Karrierestreben, Angst um den Arbeitsplatz) oder auf konkrete Probleme am Arbeitsplatz (z. B. Managementfehler, widersprüchliche Arbeitsaufträge, Hetze, Fehlplanungen, mieses Betriebsklima). Da ist es naheliegend, durch Veränderung und Humanisierung dieser Bedingungen zu versuchen, Mobbing jede Grundlage zu entziehen. Einige dieser Bedingungen sind aber mit betrieblichen Mitteln gar nicht oder zumindest kurzfristig nicht zu ändern. Man kann es drehen, wie man will, es gibt keine Arbeitsbedingungen, die das Auftauchen von Mobbing am Arbeitsplatz vollständig verhindern könnten.

Andererseits findet sich Mobbing auch an äußerlich unproblematischen Arbeitsplätzen. Hier scheint es vor allem am Bewußtsein, an der moralischen Einstellung, an der Konfliktfähigkeit oder an der Zivilcourage der Beteiligten zu mangeln. Es ist naheliegend, die Einstellungen und das Verhalten der Einzelnen beeinflussen zu wollen. Es bieten sich Aufklärung über Mobbing und moralische Erziehung an. Aber auch dieser Ansatz stößt an Grenzen. Unter extremen Arbeitsbedingungen oder bei einem schlechten Betriebsklima ist es für alle Beteiligten auch bei gutem Willen schwer, moralisch hochstehende Erwartungen zu erfüllen.

Jedes einseitige Vorgehen hat deutliche Nachteile: Wenn man ausschließlich versucht, mobbingfördernde Bedingungen auszuschalten, werden die Menschen aus ihrer persönlichen Verantwortung entlassen. Eine Humanisierung der Arbeitswelt voranzutreiben, ohne das eigentliche Motiv des Handelns – nämlich die Zurückdrängung von Mobbing – zu nennen, wäre Prävention hinter dem Rücken der Beteiligten. Das ist widersinnig. Wenn auf der anderen Seite nur versucht wird, die moralische Seite bzw. das Verhalten zu verändern, dann wird man den Menschen ebenfalls nicht gerecht, da man die widersprüchlichen Anforderungen ignoriert, unter denen sie arbeiten.

Uns scheint es deswegen am sinnvollsten, beide Seiten miteinander zu verbinden. Einerseits kann man von Menschen auch unter schwierigen Umständen verlangen, moralischen Anstand und Mitmenschlichkeit zu bewahren und nicht zu Niedertracht sowie Feindseligkeit überzugehen. Andererseits legen problematische Arbeitsbedingungen den Beschäftigten nahe, mitmenschliche Standards fallenzulassen, um irgendwie über die Runden zu kommen. Vielfach sind in den Arbeitsbedingungen unmenschliche, entsolidarisierende Zwänge und Vorgaben in scheinbar sachlicher Form eingebettet (Prämiensystem belohnt z. B. Konkurrenz). Zur Verringerung des allgemeinen Mobbingrisikos im Betrieb sollten wir uns deswegen bemühen, die Bedingungen der Arbeit zu humanisieren.

Einige Betriebsräte fürchten, in zwischenmenschliche Konflikte hineingezogen und zur persönlichen Stellungnahme gezwungen zu werden; sie konzentrieren sich deswegen auf Forderungen nach Veränderung der Arbeitsbedingungen. Zwar ist es erfreulich, daß es überhaupt zu einem Engagement gegen Mobbing kommt, andererseits wird es aber sehr problematisch, sobald der erste Mobbingbetroffene an die Tür des Betriebsrats klopft und tatkräftige Hilfe erwartet bzw. einfordert.

Manches Gremium hofft wiederum, daß ein aufgedeckter Mobbingfall direkt gegen die Geschäftsleitung verwendet werden kann, um von dort aus mehr Engagement für ein besseres Betriebsklima und bessere Arbeitsbedingungen oder andere Forderungen zu erreichen. Mobbingprävention wird in diesem Fall als Druckmittel für andere Interessen benutzt. Dabei muß bedacht werden, daß dann möglicherweise der Mobbingbetroffene für ein allgemeines Problem instrumentalisiert und zur Erreichung eigener Interessen mißbraucht wird.

Was also tun? Wir denken, daß die betriebliche Interessenvertretung zunächst mit den Beschäftigten ins Gespräch kommen und sie über das Phänomen Mobbing aufklären sollte. Gemeinsam könnten die Schwierigkeiten analysiert werden, die einerseits Mobbing nahelegen und andererseits Mitmenschlichkeit und Rücksicht zurückdrängen. Schließlich könnte über positive betriebliche Bedingungen nachgedacht werden, die weniger unproduktive zwischenmenschliche Konflikte hervorbringen.

## 2. Risikoabteilungen oder den ganzen Betrieb ansprechen?

Es ist vorstellbar, Informationen zum Mobbing nur in solchen Abteilungen zu verbreiten, die besonders gefährdet sind oder in denen Mobbing bereits aufgetreten ist. Das ist ökonomisch gedacht, da der (Zeit-)-Aufwand auf die relevanten Bereiche beschränkt bleibt.

Man kann sich aber auch das Ziel setzen, die Mobbingaufklärung im gesamten Betrieb zu betreiben. Zwar ist dies mit einem höherem Aufwand verbunden, jedoch ist aus der Gesundheitsforschung bekannt, daß der Nutzeffekt einer breiten Prävention größer ist. Das hat mehrere Gründe: Einmal kommt für den Betrieb einfach mehr dabei heraus, wenn alle Betriebsangehörigen ein „bißchen weniger mobben", als wenn in einer ausgewählten Abteilung einige wenige Beschäftigte viel weniger mobben. Zweitens dürfte ein bereits eskalierter Konflikt in einer Mobbingabteilung kaum durch allgemeine Aufklärung, sondern nur durch konkrete konfliktlösende Maßnahmen befriedet werden können. Ein weiterer Vorteil der allgemeinen Aufklärung liegt darin, daß die Geschäftsleitung sensibilisiert wird und sich möglicherweise das Betriebsklima verbessert (s. Abb. S. 92).

Wenn es der betrieblichen Interessenvertretung mit Mobbing ernst ist, sollte diese über einen etwas längeren Zeitraum und mit verschiedenen Mitteln versuchen, wirklich alle Betriebsangehörigen zu erreichen. Hierzu zählen insbesondere die Betriebsversammlungen. Ferner kommen alle dem Betriebsrat zugänglichen Informations- und Kommunikationsmöglichkeiten in Betracht.

Bei einer Konzentration auf die kritischen Bereiche im Betrieb ist unter Umständen sogleich eine Verstrickung in betriebliche Konflikte zu erwarten, und es muß Stellung bezogen werden. Bei allgemeiner Aufklärung mittels Medien (z. B. über das Betriebsratsinfo) oder auf einer Betriebsversammlung ist der Streßfaktor für die Aufklärer geringer.

## 3. Was bewirkt Mobbing-Aufklärung?

### Kosten und Nutzen verschiedener Aufklärungswege

| *Kosten/Nutzen* | *Zielgruppe* Problemabteilung | Gesamtbetrieb |
|---|---|---|
| Aufwand | gering | relativ hoch |
| Informationseffekt | wenige Beschäftigte werden stark informiert | viele Beschäftigte sind ein wenig informiert |
| Streßfaktor für die Aufklärer | hoch, wenn starke Konflikte | gering |
| Effekt auf das Betriebsklima | gering | eventuell hoch |
| Sensibilisierung des Arbeitgebers | eher gering | hoch (z. B. Betriebsversammlung) |

Die Aufklärung erreicht möglicherweise alle Ohren, aber sicher nicht alle Herzen. Es ist ein Irrtum zu glauben, daß Prävention das Problem Mobbing für alle Zeiten vom Tisch schaffen könnte. Sie hoffen vielleicht, daß (potentielle) Mobber in sich gehen und sagen: „Oh, wenn ich gewußt hätte, welche langfristigen, bösen Folgen mein Verhalten hat!" Das mag im Einzelfall so geschehen. Aber die Interessen, die hinter Mobbing stehen, sind im allgemeinen für die Mobber zu elementar und wichtig, als daß sie auf die Möglichkeiten des Mobbings verzichten wollten. Und es ist nicht nur eine Frage der individuellen Moral. Ein gutes Betriebsklima kann wie ein Kartenhaus zusammenbrechen, wenn beispielsweise eine Betriebsschließung angekündigt wird.

Mit Mobbingaufklärung werden weniger die Mobber, sondern mit größter Wahrscheinlichkeit Mobbingbetroffene erreicht. Ihnen kann am ehesten verdeutlicht werden, daß sie sich in einem abwärts gerichteten Strudel befinden und daß sie sich zum Selbstschutz dringend Unterstützung suchen müssen. Aufklärung kann zu einer breiten Sensibilisierung beitragen, so daß Mobbingkonflikte eher registriert und gemeldet werden. Betriebsräte können durch Aufklärung eine größere Bereitschaft erzeugen, sich auf den Schutz von Betroffenen, auf Konfliktbearbeitung und Schlichtung einzulassen. Mobbingprävention ist dann besonders sinnvoll, wenn es zusätzlich gelingt, in Übereinkunft mit der Geschäftsleitung allgemeine Strukturen zur Konfliktbewältigung zu etablieren.

## 4. Mobbing-Aufklärung wird „schlafende Hunde“ wecken

Wer das Thema Mobbing anspricht, weckt auch konkrete Erwartungen und muß damit rechnen, daß Betroffene kommen und persönlichen Beistand suchen. Es ist zu erwarten, daß schwelende Konflikte aufflammen und daß Stellung genommen werden muß. Mitglieder der Interessenvertretung, die lieber fachlich-sachlich arbeiten und persönliche Konflikte und Querelen meiden, sollten sich nicht überfordern (wobei jeder mit seinen Aufgaben wachsen kann!). Mobbingaufklärung zu betreiben, heißt „schlafende Hunde“ wecken. Es macht keinen Sinn, über Mobbing aufklären zu wollen und hinterher keine Kapazität für Hilfesuchende zu haben.

Es ist deswegen sinnvoll, bevor beispielsweise ein Referent zu einer Betriebsversammlung eingeladen wird, geeignete Maßnahmen zu treffen, um mögliche Anfragen aus der Belegschaft aufzufangen. Der dafür notwendige Aufwand ist zum Glück überschaubar. Da im Voraus ohnehin nicht abzuschätzen ist, wie viele Anfragen und Hilfeersuchen auf den Betriebsrat zukommen, sollte man ökonomisch vorgehen und zunächst nur eine minimale Mobbinginfrastruktur bereitstellen. Ein wenig zu tun ist besser als nichts zu tun. Was die minimale Infrastruktur umfassen sollte, zeigt die umseitige Abbildung.

Die wichtigste Voraussetzung für erfolgversprechende Prävention ist die innere Bereitschaft der Interessenvertretung, sich mit Mobbing auseinanderzusetzen. Außerdem muß genügend Zeit für die Beratung von Mobbingbetroffenen und die mögliche anschließende Konfliktbearbeitung eingeplant werden. Das Angebot einer „Mobbingsprechstunde" ist ein Muß! Der Betriebsrat kann dabei das Wort „Mobbing" in seinem Beratungsangebot weglassen, wenn er der Auffassung ist, daß die Anonymität der Ratsuchenden im Betrieb geschützt werden muß.

## Grundausstattung für Mobbing-Prävention

- Der Betriebsrat sollte einige Bücher und Broschüren zu Mobbing zur Ausleihe bereithalten (z. B. Mobbingmaterialien des ÖGB-Verlages, Broschüren von AK und Gewerkschaften).
- Eine stets aktuelle Adressenliste mit Ansprechpartnern aus dem nahen Umfeld, wie z. B. Selbsthilfegruppen, Beratungsstellen, Mobbingtelefon, mobbingvertraute Ärzte, Therapeuten, Rechtsanwälte, sollte weitergereicht werden können.
- Angebot einer Mobbingsprechstunde bzw. Einplanung eines festen Zeitbudgets für zu erwartende Mobbinganfragen und Hilfeersuchen.
- Pflege von Kontakten und Vernetzung mit kompetenten externen Partnern.

Die vorrätige Literatur über Mobbing (Bücher, Broschüren, Faltblätter), sollte freigiebig an Ratsuchende ausgeliehen werden. Viele Betroffene schätzen es, wenn sie sich zu Hause in Ruhe mit der Mobbingliteratur auseinandersetzen können. Für den mit Mobbing noch unerfahrenen Betriebsrat stellt die verfügbare Literatur bei der Beratung ebenfalls eine Stütze dar, auf die immer wieder zurückgegriffen werden kann.

Sehr wichtig ist eine aktuelle und *auf die Region zugeschnittene* Adressenliste. Sie können davon ausgehen, daß das Angebot ständig wechselt und wächst. Der Betriebsrat sollte seine Liste durch eigene Recherche vervollständigen und auf dem laufenden halten. Regional bieten sich als Ansprechpartner immer die Krankenkassen, Gesundheitsämter, regionale Gesundheitsorganisationen, die Gewerkschaften sowie die regionale Presse an. Wenn diese vielleicht auch selbst nicht aktiv sind, so können sie doch häufig weitere Ansprechpartner nennen. Es empfiehlt sich, nicht nur die Adressen zu kennen, sondern auch persönliche Kontakte aufzunehmen, um selbst Rat, Erfahrungsaustausch und Unterstützung zur Verfügung zu haben. Die Kunst der Mobbingberatung besteht auch darin, weitergehende Hilfsangebote zu kennen, wenn man selbst nicht weiterweiß.

# 5. Möglichkeiten und Methoden der Mobbing-Prävention

Es gibt viele unterschiedliche Möglichkeiten, präventiv gegen Mobbing vorzugehen (s. untenstehende Abbildung).

## Handlungsmöglichkeiten für Mobbing-Prävention

**1. Informationen an die Belegschaft geben (allgemeine Aufklärung)**

- Vortrag auf einer Betriebsversammlung halten (lassen);
- einen Infoabend für Interessierte organisieren;
- Mobbingvideo vorführen und diskutieren;
- Beiträge im Betriebsratsinfo veröffentlichen;
- Broschüren im Betrieb auslegen;
- Mobbing im Einzelgespräch ansprechen.

**2. Informationen aus der Belegschaft sammeln (offenes Ohr)**

- Anonyme Umfrage „Betriebsklima"/„Mobbing" durchführen;
- Beschwerden auf „Mobbing" prüfen;
- offenes Ohr für Mobbing in der Sprechstunde haben;
- Krankheitsfälle auf „Mobbing" prüfen.

**3. Informationen an Entscheidungsträger geben (Qualifizierung)**

- Schulung/Qualifizierung der Betriebsratsmitglieder organisieren;
- Sachverständige zur Betriebsratssitzung einladen;
- Bücher und Broschüren besorgen und verteilen;
- Aussprache mit Personalabteilung oder Geschäftsleitung.

**4. Betriebliche Strukturen gegen Mobbing (Nägel mit Köpfen machen)**

- Qualitätszirkel „Betriebsklima" einrichten;
- gemeinsames Anti-Mobbingprogramm mit Arbeitgeber entwickeln;
- Beschwerdewesen verbessern;
- Konfliktkommission einrichten;
- Betriebsvereinbarung „Mobbing" durchsetzen;
- ethische Grundsätze formulieren (soziale Corporate Identity)
- Mobbing- oder Konfliktbeauftragten ernennen;
- Vorschläge zur Verbesserung der Betriebsorganisation unterbreiten.

## a) Aufklärung

Die bekannteste und bewährteste Form der Prävention ist die Aufklärung, also das Bereitstellen von Grundinformationen über ein Problem. Die Informationen können mündlich und/oder schriftlich erfolgen. Für den Einsatz von schriftlichem Aufklärungsmaterial sowie einem Video spricht, daß der Betriebsrat mit vergleichsweise geringem Aufwand wichtige Informationen verbreiten kann. Wir glauben allerdings, daß mündliche Aufklärung, verbunden mit der Möglichkeit zur Aussprache, beim Thema Mobbing weit wirkungsvoller ist als das bloße Verteilen von schriftlichem Material. Der Nachteil ist, daß man keinen Einfluß darauf hat, ob das Material auch gelesen wird. Außerdem besteht Mobbing weitgehend aus aggressiver und abwertender Kommunikation, die lähmt und mundtot macht. Indem den Beschäftigten durch mündliche Aufklärung die Gelegenheit geboten wird, Fragen zu stellen, Argumente auszutauschen, über eigene Mobbingerfahrungen zu berichten oder über Methoden der Gegenwehr zu sprechen, wird bereits ein wichtiger praktischer Schritt gegen die Sprachlosigkeit (und die darin verborgene Ohnmacht) unternommen. Zudem läßt sich die Isolierung von Mobbingbetroffenen besser durchbrechen, wenn viele gemeinsam über Mobbing reden, als wenn jeder für sich etwas über Mobbing liest.

**Wichtig!**

Über Mobbing reden ist wirkungsvoller als gegen Mobbing anschreiben.

Soll Mobbing vor einem größeren Zuhörerkreis angesprochen werden, so empfiehlt es sich, optische Medien einzusetzen (z. B. Folien, Plakate, Videos). Die Einladung eines externen Referenten erspart dem Betriebsrat eine eigene inhaltliche Vorbereitung und erhöht die Glaubwürdigkeit. Betriebsrat und Referent sollten sich jedoch im Vorfeld zusammensetzen, um die Eckpunkte des Vortrags mit den Zielen des Betriebsrats abzustimmen. Man kann im Eingangsbereich des Versammlungsraums eine große Wandtafel aufstellen, auf der z. B. eine „Befragung zum Betriebsklima" vorbereitet ist. Auf der Tafel sind den Betriebsrat interessierende Fragen aufgelistet, welche von den Teilnehmern im Vorübergehen durch Ankreuzen mittels dicker Filzstifte oder durch Aufkleben von Haftpunkten beantwortet werden können. Die Fragen müssen so formuliert werden, daß sie leicht mit „Ja“ oder „Nein“ oder durch übersichtliche Bewertung (sehr, etwas, kaum, gar nicht) zu beantworten sind. Das Ergebnis einer solchen Befragung, das sofort auf einfache Weise ermittelt werden kann, wirkt bereits während der Zusammenkunft wie ein Stimmungsbarometer.

Es ist wenig empfehlenswert, Mobbingbetroffene aus dem eigenen Betrieb vortragen zu lassen. Nachdem sie sich so stark exponiert haben, sind sie noch stärker vom guten Willen des Umfeldes abhängig als jemals zuvor. Beispiele aus dem eigenen Betrieb vorzustellen, ist ebenfalls nicht zu empfehlen, es sei denn, sie konnten konstruktiv abgeschlossen werden. Aber auch in derartigen Fällen ist eine Anonymisierung empfehlenswert. Fälle aus den eigenen Reihen tragen bei Versammlungen eher zur Polarisierung bei; auch ist nicht zu erwarten, daß bei hundert und mehr Beteiligten einer Betriebsversammlung positive Impulse für eine Lösung entwickelt werden – hier ist eher diplomatisches „Know-how“ gefragt. Die Verwendung von betrieblichen Beispielen setzt das Einverständnis des Mobbingbetroffen voraus. Vom Betriebsrat sollten alle Beschäftigten Sorgfalt und Verschwiegenheit erwarten können, wenn es um wichtige persönliche Belange geht.

### b) Ein offenes Ohr haben

Die Interessenvertretung kann auch den umgekehrten Weg gehen und zunächst Informationen aus der Belegschaft sammeln. Das kann über eine Umfrage im Betrieb geschehen. Etwas weniger öffentlich können zunächst Beschwerden ausgewertet werden, die in der Personalabteilung und beim Betriebsrat aufgelaufen sind. Ein Anruf oder Besuch bei Arbeitskollegen, die schon länger krank geschrieben sind oder häufiger fehlen, könnte auf die Spur von Mobbing führen. Im Anhang Nr. 1 ist unser Fragebogen zu Mobbing zu finden, der bei Bedarf ausgegeben werden kann.

Ebenso ist es möglich, im Rahmen der Sprechstunde des Betriebsrats direkt oder indirekt etwas über Mobbing am Arbeitsplatz zu erfahren. Es wäre noch besser, betriebsöffentlich darauf hinzuweisen, daß der Betriebsrat in seiner Sprechstunde ab sofort ein offenes Ohr für Mobbing hat.

### c) Informationen an Entscheidungsträger und betriebliche Strukturen gegen Mobbing am Arbeitsplatz

Eine gewisse Sensibilisierung und Qualifizierung aller Betriebsratsmitglieder sollte vor einer breiten Prävention im Betrieb durchgeführt sein. Dies ist am besten dadurch zu organisieren, daß ein Experte aus der Region als Referent zu einer Sitzung des Betriebsrats eingeladen wird. Eine gute Grundlage für ein gemeinsames Vorgehen von Interessenvertretung und Arbeitgeber könnte die gemeinsame Teilnahme an einer Schulung sein. Besser, als gar nichts zu tun, ist es allemal, das Thema Mobbing auf die Tagesordnung einer Betriebsratssitzung zu setzen und sich darüber auszusprechen, was der einzelne weiß und was man in der Zukunft zu tun gedenkt.

Beabsichtigt der Betriebsrat, mit dem Arbeitgeber in Gespräche oder Verhandlungen zur Verbesserung des allgemeinen Betriebsklimas zu kommen, wäre es verhandlungstaktisch unklug, mit Vorwürfen über bisherige Versäumnisse einzusteigen. Wenn der Arbeitgeber selbst mittels Mobbing reagiert oder es billigend in Kauf nimmt, hat der Betriebsrat zunächst sowieso keine Chance zu einer gemeinsamen Strategie. Ihm wird eine massive Abwehrhaltung entgegenstehen. Die erforderlichen Maßnahmen müssen dann im Alleingang, unter Ausnutzung aller rechtlichen Möglichkeiten, geplant werden. Bei der Umsetzung solcher Maßnahmen (z.B. „Mobbingbüro“) sollte der Arbeitgeber stets informiert werden und ihm jederzeit die Möglichkeit offenstehen, auf den fahrenden Zug aufzuspringen. Der Betriebsrat muß hierbei abwägen, ob er wirkungsvoll gegen Mobbing vorgehen will oder ob es in erster Linie darum geht, den Arbeitgeber vorzuführen.

Besser ist es, an den Eigeninteressen des Arbeitgebers anzuknüpfen. Das sind – pauschal gesagt – Qualität, Tempo, Image, Flexibilität, Kosten und Profit. In der Mobbingliteratur sowie in Zeitungsartikeln wird oft mit großen Zahlen hantiert, welche Kosten Mobbing sowohl für die einzelnen Betriebe als auch volkswirtschaftlich verursacht. Diese Rechnungen sind für die betriebliche Überzeugungsarbeit ungeeignet. Es handelt sich bislang um reine Spekulationen. Niemand weiß derzeit wirklich, wieviele Mobbingfälle mit Krankheitswert in Österreich jährlich auftreten und welche medizinischen und betrieblichen Kosten dadurch entstehen. Außerdem lassen allgemeine Zahlen keine Rückschlüsse auf den einzelnen Betrieb zu. Schauen Sie sich vielmehr den eigenen Betrieb an, und kalkulieren Sie konkret und betriebsnah, welche Folgeprobleme (z.B. Fehlzeiten, Fehlentscheidungen) und welche Kosten

(z. B. Kosten wegen Kündigung, Neueinstellung und Einarbeitung) durch Mobbing bereits entstanden oder zu erwarten sind. Wissenschaftliche Studien belegen auf jeden Fall, daß durch Mobbing Kurz- und Langfristkrankenstände sowie die Fluktuationstendenz – also der Wunsch, aus dem Dienstverhältnis auszuscheiden – steigen (*Niedl* 1997).

**Wichtig!**

Legen Sie dem Arbeitgeber eine betriebliche Kostenrechnung für Mobbing vor.

Der Betriebsrat kann aus seiner Mitte einen Mobbingbeauftragten ernennen. Damit zeigt die Interessenvertretung deutlich Flagge und hat zugleich einen Ansprechpartner für alle Beteiligten bekannt gemacht. In einigen Fällen ist es gelungen, vom Arbeitgeber zusätzliche Freistellungen für solche Beauftragte zu erhalten.

Wenn sich Arbeitgeber und Betriebsrat auf eine Betriebsvereinbarung zu Mobbing, die auch Verfahrensschritte zur Konfliktbereinigung und Sanktionen enthält, oder zumindest auf „ethische Grundsätze des Umgangs“ einigen können, dann ist damit schon die hohe Schule der Mobbingprävention erreicht.

# VIII. Die Mobbing-Sprechstunde

Dieses Kapitel enthält Überlegungen und Hinweise für Betriebsratsmitglieder, die im Rahmen der üblichen Sprechstunde oder ausdrücklich als Mobbingbeauftragter des Betriebsrats mit Betroffenen Gespräche führen wollen. Die Arbeit von Betriebsräten erfordert zunehmend soziale Kompetenz. Nur wenige Betriebsratsmitglieder verfügen jedoch über systematische Kenntnisse der Gesprächsführung. Deswegen erscheint uns dieses Kapitel notwendig und sinnvoll. Damit Sie sich besser in die Beratungssituation hineinversetzen können, werden Sie häufig direkt in der Rolle des Beraters angesprochen. Mobbingbetroffene und andere Leser, die selbst keine Beratung durchführen, sind zwar nicht direkt angesprochen, können aber sicher auch einige interessante Aspekte herauslesen.

Eine Mobbingsprechstunde anzubieten, ist – wie gesagt – ein Muß für jeden Betriebsrat, der etwas gegen Mobbing unternehmen will. Man muß dieses Beratungs- und Gesprächsangebot nicht unbedingt so nennen, wenn zu befürchten ist, daß ein Teil der betroffenen Beschäftigten aufgrund der Namensgebung nicht kommen würde. Wie auch immer der Betriebsrat sein Angebot nennt, wichtig ist, daß allen im Betrieb klar ist, daß der Betriebsrat eine offene Tür und ein offenes Ohr für Mobbingbetroffene und andere Konfliktgeschädigte hat.

Der Betriebsrat ist frei in der Entscheidung, ob er die Behandlung von Mobbingfällen an ein oder wenige Mitglieder delegiert oder ob sich alle mit der Problematik bis hin zur persönlichen Betreuung von Betroffenen befassen wollen. Der Betriebsrat kann – betriebspolitisch wirksam – einen „Mobbingbeauftragten des Betriebsrats“ ernennen. Dieser kann auch „Konfliktbeauftragter“ oder „Dezernent für das Betriebsklima“ heißen.

Mit dem Begriff „Mobbingberatung“ ist im folgenden die Folge von Beratungssitzungen gemeint, in der sich Mobbingbeauftragter und Mobbingbetroffener austauschen und – falls gewünscht – gemeinsam Pläne und Strategien zur Überwindung des Mobbings entwerfen. Mögliche Abläufe von Mobbingberatungen sind in der Abb. auf Seite 102 dargestellt.

Eine Mobbingberatung wird in den meisten Fällen damit beginnen, daß Sie von einem Arbeitskollegen aufgesucht werden und dieser direkt oder über Umwege auf das Thema Mobbing zu sprechen kommt. Dies ist das

*Erstgespräch.* Es ist dabei nicht ausgeschlossen, daß sich ein Ratsuchender so vorsichtig an das Thema herantastet, daß auch der zweite Gesprächstermin nochmals wie ein Erstgespräch abläuft. Je nachdem, was im Verlauf dieses Gesprächs herauskommt, wird man den weiteren Verlauf und das Ziel der Beratung gemeinsam festlegen können.

## Ablauf einer Mobbing-Beratung

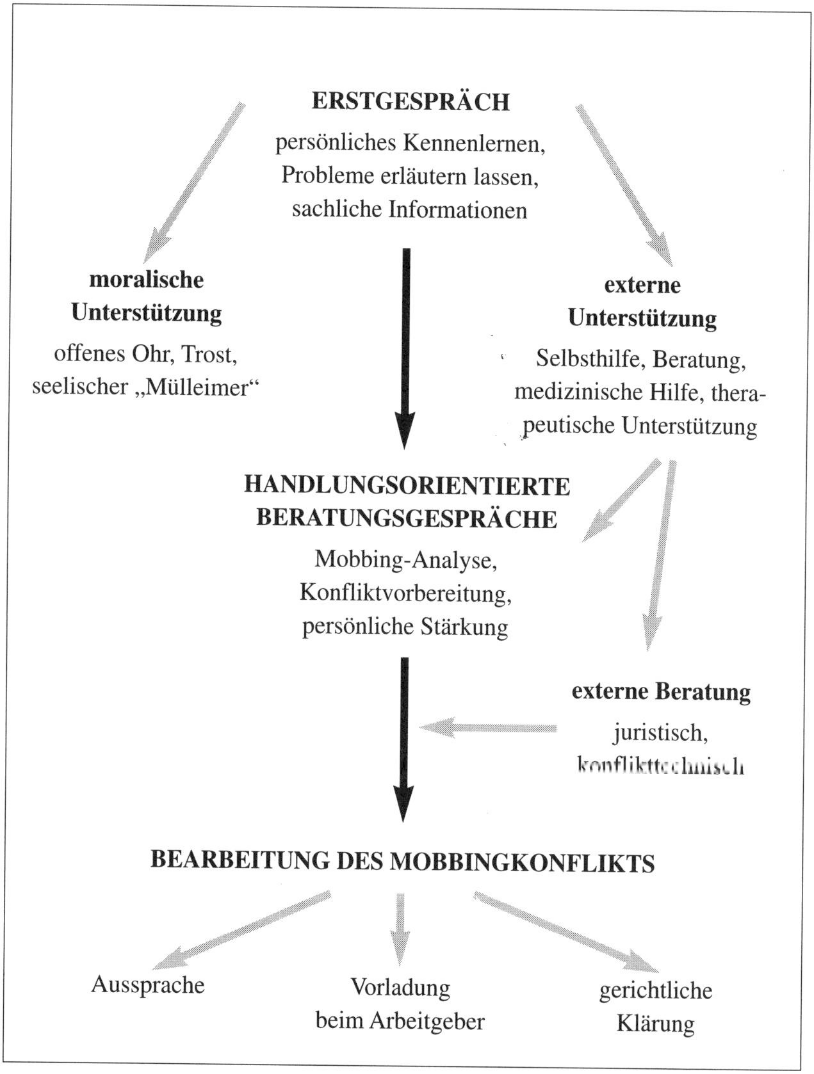

Welchen Weg die Mobbingberatung mit einer bestimmten ratsuchenden Person nehmen wird, läßt sich nicht vorhersagen. Das muß gemeinsam im Verlauf der Gespräche ausgehandelt werden. Möglicherweise möchte der Ratsuchende nur einige Grundinformationen zu Mobbing und kommt dann nicht wieder. Es kann sein, daß nur regelmäßige moralische Unterstützung vereinbart wird. Dies können beispielsweise Treffen sein, bei denen der Mobbingbetroffene sich aussprechen kann, aber keine weiteren Maßnahmen erfolgen sollen (das wäre z. B. denkbar, wenn der Betroffene kurz vor der Pensionierung steht und nur noch irgendwie durchkommen möchte). Es kann sein, daß nur Interesse nach Adressen für externe Institutionen und Personen besteht. Externe Unterstützung kann allerdings auch ergänzend einbezogen werden, um die betriebliche Beratung und Konfliktbearbeitung zu verstärken.

Es sollte unbedingt respektiert werden, wenn der Mobbingbetroffene keine weitergehende Konfliktbearbeitung in Zusammenarbeit mit der Interessenvertretung möchte. Allerdings muß sich der Betriebsrat auch fragen, wieviel Kapazität er für bloßen Trost aufzubringen vermag und inwiefern eine externe Betreuung dann sinnvoller wäre. Die Interessenvertretung ist natürlich an dauerhaften Verbesserungen der sozialen Arbeitsbedingungen im Betrieb interessiert. Dieses Interesse darf jedoch nicht über den Kopf des Mobbingbetroffenen hinweg umgesetzt werden. Sie würden den Mobbingbetroffenen mißbrauchen, wenn Sie ihn aus allgemeinen betriebspolitischen Interessen heraus in Konflikte treiben, die er nicht will und die er nicht aushält. Nur wenn sich Ratgeber und Ratsuchender einig werden, macht es Sinn, die Beratung zu intensivieren und in eine zielgerichtete Bearbeitung des Konflikts überzuleiten.

## 1. Parteilichkeit, Neutralität und Objektivität

Sie mögen befürchten, daß Sie als Mobbingberater eventuell einmal vor den falschen Wagen gespannt werden und sich dadurch im Betrieb lächerlich oder unglaubwürdig machen könnten. Als Sicherheit könnte Ihnen vorschweben, daß Sie stets distanziert und objektiv mit den Ratsuchenden umgehen, damit Ihnen dies nicht passiert. Eine distanzierte Haltung gegenüber Mobbingbetroffenen wird die Interessenvertretung jedoch in keiner Weise davor schützen, daß ihr von bösen Zungen Parteilichkeit und mangelnde Objektivität vorgeworfen wird. In der Beratung bleibt Ihnen gar nichts anderes übrig, als sich auf den Menschen einzulassen, der zu Ihnen kommt. Sonst wird die Mobbingberatung zur Mogelpackung. Wer Unterstützung anbietet, sollte sein Versprechen auch halten und nicht nachträglich wieder versuchen, eine neutrale Position einzunehmen.

Wir geben zu bedenken, daß jemand, der sich als Mobbingbetroffener empfindet, tatsächlich einen hohen Leidensdruck hat. Es wird ihm tatsächlich übel mitgespielt, er leidet, ist krank, ihm drohen betriebliche Sanktionen. Egal, wieviel Schuld am Entstehen des Mobbingkonflikts und wie viele versäumte Gelegenheiten zur Befriedung auf Kosten des Mobbingbetroffenen gehen, so ist dennoch uneingeschränkte menschliche Unterstützung erforderlich. In die Mobbingberatung werden stets die Menschen kommen, denen die Probleme über den Kopf wachsen, die es nicht mehr aushalten, die keine oder geringe Ressourcen haben oder die besonders sensibel sind. Sich dieser Menschen anzunehmen und sich mit ihnen verbunden zu fühlen, schließt keineswegs aus, daß man versucht, auch den anderen Beteiligten im Mobbingkonflikt gerecht zu werden.

Daß jemand seine Betroffenheit nur vortäuscht und seinerseits die Mobbingsprechstunde mißbraucht und manipuliert, um sich Vorteile in innerbetrieblichen Querelen zu verschaffen, ist nicht völlig auszuschließen. Es ist aber ein umständlicher sowie riskanter Weg und wir glauben nicht, daß ein solcher Mißbrauch der Beratung allzu lange unentdeckt bleibt. Auch ist kein Schaden für das Ansehen der Interessenvertretung zu erwarten, wenn diese im Normalfall dem Ratsuchenden vertraut und dabei schon einmal getäuscht wird.

## 2. Anforderungen an die Beratungsperson

Man muß nicht psychologischer Experte sein, um Mobbingbetroffene beraten zu können. Wenn der Berater einige typische Fehler vermeidet, die im Alltag beim Verteilen von guten Ratschlägen oft gemacht werden, kann nahezu jeder diese Aufgabe bewältigen. Nur in extremen Fällen sind Mobbingbetroffene so belastet, daß ausschließlich oder überwiegend externe medizinische oder therapeutische Hilfe angezeigt ist. Dann sollte eine Beratung durch den Mobbingbeauftragten im Hinblick auf arbeitsrechtliche und arbeitsplatzbezogene Fragen erst zu einem späteren Zeitpunkt (wieder) aufgenommen werden. Hilfreich wäre in solchen Fällen stets, daß der Berater diese Hilfsbereitschaft eindeutig signalisiert.

Das Wichtigste ist ohnehin passiert, wenn sich jemand die Zeit nimmt und vorurteilsfrei den Schilderungen des Mobbingbetroffenen zuhört. Es spricht natürlich nichts dagegen, daß Sie sich in Gesprächsführung, Kommunikationstechniken usw. fortbilden, wenn Ihnen die Möglichkeiten dazu gegeben sind. Es spricht auch vieles für die Einbeziehung von externen Moderatoren und Konfliktberatern, wenn ein Problem eskaliert. Leider ist es nicht so einfach, den Arbeitgeber von der Finanzierung externer Mobbingexperten zu überzeugen, zumal solche Experten oft nicht sofort zur Verfügung stehen, wenn sie gebraucht werden. Haben Sie Mut, und werden Sie als Interessenvertreter Experte in eigener Sache.

Immer wieder werden Menschen, die sich auf ein Gespräch mit Mobbingbetroffenen einlassen, mit dem Satz konfrontiert: „Sie sind der erste, der mir mal wirklich zuhört und das ernst nimmt, was ich sage.“ Dies spiegelt einen Teil des Leidenswegs von Mobbingbetroffenen wider. Keiner hat sich wirklich Zeit genommen, vielfach wurden die Schwierigkeiten, sich gegen die Mobber zu wehren als persönliches Unvermögen abgewertet. Es wurden halbherzige Ratschläge und wenig einfühlsamer Trost gespendet. Diese Fehler sollten sich in der Beratung nicht wiederholen.

Das erste Gespräch, das zwischen Ihnen und einem Mobbingbetroffenen stattfindet, legt den Grundstein für eine vertrauensvolle Beratung. Bei zu wenig Einfühlungsvermögen gibt es dagegen von vornherein Risse im Fundament. Aber die Beratung besteht nicht nur aus einem Erstgespräch, sondern es soll ein Arbeitsbündnis gebildet werden, um das Mobbingproblem möglichst zu lösen. Was kann der Berater zur Bildung dieses grundsätzlichen Vertrauens beitragen?

**Wichtig!**

Wer beraten will, muß nicht auf alles einen Rat wissen.

Die Mobbingberatung besteht nicht darin, daß Sie für alle Problemlagen fertige Lösungen parat haben. Dazu sind die Konflikte, die im Betrieb möglicherweise auftauchen können, zu unterschiedlich. Sie brauchen ein Grundwissen zu Mobbing. Einfühlungsvermögen für die Situation des Betroffenen ist unerläßlich. Ferner sollten Sie Freude daran haben, passende Konzepte für die Lösung des jeweils vorliegenden Mobbingproblems zu entwickeln. Ob diese Ideen erfolgreich umgesetzt werden können, entscheiden Sie ohnehin nicht allein.

Allgemein läßt sich empfehlen, glaubwürdig und vertrauenswürdig zu sein. Sie müssen nicht alles sagen, was Sie denken. Manchmal ist es sogar ratsam, etwas zurückzuhalten und lieber zu anderer Zeit vorzubringen. Aber alles, was Sie sagen, muß ehrlich sein. Legen Sie offen, was Sie sich zutrauen und wo Sie Probleme bei der Unterstützung sehen. Wenn Sie selbst im Augenblick nicht weiterwissen, dann überspielen Sie das nicht. Wecken Sie keine falschen Hoffnungen. Tun Sie aber unbedingt das, was Sie versprochen haben zu tun. Vermeiden Sie jegliches Doppelspiel: Entrüsten Sie sich beispielsweise nicht im Beisein des Mobbingbetroffenen heftig über den untätigen Arbeitgeber und streichen dem Arbeitgeber im Beisein des Betroffenen dann gezielt Honig um den Bart, um etwas für den Betroffenen rauszuschlagen. Der Betroffene wird dies möglicherweise nicht als taktisch klugen Schachzug Ihrerseits werten, sondern vermuten, daß Sie möglicherweise hinter dem Rücken von jedermann schlecht reden.

**Persönliche Anforderungen an die Beratungsperson**

- Glaubwürdig und vertrauenswürdig sein;
- eigene Grenzen akzeptieren und nennen;
- handlungsfreudig und zurückhaltend sein können;
- gefühlsmäßig beteiligt, aber nicht mitgerissen sein, d. h. Nähe zur Person, aber Abstand zum Sachverhalt haben;
- ausreichend Zeit mitbringen.

Für das Vertrauensverhältnis ist es wichtig, sowohl die persönlichen Möglichkeiten mitzuteilen als auch die eigenen Grenzen. Sind Sie ein eher zurückhaltender Typ, dann wird es Ihnen vielleicht nicht leicht fallen, mit dem Mobber ein hartes Wortgefecht zu führen. Sprechen Sie offen mit dem Mobbingbetroffenen darüber, welche Erwartungen Sie erfüllen können oder wollen und welche nicht.

Ein Mobbingbetroffener ist in die Defensive geraten und braucht offensive Unterstützung. Wir denken, daß Mobbingberater sowohl handlungsfreudig als auch zurückhaltend sein müssen, um ihrer Aufgabe gerecht zu werden. Wie soll das gehen? In bestimmten Situationen, die sich aus der Beratung ergeben, müssen Sie entschlossen handeln, beispielsweise in der Konfrontation mit direkten Vorgesetzten, dem Arbeitgeber oder dem Mobber. Hier kann es erforderlich sein, daß Sie die Interessen des Mobbingbetroffenen ganz entschieden vertreten. Andererseits ist auch immer wieder Zurückhaltung angesagt. Vor allem dürfen Sie nicht ungefragt stellvertretend für den Mobbingbetroffenen handeln oder ihn zu Entscheidungen treiben. Aber auch beim Umgang mit Mobbern und Vorgesetzten kann diplomatisches Geschick von größerer Wirkung sein als ein moralischer Eisenbesen. Es ist nicht zu vermeiden, daß Sie gelegentlich Fehler machen; versuchen Sie besonnen und reflektiert vorzugehen.

Wichtig ist, sich auf die Schilderungen des Mobbingbetroffenen einzulassen und mitzufühlen, wie es einem in dieser scheußlichen Situation ergehen kann. Aber lassen Sie sich nicht mitreißen. Es genügt völlig, daß der Ratsuchende nahezu handlungsunfähig ist. Ihr Mitgefühl müssen Sie nicht in der Weise ausdrücken, daß es Ihnen ebenso geht wie dem Mobbingbetroffenen. Versuchen Sie, innerlich *Abstand zu den Vorgängen* zu halten bei gleichzeitiger *Nähe zur Person.*

Sicherlich ist das Zeitkonto des Beraters nicht unbegrenzt. Aber vor allem für das erste Gespräch gilt: Nehmen Sie sich ausreichend Zeit. Wenn Sie spontan Sympathie für den Betroffenen haben, dann verbergen Sie das nicht aus „Neutralitätsgründen“. Wenn Sie hingegen Antipathie verspüren, sollten Sie zumindest versuchen, dem Betreffenden gegenüber gerecht zu sein.

# 3. Das Erstgespräch mit einem Mobbingbetroffenen

Das erste Gespräch (s. a. Anhang Nr. 2) gehört dem Mobbingbetroffenen als Person, erst die weiteren Gespräche gehören der Problemlösung. Viele Gedanken und Gefühle müssen erst einmal heraus. Manchmal erscheint der Mobbingbetroffene völlig aufgelöst, weil er kurz zuvor eine extreme Mobbingsituation erlebt hat. Oft hatten Mobbingbetroffene bisher keine oder nur wenig Möglichkeiten, ihr Problem einmal als Ganzes darzustellen. Bieten Sie als Beratungsperson diese Gelegenheit.

**Zuhören – Nachfragen – Zuhören**

- Situation des anderen wirklich verstehen wollen;
- Problem und Problemsicht des Betroffenen ernst nehmen;

- realistische Zuversicht vermitteln;
- keine voreiligen Ratschläge geben, Ruhe bewahren.

Manches, was der Mobbingbetroffene vorbringt, mag nicht völlig durchdacht oder widersprüchlich sein. Das ist zu erwarten, wenn ein Betroffener endlich einmal Vertrauen schöpft und darüber sprechen kann, was ihn bedrückt. Fassen Sie sich in Geduld. Hören Sie aufmerksam zu und versuchen Sie, so viel wie möglich zu verstehen. Fragen Sie nach, wenn Sie etwas nicht genau verstanden haben. Aber heben Sie sich Ihre Warum-Fragen für die spätere Mobbinganalyse auf (vgl. Kapitel IX). Belasten Sie das Gespräch auch nicht mit voreiligen Ratschlägen. Zugespitzt ausgedrückt, sind in dieser Beratungsphase eigentlich alle Ratschläge voreilig. Für den Ratsuchenden sind eventuell sachliche Informationen zu Mobbing, Entstehung und Verlauf von Interesse.

Mancher Ratsuchende wird nach kurzer Zeit nur so „sprudeln", andere werden sich nur sehr zögerlich äußern und ihre Situation unscharf oder mit allgemeinen Redewendungen darlegen. Lassen Sie sich hier nicht entmutigen. Das Wichtigste im Erstgespräch ist ohnehin nicht, ob Sie das Problem vollständig verstanden und schon Lösungen parat haben, sondern ob zwischen dem Mobbingbetroffenen und Ihnen Vertrauen zu wachsen beginnt.

## 4. Festlegung des Ziels der Beratung

Zum Ende des ersten (oder zweiten) Gesprächs sollte man gemeinsam die Ziele der Beratung feststecken. Finden Sie gemeinsam heraus, welchen Verlauf die Beratung nehmen soll: Möchte der Betroffene nur moralische Unterstützung, allgemeine Beratung oder soll der Mobbingkonflikt analysiert und beeinflußt werden? Im Verlauf der weiteren Gespräche können Sie nochmals überprüfen, ob die ursprüngliche Zielsetzung noch gilt oder verändert werden soll. Dies schafft Klarheit zwischen den Beteiligten und gibt der Beratung eine klare Linie sowie Verbindlichkeit. Es hilft, Enttäuschungen aus unausgesprochenen Erwartungen zu vermeiden.

**Wichtig!**

Es gibt bei Mobbing keine ganz schnellen Lösungen.

Geben Sie dem Ratsuchenden ein klares Bild darüber, was Sie zu tun in der Lage sind, wieviel Zeit Sie investieren können und welche Eingriffsmöglichkeiten Sie zunächst einmal sehen. Verweisen Sie von vornherein darauf, daß es keine schnellen Lösungen geben wird, sondern daß mit Bedacht vorgegangen werden muß.

## 5. Der Mobbingbetroffene ist im Affekt

Mitglieder von Betriebsräten äußerten uns gegenüber gelegentlich die Befürchtung, daß Mobbingbetroffene in einer Beratung „außer sich geraten“ könnten und sie dann nicht weiter wüßten. Im großen und ganzen ist diese Furcht unbegründet, weil sich Mobbingbetroffene in existentieller Not sicherlich dorthin wenden, wo sie professionelle Hilfe erwarten können, nämlich beim Arzt, einer Klinik, einem Therapeuten oder der Telefonseelsorge.

Manchmal – wenn auch äußerst selten – kann es geschehen, daß ein Mobbingbetroffener in extremer Wut, Panik oder Verzweiflung in die Beratungssitzung kommt und die Gefahr besteht, daß er sich im Affekt zu unüberlegten Handlungen hinreißen läßt. Er droht beispielsweise, sofort fristlos zu kündigen, das Büro seines Peinigers zu zertrümmern oder mit Selbstmord. Die meisten Leser werden mit solchen Situationen wahrscheinlich nie konfrontiert sein, aber wir halten es für besser, wenn Sie sich einmal gedanklich mit solchen Extremsituationen auseinandersetzen, um dann im Ernstfall handlungsfähig zu bleiben.

Was können Sie tun? Versuchen Sie, selber ruhig zu bleiben. Das heißt vor allem, daß Sie den roten Faden der Beratung nicht aus den Händen gleiten lassen dürfen. Im Affekt bricht die ganze Not des Betroffenen durch. Der Hilferuf nach außen ist dramatisch, damit den Außenstehenden die Ernsthaftigkeit des Anliegens deutlich wird.

Bringen Sie Ruhe ins Gespräch. Das erreichen Sie, indem Sie sich die Vorfälle ausgiebig schildern lassen. Enthalten Sie sich dabei jeder negativen Bewertung, hören Sie zu, fragen Sie nach. Versuchen Sie nicht, sofort gegen die unüberlegten Handlungen zu argumentieren. Es hilft mehr, wenn Sie Verständnis zeigen können: „Das Ganze ist für Sie also so schlimm, daß Sie nun schon daran denken …“ Kommen Sie im weiteren Verlauf des Gesprächs auf die Unterstützungsmöglichkeiten und Auswege, die es gibt. Als Außenstehender haben Sie einen gefühlsmäßigen Abstand zum Problem und können sachlicher abwägen, welche

Möglichkeiten einem Mobbingbetroffenen heute, morgen und nächste Woche zur Verfügung stehen. Das ist es, was der Mobbingbetroffene im Affekt **von Ihnen** benötigt.

### Was tun, wenn Sie als Berater akut überfordert sind?

Rufen Sie eine Klinik, einen Arzt oder Therapeuten, die Telefonseelsorge oder den sozialpsychiatrischen Dienst an. Die kennen sich mit akuten seelischen Krisen aus. Vielleicht hat der Mobbingbetroffene schon Kontakte? Fragen Sie ihn. Rufen Sie im Einverständnis mit dem Mobbingbetroffenen eine Stelle an. Erklären Sie am Telefon, daß Sie die entstandene Situation nicht allein bewältigen können und daß kompetente Hilfe nötig ist.

Übergeben Sie das Gespräch gegebenenfalls an den Mobbingbetroffenen. Lassen Sie einen Arzt kommen oder fahren Sie notfalls gemeinsam zu einer Stelle, die Krisenintervention durchführt.

## 6. Vermittlung von realistischer Zuversicht

Inzwischen ist in vielen Medien über das Thema Mobbing berichtet worden, es hat schon Spielfilme und Hörspiele darüber gegeben. Wahrscheinlich hat Ihr Gegenüber schon einige Informationen gesammelt. Aber sicher ist das nicht und möglicherweise ist der sachliche Informationsstand (z. B. aufgrund der seelischen Belastung) nicht so gut. Auf jeden Fall macht es Sinn, sachliche Informationen über Mobbing zu vermitteln oder dem Betroffenen etwas aus dem Literaturvorrat zum Lesen mit nach Hause zu geben. Für die Betroffenen ist es immer eine Entlastung, wenn sie konkret erfahren, daß es auch anderen so ergangen ist wie ihnen.

Sachliche Zuversicht vermitteln Sie dadurch, daß Sie sachliche Informationen über Ursachen, Verlauf und Folgen von Mobbing, aber auch über die Möglichkeiten zur Gegenwehr aufzeigen. Geben Sie z. B. eine kurze Zusammenfassung der Gedanken von *Leymann* (vgl. Kapitel I). Vergleichen Sie anhand der „45er"-Liste, ob im konkreten Fall vergleichbare Mobbinghandlungen vorliegen. Legen Sie das Verlaufsschema oder die Definition als Fotokopie vor, und kommen Sie darüber mit dem Mobbingbetroffenen ins Gespräch.

**Wichtig!**

Soziale Unterstützung ist das wichtigste Mittel gegen Mobbing.

Die soziale Unterstützung durch Freunde, Verwandte, ehemalige und gegenwärtige Arbeitskollegen oder durch professionelle Helfer ist das allerwichtigste Mittel gegen Mobbing. Freundschaft und Verständnis schützen davor, psychisch ins Abseits zu geraten. Wenn wir auch permanent vor voreiligen und ungebetenen Ratschlägen warnen, so geben wir selbst hier den eindringlichen Rat: Führen Sie dem Mobbingbetroffenen immer wieder die Bedeutung sozialer Unterstützung für sein seelisches Überleben vor Augen. Unterstützen Sie ihn dabei, soziale Kontakte und Unterstützung zu finden und zu bewahren. Da Mobbing dem Angegriffenen gerade dadurch den Boden unter den Füßen wegzieht, daß die soziale Integration, das Ansehen, die Wertschätzung untergraben werden, besteht die wirksamste Gegenwehr im Aufbau und in der Pflege unterstützender Beziehungen.

## Sachliche Informationen vermitteln

- Ursachen, Verlauf (Phasen) und Folgen von Mobbing;
- Bedeutung von sozialen Bündnispartnern und Unterstützern;
- Widerstands- und Handlungsmöglichkeiten;
- Mobbingliteratur;
- Adressen für weitere Beratung, Selbsthilfe, Gesundheit.

Mobbingbetroffene kommen häufig mit dem Gefühl zur Beratung, daß die eigenen subjektiven Möglichkeiten ausgeschöpft sind. Eine sachliche Information über die rechtlichen und außerrechtlichen Handlungsmöglichkeiten ist deswegen wichtig. Im Erstgespräch sollten hiervon besser nur einige Aspekte angesprochen werden, weil ansonsten zunächst eher Verwirrung gestiftet wird. Mit fortdauernder Beratung muß dann über alle Handlungs- und Widerstandsmöglichkeiten beraten werden. Jede Form der Gegenwehr sollte inhaltlich daraufhin überprüft werden, ob sie im konkreten Fall zu einer Lösung führen kann. Zur sachlichen Information gehört unbedingt die bereitliegende Mobbingliteratur und die Adressen der außerbetrieblichen Ansprechpartner.

## 7. Keinen billigen Trost spenden und keine „Heldengeschichten“ erzählen

Bei den positiven Empfehlungen für eine sinnvolle Mobbingberatung haben wir den Wert der „sozialen Beziehungen“ herausgestellt. Bei den Empfehlungen, was besser zu unterlassen ist, wollen wir uns auf die „pauschalen Tröstungen“ beschränken. Sie sind oft gut gemeint, bewirken aber nichts Gutes und machen oft alles noch schlimmer.

Appelle der Art „Nimm es doch nicht so schwer!“ oder „Mach dir einfach nichts daraus!“ sind geradezu beleidigend. Denn das Problem für den Mobbingbetroffenen besteht doch gerade darin, daß es so schwer für ihn ist und daß er es deswegen so schwer nimmt. Dies ist unbedingt zu respektieren. Anderenfalls nützt die Beratung nichts, weil sich der Ratsuchende zurecht nicht ernst genommen oder sogar abgewertet fühlt. Als Außenstehender hat man da leicht reden; wären wir selbst in der Situation, würde uns die Souveränität möglicherweise auch schnell ausgehen.

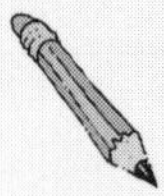

### Fallbeispiel „Harald“:

Der kleinwüchsige Harald wurde jahrelang von seinen Kollegen als „unser Zwerg“ tituliert. Er hatte immer gute Miene zum bösen Spiel gemacht, war innerlich jedoch sehr gekränkt und fühlte sich ausgegrenzt.

Irgendwann faßte er sich endlich ein Herz und sprach seinen besten Freund darauf an. Dieser wußte zunächst gar nichts anderes darauf zu antworten als: „Ach, das mußt du doch einfach nicht so ernst nehmen, das meinen wir alle doch nicht so.“

Dieser als Trost gemeinte Satz war jedoch eine herbe Enttäuschung für Harald.

Dem Kollegen ließ das Gespräch jedoch keine Ruhe. Zum ersten Mal war ihm bewußt geworden, daß Harald offensichtlich an dieser gedankenlosen Unverschämtheit sehr zu leiden hatte und daß sein „Trost“, daß es niemand so ernst meinte, kein Trost sein konnte. Er ging erneut auf Harald zu und versprach ihm, diese herablassende Bemerkung nie wieder auszusprechen.

Tröstungen wie „Denk lieber an was anderes“ sind immer noch populär. Aber wir sollten nicht vergessen, daß die Mobbingsprechstunde die Funktion haben sollte, Probleme zu bewältigen, und nicht die, den Betroffenen die Probleme auszureden. Auch tröstende Ermutigungen der Art „Es wird schon wieder“ kann man sich getrost sparen, denn sie ermutigen nicht. Diese Art von Trost versucht vom Leid „wegzutrösten“.

Warum wird in dieser Weise getröstet, wenn es doch eher das Gegenteil bewirkt? Es ist vielleicht nur eine traditionelle Art und Weise, so wie kleine Kinder getröstet werden, indem man sie ablenkt. Und gedankenlos setzen wir das uns bekannte Trost-Verfahren auch für Erwachsene ein – für sie aber ein leicht durchschaubares Ablenkungsmanöver.

## Keinen billigen Trost spenden

- Keine pauschalen Tröstungen („Wird schon wieder“);
- keine Verharmlosung („Nimm’s doch nicht so schwer“);
- keine Entmündigung („Das machen wir schon“);
- keine eigenen Heldengeschichten („Bei mir war es so …“).

Am ehrlichsten können Sie Trost spenden, indem Sie schlicht und einfach ihr Mitgefühl ausdrücken: „Ja, das ist eine sehr bedrückende Situation für Sie!“ oder „Das ist ja so eine Gemeinheit, die Sie da jede Woche durchmachen. Überkommt Sie da nicht manchmal eine fürchterliche Wut?“ Diese Art von Mitgefühl geht nicht vom bedrohlichen Thema weg, sondern läßt sich darauf ein. Ein weiterer Trost für den Ratsuchenden ist es, wenn es Ihnen gelingt, eine Vertrauensbasis aufzubauen.

Eine andere beliebte, aber uneffektive Form der Beratung besteht darin, daß eigene ehemalige Probleme berichtet und anschließend die erfolgreichen Lösungswege geschildert werden. Beliebt ist bei Hobbyberatern auch, spontan in der Phantasie auszumalen, wie man selber in der Situation des Betroffenen handeln würde und diese spontanen Einfälle dann als Ratschlag weiterzugeben. Das sind die eigenen „Heldengeschichten“.

Sie sind meistens wirklich gut gemeint, doch haben sie eine paradoxe Wirkung. Das Gute daran ist, daß der Ratgebende versucht, sich auf die gleiche Ebene wie der Ratsuchende zu begeben: „Sieh, ich war auch schon mal in so einer schwierigen Situation. Ich bin also wie du, nicht besser und nicht schlechter. Du kannst mir vertrauen, ich stehe zu dir.“ Zweitens sollen die Heldengeschichten die Zuversicht vermitteln, daß es doch noch Auswege und Lösungen gibt.

Die paradoxe Wirkung von Heldengeschichten besteht jedoch darin, daß beim Ratsuchenden häufig unterschwellig eine gegenteilige Botschaft ankommt, die in etwa lautet: „Es ist doch ganz einfach, mit der Situation fertig zu werden, du müßtest dich nur besser anstellen." Mobbingbetroffene haben ohnehin mit ihrem Selbstwertgefühl zu kämpfen. Nun begegnen sie jemandem, dem Lösungen so leicht über die Lippen kommen und der selbst scheinbar alles im Griff hat. Das wirkt zusätzlich erniedrigend. Als Mobbingbetroffener wird man auch Zweifel bekommen, ob sich der Berater auf die Probleme wirklich einlassen will.

Natürlich darf der Berater auch eigene Erlebnisse, eigene Problemlösungsideen in die Beratung einfließen lassen. Es kommt auf den Zeitpunkt an. Bleiben Sie sich der paradoxen Wirkung bewußt und lassen Sie ihre „Heldengeschichten" so einfließen, daß Sie dabei nicht „besser dastehen", sondern daß der Mobbingbetroffene darin tatsächlich Beispiele gelungener Konfliktbearbeitung erkennen kann, die ihm aber genügend Spielraum lassen, seinen eigenen Weg zu gehen.

## 8. Problemorientierte Vorgehensweise

In jeder Beratung werden Ratschläge erwartet und Ratschläge gegeben. Aber, wie bereits gesagt, seien Sie mit guten Ratschlägen zurückhaltend. Der Weg zur Hölle ist mit guten Vorsätzen und guten Ratschlägen gepflastert. Die Beratungssituation enthält eine verdeckte Hierarchie (Ratgeber oben – Ratsuchender unten), durch die das Vertrauen untergraben werden kann.

**Wichtig!**

Behandeln Sie die Bewältigung des Mobbingproblems als gemeinsame Aufgabe.

Wenn Sie Ratschläge an den Mobbingbetroffenen geben, dann betrachten Sie diese als „Vorschläge zum Nachdenken". Viele gute Ratschläge lassen sich in der konkreten Situation eines Mobbingbetroffenen nur schwer umsetzen. Oder der Ratsuchende hat große Furcht, zur Tat zu schreiten. Bezähmen Sie Ihre Ungeduld. Der Mobbingbetroffene ist nicht gekommen, um als lebender Beweis Ihrer Beratungskünste zu dienen.

### Problem- und handlungsorientiert vorgehen

- Problemlösung suchen, keine „Psychotherapie“ versuchen;
- Ratschläge als Vorschläge zum Nachdenken erteilen und Geduld bei deren Umsetzung;
- Mobbinganalyse durchführen;
- Schwachstellen verstehen;
- Selbstbehauptung des Mobbingbetroffenen fördern;
- Vorbereitung der Konfliktbewältigung;
- Durchführung der Konfliktbewältigung.

Versuchen Sie keine wie auch immer geartete „Psychotherapie“, d. h. versuchen Sie nicht, die Person zum Besseren zu ändern. Betrachten Sie den Mobbingkonflikt als das gemeinsame Problem, das es zu entschärfen oder sogar zu lösen gilt. Setzen Sie sich mit dem Mobbingbetroffenen „auf dieselbe Seite des Tisches“, um das Problem zu begreifen und wirkungsvoll einzugreifen. Bei dieser Herangehensweise vermeiden Sie auch die Beratungshierarchie (zu Mobbinganalyse und Mobbingintervention siehe Kapitel IX und X).

## 9. Die „Ja, aber ...“-Falle und andere Schwierigkeiten

Wir wünschen Ihnen sehr, daß Sie mit oder trotz unserer Ratschläge bei der Beratung von Mobbingbetroffenen gute Fortschritte machen. Es gibt natürlich immer wieder Situationen, in denen das Gegenteil von dem herauskommt, was Sie als Ziel angesteuert haben. Manche Schwierigkeiten lassen sich vermeiden, wenn sie bekannt sind. Wir stellen fünf verschiedene „Fallen“ vor, in die man bei Beratungssituationen unvorhergesehen geraten kann.

### Die „Ja, aber ...“-Falle

In diese Falle tappen Sie, wenn Sie zu früh, zu häufig, zu heftig Ratschläge erteilen oder wenn Sie die Ängste des Ratsuchenden nicht wahrnehmen.

## Beispiel einer „Ja, aber ...“-Falle

*Berater:* Das beste Mittel gegen den Mobber wäre ein Mobbingtagebuch.

*Ratsuchender:* Nun, das habe ich schon mal versucht, aber das bringt ja doch nichts.

*Berater:* Wieso, in einem anderem Fall hatte es guten Erfolg. Sie müssen es nur machen!

*Ratsuchender:* Gut und schön, aber was mach ich letzten Endes damit? Bewiesen ist dann doch trotzdem nichts.

*Berater:* Sie müssen einfach Zeugen und Zeugnisse dazu bekommen. Fragen Sie doch mal einen Kollegen, der dabei war, ob er das bezeugt.

*Ratsuchender:* Aber mit mir will doch keiner mehr was zu tun haben.

*Berater:* Haben Sie denn schon einmal wirklich versucht, einen zu fragen?

*Ratsuchender:* Nein, aber das würde ich auch nicht versuchen. Das wäre ein gefundenes Fressen.

*Berater (langsam ärgerlich):* Was wollen Sie nun eigentlich. Soll ich Ihnen nun helfen oder was? Jeden Ratschlag, den ich hier vorbringe, machen Sie zunichte.

In diesem Beispiel geht der Berater nicht mit offenen Ohren in das Gespräch. Hinter den abwehrenden Bemerkungen des Ratsuchenden, die den Berater schließlich wütend machen, zeigen sich jeweils ernstzunehmende Aspekte des Problems. Der Berater möchte hier eigentlich nur seinen eigenen Tip, das Mobbingtagebuch, an den Mann bringen und wischt alle Bedenken vom Tisch. Am Ende einer „Ja, aber …“-Falle droht fast immer ein Zerwürfnis. Der Berater wird ärgerlich, weil er sich in eine Falle gelockt fühlt: Einerseits ist er um Rat gebeten worden, andererseits wird jeder Rat mit einem „Aber“ in Frage gestellt. Der Ratsuchende fühlt sich nicht respektiert und nicht wirklich gehört. Er wird seinerseits ärgerlich oder enttäuscht.

Eine „Ja, aber …"-Falle kann auch zuschnappen, ohne daß der Berater Fehler macht, nämlich dann, wenn der Ratsuchende überfordert, wankelmütig, seiner Ziele und Erfolgschancen unsicher ist. Um praktische Experimente zu vermeiden, die Risiken bergen und Angst heraufbeschwören, wird erst einmal alles in Frage gestellt und zerredet. Das ist bei Mobbingbetroffenen sicherlich nicht selten der Fall. Diese Falle kann aber auch zuschnappen, wenn der Mobbingbetroffene eigentlich gar nicht aktiv werden will, wenn er insgeheim hofft, daß Sie die Probleme stellvertretend für ihn in die Hand nehmen. Die „Ja, aber …"-Falle ist nicht unbedingt auf das Wörtchen „aber" angewiesen, man kann auch auf andere Weise Einwände formulieren. Das Gefühl, in dieser Falle zu sitzen, kann Sie auch dann überkommen, wenn Sie nun schon mehrere Sitzungen hatten und sich scheinbar weiter alles nur im Kreis dreht, obwohl Sie schon viele Ansätze von Lösungen vorgebracht haben.

## Drei mögliche Ursachen für die „Ja, aber …"-Falle

- Die mit den guten Vorschlägen verbundenen Schwierigkeiten und Risiken werden nicht genau analysiert und nicht fundiert ausgeräumt (rationaler Engpaß).
- Die Ängste vor dem Handeln und die Erwartungsängste vor negativen Konsequenzen sind sehr groß (emotionaler Engpaß).
- Der Ratsuchende will, daß der Ratgeber stellvertretend handelt, oder er will gar nicht, daß etwas getan werden soll (motivationaler Engpaß).

Egal, welche Gründe hinter der Falle stecken, Sie können sich in drei Schritten wieder selbst aus der Falle befreien. Der erste Schritt besteht darin, daß Sie offen ansprechen, daß Sie das Gefühl haben, in einer „Ja, aber …"-Falle zu sitzen. Fragen Sie den Mobbingbetroffenen, ob er das auch so sieht. Wenn ja, dann gehen Sie zum zweiten Schritt über. Wenn nicht, versuchen Sie in Erfahrung zu bringen, welchen praktischen Nutzen die Gespräche aus der Sicht des Mobbingbetroffenen hatten. Der zweite Schritt besteht dann darin, daß Sie etwa fragen: „Wie müßte der Rat beschaffen sein, der Ihnen helfen könnte?" Sie kommen damit dem persönlichen Zerwürfnis (Enttäuschung/Ärger) zuvor und geben beiden Seiten eine neue Chance, das Mobbingproblem sachlich und von derselben Seite des Tisches zu betrachten. Geben Sie dem Ratsuchenden ausreichend Zeit, darüber nachzudenken, welche Aspekte und Bedingungen ein „guter Ratschlag" haben müßte. Mit ziemlicher Sicherheit werden dem Betroffenen einige einfallen, und Sie können dann gemeinsam weiter an Lösungen arbeiten.

**Wichtig!**

Eine hilfreiche Frage, wenn die Beratung nicht weiterkommt: „Wie müßte der Rat beschaffen sein, der Ihnen helfen könnte?“

Diese Frage muß wiederum auch mit Bedacht eingesetzt werden, weil sie sich ansonsten verschleißt. Versuchen Sie, in einem dritten Schritt herauszufinden, welche tieferen Ursachen dahinter liegen, daß Sie beide in die Falle gegangen sind. Wurde nicht genug nachgedacht, dann lag ein rationaler (gedanklicher) Engpaß vor. Wurden die Ängste, Erwartungen und Befürchtungen nicht genügend berücksichtigt, dann ist man auf einen emotionalen Engpaß gestoßen. Möglicherweise hat man versäumt, sich genau über die Ziele der Beratung zu verständigen, so daß zum Beispiel die Motive von Ratgeber („Etwas gegen den mobbenden Vorgesetzten unternehmen!“) und Ratsuchendem („Mal alles loswerden können“) nicht übereinstimmen.

## Die „Mülleimer“-Falle

Der Mobbingbetroffene kommt immer und immer wieder in die Beratung, aber offensichtlich gibt es keinerlei Bewegung in der Situation und keinerlei Versuche seitens des Betroffenen, seine Probleme in neuer Weise anzugehen. Sie stellen fest, daß der Ratsuchende kommt, um seinen Kummer loszuwerden, um Trost und Zuspruch zu erhalten. Sie fühlen sich als „seelischer Mülleimer“ benutzt, weil Sie Ihre Aufgabe als eher ergebnisorientiert sehen.

Zunächst ein Wort zum Ausdruck „seelischer Mülleimer“. Wir wissen nicht, wer diesen abwertenden Begriff in die Welt gesetzt hat; es muß ein Zyniker gewesen sein. Sich beim anderen „ausheulen“ oder anlehnen zu dürfen ohne sofortige Gegenleistung und ohne sofortigen Anspruch auf eine handfeste Lösung von Problemen, dürfte zu den menschlichen Grundbedürfnissen gehören.

**Wichtig!**

Es gibt keine seelischen Mülleimer.

Wenn Sie aber nach der dritten Sitzung das Gefühl bekommen, es geht nur darum, Dampf und Frust abzulassen und zu klagen, dann dürfen Sie schon fragen, ob die Geschäftsgrundlage der Gespräche mit den Aufgaben des Betriebsrats vereinbar ist. Ob und wann dieser Punkt erreicht ist, müssen Sie entscheiden. Es hängt von Ihrer freibleibenden Kapazität und von Ihrer persönlichen Geduld ab. Regelrechte Mobbingopfer brauchen sicherlich sehr viel Zuwendung und Unterstützung, welche Sie als betrieblicher Berater weder fachlich noch zeitlich und vielleicht auch nicht persönlich leisten können. Jetzt wäre es an der Zeit, die gemeinsamen Ziele zu prüfen und zu überlegen, welche externe Hilfe aktiviert werden könnte.

## Die „Antipathie“-Falle

Was tun, wenn Sie Ihren Gesprächspartner nicht leiden können, wenn Sie vom Ratsuchenden schon Schlechtes gehört und das Vorurteil sich zu bestätigen scheint? Geben Sie sachliche Informationen zu Mobbing, geben Sie die Ihnen bekannten Adressen weiter und legen Sie fairerweise offen, daß Sie aus persönlichen Gründen eine Zusammenarbeit ablehnen. Es sollte klar sein, daß die eigene Sympathie jemandem nicht automatisch deswegen zufällt, weil er Mobbingbetroffener ist. Auch Sympathie kann zur Falle werden, wenn es Ihnen z. B. zunehmend wichtig wird, daß Sie mit dem Ratsuchenden in jeder Frage übereinstimmen.

## Die „Drehtür“-Falle

Es scheint, als ob sich der Mobbingbetroffene in einer Drehtür zwischen dem Beratungszimmer und dem Betrieb befindet. Es gibt zwar erfolgreiche Eingriffe, aber mit großer Regelmäßigkeit steht der Mobbingbetroffene wieder bei Ihnen, und es muß nachgebessert oder wieder ganz von vorne begonnen werden. Langsam zweifeln Sie an den eigenen Fähigkeiten oder am Ratsuchenden. Das Risiko in der „Drehtür“-Falle besteht wiederum im Zerwürfnis zwischen Berater und Ratsuchendem, weil der Berater zunehmend an der Bereitschaft oder Fähigkeit des Ratsuchenden, ernsthaft an der Lösung der Probleme zu arbeiten, zweifelt. Zu bedenken ist hier stets, daß manche betrieblichen Konstellationen tatsächlich so verstrickt und problemgeladen sind, daß nicht mehr als vorübergehende Reparaturen möglich sind. In anderen Fällen waren die bisherigen Lösungen nicht optimal, und es mußte nachgebessert werden. Sie sollten daran denken, sich eine externe Beratung (Supervision) zu genehmigen.

## Die „Drama"-Falle

Es kann sein, daß Ihnen die Schilderungen des Mobbingbetroffenen weitaus überzogen oder unglaubwürdig vorkommen. In der Situation des Erstgesprächs sollten Sie dies einfach hinnehmen und keinesfalls kommentieren. Sie wissen, es ist ein großes Problem für Mobbingbetroffene, daß ihnen niemand glaubt und viele es für „halb so schlimm" halten, was vorgeht. Außerdem sollten Sie bedenken, daß viele feindselige Mobbinghandlungen im wahrsten Sinne des Wortes „unglaublich" sind.

Vielleicht verdichtet sich aber Ihre Skepsis im Verlauf der Beratung zu der Gewißheit, daß sich nicht alles so dramatisch zugetragen hat, wie der Mobbingbetroffene es schildert. Dann besteht die Gefahr der inneren Distanzierung. Die Beratung wird gefährdet. Solche Dramatisierungen können einfach zum Redestil der Person gehören, sicherlich sollen sie dazu dienen, andere auf die Schwere des Problems aufmerksam zu machen. Wenn Sie sich dadurch gestört fühlen oder wenn Sie glauben, daß sich der Ratsuchende nur selbst damit schadet, sprechen Sie das Problem unbedingt an. Machen Sie auf die negativen Konsequenzen von Übertreibungen aufmerksam und zeigen Sie auf, inwiefern die Bewältigung der Mobbingsituation auch ohne Dramatisierungen voran gebracht werden kann.

In der folgenden Abbildung haben wir alle Aspekte, die für die Beratung von Mobbingbetroffenen wichtig sind, zusammengefaßt.

### Was in der Mobbing-Beratung zu beachten ist

**1. Anforderungen an die Beratungsperson:**

- glaubwürdig und vertrauenswürdig
- eigene Grenzen akzeptieren und nennen
- handlungsfreudig und zurückhaltend
- Nähe zur Person – Abstand zum Sachverhalt
- ausreichend Zeit

**2. Zuhören – unterstützen:**

- Situation des anderen wirklich verstehen wollen
- Problem und Problemsicht des Betroffenen ernst nehmen
- realistische Zuversicht vermitteln
- keine voreiligen Ratschläge und Lösungen geben

**3. Sachliche Informationen über Mobbing geben:**
- Ursachen, Verlauf (Phasen) und Folgen von Mobbing
- Bedeutung von sozialen Bündnispartnern und Unterstützern
- Widerstands- und Handlungsmöglichkeiten
- Mobbingliteratur
- Adressen für weitere Beratung, Selbsthilfe, Gesundheit

**4. Keinen billigen Trost spenden:**
- keine pauschalen Tröstungen („Wird schon wieder")
- keine Verharmlosung („Nimm's doch nicht so schwer")
- keine Entmündigung („Das machen wir schon")
- keine eigenen „Heldengeschichten" (Bei mir war das so ...)

**5. Problem- und handlungsorientiert vorgehen:**
- Problemlösung suchen, keine Psychotherapie versuchen
- Ratschläge als Vorschläge zum Nachdenken –
  Zurückhaltung mit Ratschlägen – Geduld bei der Umsetzung
- Mobbing-Analyse durchführen
- Schwachstellen verstehen
- Selbstbehauptung des Mobbingopfers fördern
- Vorbereitung für die Konfliktbewältigung
- Durchführung der Konfliktbewältigung

# IX. Die Mobbing-Analyse

Die Mobbinganalyse ist kein Selbstzweck. Mit ihrer Hilfe läßt sich ein effektives und sicheres Eingreifen in einen Mobbingkonflikt vorbereiten. Am Ende einer solchen Analyse werden Sie ein Denkmodell des Ihnen jeweils vorliegenden Mobbingfalls gewonnen haben. Erst anhand eines solchen Denkmodells wird es möglich sein, langfristig zielgerichtet (strategisch und taktisch) einzugreifen.

Möglicherweise erscheint Ihnen die Mühe einer aufwendigen Analyse zu groß. Wenn Sie gewohnt sind, unverzüglich und entschieden einzugreifen und bisher dabei Erfolg hatten, wollen wir Sie nicht von Ihrer Vorgehensweise abhalten. Mobbingfälle sind jedoch häufig komplizierte soziale Konflikte mit den verschiedensten Beteiligten, die jeweils von anderen Interessen und Sorgen motiviert sind. Einfach strukturierte Eingriffe wie das „Machtwort", die „Ermahnung unter vier Augen" oder das „Mutzusprechen" haben bei Mobbing sehr oft nicht die Wirkung, die man sich von ihnen verspricht. Gescheiterte Lösungsversuche erschweren wiederum die Lösung von Mobbingkonflikten.

**Wichtig!**

Bevor Sie in Mobbing **ein**greifen, sollten Sie versuchen, es zu **be**greifen.

Unseres Erachtens lohnt sich die Mühe. Nicht von ungefähr schenken wir der Analyse von Mobbingfällen große Beachtung. Mobbingberater, Betriebsrat und Betroffener sind mit diesem Kapitel gleichermaßen angesprochen.

Die hier vorgestellten Analyseschritte sind eine Art geistige Werkzeugsammlung, mit deren Hilfe Sie sich selbst Wege zur Lösung Ihrer konkreten Mobbingprobleme erarbeiten können. Das erscheint uns sinnvoller, als eine Anzahl von „Patentrezepten" zu präsentieren. Natürlich können Sie Ihr Analyseverfahren auch anhand anderer Fragen und in anderer Reihenfolge strukturieren, als wir das hier vorstellen. Unser System der Analyseschritte scheint sich offenbar in der betrieblichen Praxis zu bewähren, wie wir durch Rückmeldungen erfahren haben.

Wenn Sie sich als Berater in ein neues Mobbingproblem einarbeiten, werden Sie regelmäßig nicht alles erfahren, was Sie gerne wissen möchten. Als Mobbingberater sollten Sie daran denken, daß Sie nicht als Staatsanwalt wirken müssen, der dem Richter eine lückenlose Indizienkette vorlegen muß, um die Verurteilung eines nicht geständigen Angeklagten zu erwirken. Die Aufgabe des Mobbingberaters liegt nicht in der Überführung eines Straftäters, sondern in der Unterstützung von Mobbingbetroffenen und im Auffinden von Konfliktlösungen. Machen Sie sich deshalb stets unbefangen ein eigenes Bild des Geschehens. Auch wenn das Bild zunächst unscharf ist, werden sich die entscheidenden Konturen schon bald zu erkennen geben. Es kommt bei der Analyse eines Mobbingfalls nicht darauf an, alles zu erfahren, sondern strategisch wichtiges Wissen zu erlangen, das zu einer Veränderung der festgefahrenen Situation genutzt werden kann.

Wir haben die Analyse in drei Abschnitte unterteilt, zu denen jeweils drei Analyseschritte gehören (s. Abb. Seite 125). Wir bezeichnen unser Verfahren als „Die 3 × 3 Schritte der Mobbing-Analyse". Zunächst einmal müssen Beobachtungen zusammengetragen werden: Was passiert denn hier genau? Im zweiten Abschnitt muß versucht werden, etwas über die Beweggründe des Mobbers herauszufinden und die Bedingungen auszuloten, unter denen der Mobber seine Feindseligkeiten einstellen könnte. Im dritten Schritt wird versucht, das Kräftespiel zwischen Mobbingbetroffenem, Mobber und „Möglichmachern" (ein treffender Begriff von *Leymann*) sowie die gesamte betriebliche Lage zu analysieren.

Der Mobbingbetroffene und der Mobbingberater sollten die Analyse gemeinsam durchführen, wobei eine Einbeziehung des Betriebsrats notwendig werden kann, wenn sich aus der Analyse ergibt, daß rechtliche Schritte angebracht sind. Die insgesamt neun Analyseschritte werden in diesem Kapitel schrittweise erläutert.

## 1. Sich ein klares Bild vom Mobbingprozeß machen

Zunächst werden ausreichend Informationen über die Mobbingvorkommnisse benötigt. Quellen für diese Informationen sind:

- ausführliche Schilderungen durch den Betroffenen;
- eigene Beobachtungen;

## Die 3 × 3 Schritte der Mobbing-Analyse

Sich ein klares Bild vom Mobbingprozeß machen
(Kapitel IX. 1.)

| | | |
|---|---|---|
| ***Das Puzzle zusammensetzen*** | ***Informationen gegen den Strich bürsten*** | ***Forderungen und Zukunftsvision*** |
| Mobbingtagebuch, Mobbinglandkarte | Kritische Prüfung von Beobachtung und Meinung | Offensiver Entwurf des zukünftigen Miteinanders |

Die Beweggründe des Mobbers herausfinden
(Kapitel IX. 2.)

| | | |
|---|---|---|
| ***In die Haut des Mobbers schlüpfen*** | ***Kosten/Nutzen-Rechnung des Mobbings*** | ***Wege aus dem Labyrinth*** |
| Die Welt mit den Augen der anderen sehen | Vorteile für die Fortsetzung des Mobbings | Zukünftige Handlungsalternativen des Mobbers |

Das betriebliche Kräfteverhältnis ermitteln
(Kapitel IX. 3.)

| | | |
|---|---|---|
| ***Ohnmacht und Stärken des Mobbingbetroffenen*** | ***Macht und Schwachstellen des Mobbers*** | ***Betriebliche Hintergründe und Probleme*** |
| Schwachstellenanalyse, Schwächen zu Stärken | Inneres Einverständnis, Suche der Archillesferse | Strukturelle Probleme, öffentliche Meinung |

- Berichte von Außenstehenden (Arbeitskollegen, Vorgesetzte);
- Beweise und Indizien.

Wir raten Ihnen als Mobbingberater, auf eine direkte Befragung des Mobbers zunächst zu verzichten! Dadurch werden Ihnen zunächst einige Informationen entgehen. Aber Sie sollten diesen Verlust von Informationen in Kauf nehmen. Die Analysephase soll auf die Interessen des Mobbingbetroffenen, auf die Bewertung der Situation und auf den Entwurf eines zukünftigen Arbeitszusammenhangs gerichtet sein. Das muß in Ruhe geschehen. Wenn der Mobber in dieser Phase angesprochen wird, kann das für ihn den Charakter eines Angriffs haben. Das entscheidende Risiko ist, daß Sie während der Informationsphase unmittelbar in die Mobbingauseinandersetzung geraten. Es kann sogar zu einer Eskalation der Situation kommen, auf die Sie noch gar nicht vorbereitet sind. Machen Sie als Mobbingberater die Pferde nicht vorzeitig scheu.

**Wichtig!**

Berater verzichten bei der Mobbinganalyse besser auf eine Befragung der Mobber, sonst geraten sie **unvorbereitet** mitten in die Auseinandersetzung.

Es ist von Vorteil, wenn der Betriebsrat selbst schon den einen oder anderen Mobbingvorfall mit eigenen Augen beobachten konnte. Solche Beobachtungen können zuweilen auch nachgeholt werden. Dazu kann beispielsweise mit dem Mobbingbetroffenen vereinbart werden, daß ein Betriebsratsmitglied zu bestimmten Zeiten oder Situationen, in denen bisher erfahrungsgemäß Mobbing aufgetreten ist, „zufällig" auf der Bildfläche erscheint.

Berichte von unbeteiligten Dritten sind sehr wertvoll. Dadurch wird die mögliche Unsicherheit des Beraters reduziert, inwieweit die Berichte des Mobbingbetroffenen zutreffen. Zum anderen läßt sich etwas zum Kräfteverhältnis ermitteln: Bei welchen Kollegen besteht eine gewisse Sympathie oder Antipathie zum Mobbingbetroffenen, bei wem ist stillschweigende Zustimmung zu Mobbing gegeben usw. Allerdings sind Zeugen selbst mobbinggefährdet. Die Befragung von Zeugen oder Vorgesetzten hat möglicherweise den Nebeneffekt, daß der Mobber vorgewarnt und seinerseits aktiv wird. Dadurch würde die Zeit für die ruhige Entwicklung eines Konzepts verkürzt.

**Wichtig!**

Achten Sie auf eine frühzeitige Sicherung von Beweismitteln, wie ärztliche Atteste, Zeugenaussagen und dergleichen.

Hilfreich sind alle Beweise, welche die Mobbingangriffe bestätigen. Dies können schriftliche Anweisungen, widersprüchliche mündliche Anordnungen, die vor Zeugen getan wurden, zerrissene Papiere usw. sein. Die Beschaffung solcher Beweise sollte Aufgabe des Mobbingbetroffenen sein.

## a) Erster Analyseschritt: Das Puzzle zusammensetzen

Berichte aus der Vergangenheit sind lückenhaft und unterliegen Erinnerungstäuschungen. Die aussagekräftigste Form einer Bestandsaufnahme von Mobbingangriffen ist das Führen eines Mobbingtagebuchs. Damit lassen sich die aktuellen Vorkommnisse schnell und geschehensgetreu dokumentieren.

- **Mobbing-Tagebuch**

Ein Mobbingtagebuch ist nicht nur eine Dokumentation der Vorfälle und Begleitumstände zur Beweissicherung, sondern vor allem eine sehr geeignete Arbeitsgrundlage für die Mobbinganalyse. Um diesen Zweck zu erfüllen, müßten neben den eigentlichen Vorfällen auch die jeweiligen Begleitumstände und die Gefühlslage des Mobbingbetroffenen in der aktuellen Situation verzeichnet werden. Das Mobbingtagebuch unterscheidet sich von den altbekannten privaten Tagebüchern dadurch, daß über den Inhalt diskutiert und mit ihm systematisch gearbeitet wird.

Als Chronist seines eigenen Leidens, aber auch der Begleitumstände und der möglichen Motive der Gegenseite, kommt der Mobbingbetroffene aus der defensiven Haltung heraus. Wenn er zur Zeit auch noch nichts gegen die Mobbingattacken tun kann, so kann er doch zumindest das Übel dokumentieren. Außerdem wird das Mobbinggeschehen versachlicht. Dadurch, daß die Mobbingvorfälle gedanklich bearbeitet werden und gemeinsam mit dem Mobbingberater oder weiteren Personen besprochen werden, kann der Mobbingbetroffene einen gewissen emotionalen Abstand zum Geschehen gewinnen. Wir stellen in der Abbildung Seite 128 die Musterseite eines Mobbingtagebuchs vor.

## Musterseite eines Mobbingtagebuchs

1. Was ist heute (Datum: ...) genau vorgefallen?
2. Welche äußeren Bedingungen/Umstände lagen vor?
3. Was ist der Zweck und das Angriffsziel der heutigen Handlung?

   (z. B. die Zusammenarbeit, meine Selbstachtung, mein Wohlbefinden, mein soziales Ansehen, meine Arbeit und Leistungsfähigkeit, anderes)
4. Stichwort für den Angriff

   (Wurde ich als Person und/oder wurde mein soziales Ansehen angegriffen?)
5. Ist ein bestimmter Anlaß/eine tieferliegende Ursache zu erkennen?
6. Welche Gefühle wurden bei mir ausgelöst?
7. Wie habe ich auf den Vorfall reagiert?
8. Wer oder was hat mich unterstützt?
9. Gibt es Zeugen oder Beweise?

Obwohl das Mobbingtagebuch aus unserer Sicht ein sehr geeignetes Hilfsmittel ist, sollte nicht darauf bestanden werden, daß ein Mobbingbetroffener ein solches führt. Was auch immer die individuellen Gründe gegen ein Tagebuch sein mögen, man sollte mit dem Mobbingbetroffenen nicht deswegen in Streit geraten. Wichtig ist, daß überhaupt schriftliche Aufzeichnungen gemacht werden. Die Vorgänge beim Mobbing sind zu komplex, als daß man sich nur auf das Gedächtnis verlassen könnte. Schriftliche Notizen während der Mobbingberatung sind eine weitere gute Möglichkeit; sie können die Funktion eines Mobbingtagebuchs übernehmen.

- **Mobbing-Kalender**

Unabhängig davon, in welcher Form die Aufzeichnungen gemacht werden, sollten Berater und Betroffener nach einer gewissen Zeit dazu übergehen, das Geschehen systematisch auszuwerten. Dazu bietet sich einmal an, eine Chronologie der wichtigen Mobbingvorfälle bzw. einen Mobbingkalender zusammenzustellen. Der Mobbingkalender hat nicht dieselbe Funktion wie das Mobbingtagebuch. Beim Mobbingkalender gilt es, einen Überblick über den zeitlichen Verlauf des Mobbings, Schwankungen, Höhepunkte, Intensität, Steigerung oder Abschwächung zu bekommen. Im Mobbingtagebuch geht es hingegen darum, das einzelne Ereignis festzuhalten und dazu vertiefende Fragen zu stellen.

- **Mobbing-Landkarte**

Eine weitere Möglichkeit, das „Mobbingpuzzle" zusammenzusetzen, besteht in der Erstellung einer Mobbinglandkarte. Dies ist vor allem dann sinnvoll, wenn mehrere Personen am Mobbing beteiligt sind, deren Rollen und Zusammenspiel nicht eindeutig zugeordnet werden können oder wenn z. B. nicht klar ist, von welchen Personen die zu beobachtenden Intrigen ausgehen. Auf übersichtliche Weise kann die Abhängigkeit, Beeinflussung und Kommunikation verschiedener Personen dargestellt werden.

### Beispiel einer Mobbing-Landkarte

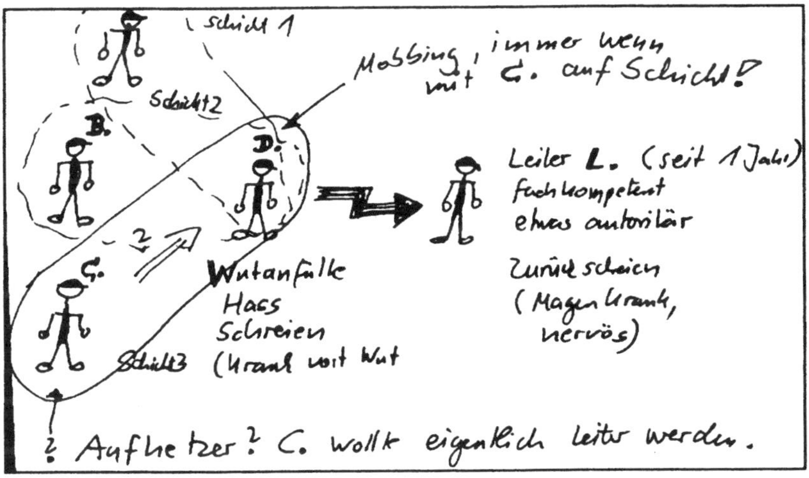

## Beispiel einer Mobbing-Landkarte:

- **Fragenkatalog**

Neben den verschiedenen Fragen im Mobbingtagebuch kann es sinnvoll sein, jedes Mobbingproblem anhand eines feststehenden Fragenkatalogs durchzuarbeiten. Aus der Kreativitätsforschung weiß man, daß einem beim Versuch einer Problemlösung oftmals aktuell nicht die richtigen Fragen einfallen. Durch Verwendung einer Liste von Fragen kann dies vermieden werden.

Es kann natürlich passieren, daß manche Frage nicht zu beantworten ist. Das könnte ein Hinweis dafür sein, an welcher Stelle noch genauer nachgeforscht werden muß. Für andere Fragen läßt sich zuweilen keine sinnvolle Antwort finden, was ein geringfügiger Nachteil dieser Methode darstellt.

Sie können sich durch die folgende Liste bzw. durch die beiden Fragebogen im Anhang Nr. 1 für die Erstellung eines eigenen Fragenkatalogs anregen lassen. Mögliche Fragen sind:

- Welche äußeren Bedingungen/betrieblichen Hintergründe lassen sich feststellen?
- In welche Richtung (Person, soziales Umfeld, Arbeit usw.) gehen die Angriffe?
- Sind bestimmte Anlässe zu erkennen? Welche Motive/Ursachen sind zu vermuten?
- Welche Gefühle und Reaktionen wurden beim Mobbingbetroffenen ausgelöst?
- Welche Gegenmaßnahmen hat der Betroffene versucht? Mit welchem Erfolg?
- Welche Personen unterstützen den Mobbingbetroffenen? Wie nützlich und offen ist diese Unterstützung? Welche Personen unterstützen den Mobber und wodurch?
- Wie sieht das Kräfteverhältnis aus zwischen Mobbern, Möglichmachern (z. B. untätige Vorgesetzte), Zuschauern, passiven und aktiven Unterstützern?
- Welche Beweise und verläßliche Zeugenaussagen liegen vor?

## b) Zweiter Analyseschritt: Informationen gegen den Strich bürsten

Manchmal liegen die Taten und die Gründe für Mobbing offen zutage. Häufig tappen Betroffener und Berater allerdings auch im dunkeln, was Motive und Hintergründe des Mobbings angeht. Teilweise versteht man die sozialen Wechselspiele nicht und kann nur schwer ermitteln, wer alles aus der Belegschaft und der Vorgesetztenriege und aus welchen Gründen mit im Spiel ist.

Wenn es einem in einer solchen verwirrenden Situation nicht schnell genug gelingt, einen Informanten mit Insiderwissen ins Gespräch zu bringen, dann helfen Ihnen auch alle weiteren Versuche des Nachbohrens wenig. Diese Verwirrung kann nur bei Ihnen liegen, weil von interessierter Seite zielgerichtet daran gearbeitet wird, daß die Manöver verdeckt laufen, und weder der Mobbingbetroffene noch ein anderer einen „Durchblick“ haben. Es kann aber auch sein, daß die Verhältnisse für jedermann – Beteiligte wie Beobachter – zweideutig, widersprüchlich und undurchsichtig sind.

In dieser Lage hilft möglicherweise kein weiteres „Mehr“ an Information, sondern nur ein kreatives Umgehen mit den bereits vorhandenen Informationen. Wir nennen diese Methode das „Gegen-den-Strich-Bürsten“ der bisherigen Beobachtungen. Was bedeutet das im einzelnen?

- Sie können Ihre Spürnase auf alles lenken, was zunächst für das Mobbing nicht so wichtig und bedeutsam ist, Ihnen aber doch irgendwie ungewöhnlich, seltsam oder verschroben vorkommt.
- Sie können sich fragen, welche Mobbingformen bzw. Mobbinghandlungen *nicht* eingesetzt worden sind. Warum nicht? Hat das möglicherweise einen speziellen Grund?
- Sie können herausfinden, zu welcher Zeit, an welchen Tagen, im Beisein oder in Abwesenheit welcher Personen das Mobbing stattgefunden hat. Auch daraus lassen sich im Einzelfall wichtige Rückschlüsse ziehen.
- Sie können sich das Verhalten der Außenstehenden einmal genauer vor das geistige Auge holen: Wer hat was (nicht) getan und gesagt? Was hätte getan werden können?
- Sie können sich als Berater auch fragen, welche Reaktionen/Emotionen beim Betroffenen nicht hervorgerufen wurden. Oder fragen Sie sich, welche Gegenmaßnahmen der Betroffene versucht hat und welche davon in welcher Weise wirksam waren.

In dem Fall, auf den sich die Mobbinglandkarte auf der Seite 129 bezieht, blieb zunächst unbegreiflich, warum der Mitarbeiter C immer wieder mit vehementer Wut auf den Leiter L der Betriebsfeuerwehr losging und ihm das Leben schwermachte. Es war kein wirkliches Motiv zu entdecken. C äußerte sich kaum dazu, meinte lediglich, daß er L nicht leiden könne, weil dieser so autoritär wäre. Schließlich bemerkte ein Betriebsratsmitglied beiläufig, daß diese Wutausbrüche immer dann und nur dann auftraten, wenn C mit dem Mitarbeiter D gemeinsam Dienst hatte. Diese zunächst nebensächliche Beobachtung war der Schlüssel zum Verständnis des Mobbingproblems. Es stellte sich schließlich heraus, daß D die Hintergrundfigur des Mobbings war. Es war ihm gelungen, C Lügen über L zu erzählen, so daß dieser schließlich wutentbrannte Attacken gegen L fuhr. Das eigentliche Motiv war, daß D gern selbst die Leitung der Betriebsfeuerwehr übernommen hätte, welche die Geschäftsleitung jedoch ein Jahr zuvor dem erfahrenen, externen Bewerber L übertragen hatte.

### c) Dritter Analyseschritt: Forderungen und Zukunftsvision

Dieser Schritt sollte auf jeden Fall durchgeführt werden. Es ist im allgemeinen so, daß Mobbingbetroffene und auch die unterstützenden Personen die Erwartungen und Forderungen an den Mobber eher negativ und pauschal formulieren. Es wird erwartet, daß der Mobber bestimmte Handlungen unterläßt: „Hört doch endlich auf mit dem Quatsch.“ Eine derartig negativ formulierte Forderung an den Mobber hat einen deutlichen Nachteil. Es wird keine klare Richtung angegeben, was denn der Mobber stattdessen machen soll. Die Alternativen bleiben letztlich wieder dem Mobber überlassen.

**Wichtig!**

Sagen Sie dem Mobber klar, was Sie von ihm wollen. Begnügen Sie sich nicht damit, nur das Abstellen des Mobbens einzuklagen.

Wir empfehlen deswegen, die Erwartungen an den Mobber klar und positiv zu formulieren. So könnte man sich im Fall „Manfred“ (s. Kapitel IV) vorstellen, daß er seine Forderung an die mobbenden Kollegen so formuliert hätte: „Laßt mich doch endlich mit euren blöden Scherzen in Ruhe." Wir würden Manfred folgende Alternative empfehlen: „Ich erwarte, daß ihr mich freundlich oder zumindest neutral behandelt. Wenn ihr nicht über religiöse Themen sprechen wollt, so sagt mir dies in einer sachlichen Weise. Ich erwarte außerdem, daß in Zukunft Faschingsscherze mit Stricken, Särgen und anderen Todesbotschaften nicht mehr durchgeführt werden."

Es hat einen doppelten Vorteil, wenn der Mobbingbetroffene seine Erwartungen als positive Forderungen an die Beziehung formuliert. Erstens zeigt es an, daß er an Klarheit und Sicherheit gewonnen hat. Zweitens bringt eine klare verbale Vorgabe den Mobber eher in den Zugzwang, inhaltlich erklären zu müssen, wieso er zur Erfüllung der Forderungen nicht bereit ist. In dieser Phase der Mobbinganalyse wäre es allerdings noch zu früh, diese Forderungen bereits an den Mann bringen zu wollen. Es kommt zum jetzigen Zeitpunkt allein darauf an, sie klar zu formulieren.

## 2. Die Beweggründe des Mobbers herausfinden

Warum machen wir soviel Aufhebens um den Mobber? Wäre es nicht einfach angemessen, Mobber zur Rechenschaft zu ziehen, anstatt sich noch mit ihren Motiven zu beschäftigen? Wir stimmen zu, die Handlungsweisen von Mobbern fordern Strafe und Vergeltung heraus. Vor allem in der Rolle des betrieblichen Mobbingbeauftragten sollten Sie aber folgendes bedenken:

- Wenn Sie Machtmittel (Sanktionen, Strafe) einsetzen oder einfordern, müssen Sie von vornherein auch bereit sein, die Machtmittel bis zur letzten Konsequenz, d. h. bis zur Kündigung oder zur gerichtlichen Auseinandersetzung, auszureizen, falls keine Besserung eintritt. Durch leere Drohungen – das gilt hier wie anderswo – machen Sie sich lediglich lächerlich. Insbesondere als Betriebsratsmitglied sind Sie beim Einsatz von betrieblichen Machtmitteln darauf angewiesen, daß die Geschäftsleitung mitspielt. Androhung und Verhängung von Strafen verhärten zumeist die Fronten. Selbst wenn es oberflächlich so aussieht, als bestünde Ruhe, droht der Konflikt stets wieder – eventuell in anderer Form – aufzubrechen.
- Mobber handeln zwar nach außen aggressiv und gemein, aber nicht selten sind sie innerlich schwach, und ihre Beweggründe sind oft defensiv. Erich Fromm hat den Satz geprägt: „Wer nicht leiden will, muß

hassen." Je besser Sie die (verborgenen) Motive des Mobbers kennen, desto größere Möglichkeiten stehen Ihnen als Schlichter (unparteilicher Dritter) oder als Anwalt des Betroffenen zur Verfügung. Berücksichtigen Sie den Motivhintergrund des Mobbers, denn so steigen die Chancen, daß er auf den Zug einer einvernehmlichen Lösung springt.

- Mobber verteidigen ihre Interessen aggressiv. Beim erfolgreichen Einsatz von Machtmittel mögen sie unterliegen, aber ihre Interpretation der Dinge, daß nämlich nur der Stärkere siegt, bleibt unangetastet. Sie werden alles daransetzen, in der nächsten Lebenssituation wieder in die Rolle des Stärkeren zu kommen. Bei einer erfolgreichen Schlichtung, in der auch ein Teil ihrer Interessen zum Tragen kommen kann oder zumindest vermieden wird, daß sie das Gesicht verlieren, könnten sie bessere Möglichkeiten kennenlernen, wie man Interessenausgleich betreiben kann.
- Es wäre einfach ein strategisch gravierender Fehler, wenn man die Hintergründe, Stärken und Schwächen des Gegners in einem Mobbingkonflikt nicht kennt, sondern sich nur auf die eigene Betroffenheit und die moralische Beurteilung der Vorfälle konzentriert.

Wir haben ausgeführt, daß Mobbing eine Form von Konfliktführung darstellt. Es muß Gründe dafür geben, warum gemobbt wird und keine anderen Verfahren der Interessenwahrnehmung benutzt werden: Der Mobber muß sich beeinträchtigt fühlen. Ihm ist oder scheint ein fairer Interessenausgleich verbaut. Sein Eigeninteresse ist größer als moralische Bedenken und er hofft, daß die Probleme mit der erfolgreichen Ausgrenzung der gemobbten Person verschwinden werden. Um die Mobberseite besser zu verstehen, schlagen wir die drei folgenden Analyseschritte vor:

- In die Haut des Mobbers schlüpfen;
- eine Kosten/Nutzen-Rechnung des Mobbings aufstellen;
- Wege aus dem Labyrinth suchen.

## a) Vierter Analyseschritt: In die Haut des Mobbers schlüpfen

Es mag auf den ersten Blick befremden, daß wir uns bei der Analyse des Mobbingkonflikts bemühen sollen, die Seite des Mobbers zu verstehen, da sich dieser doch moralisch ohnehin abqualifiziert hat. Schließlich empfinden wir seine Vorgehensweise als unmoralisch, kriminell, abstoßend oder beängstigend (oder alles zusammen).

Was die Hintergründe, Motive, Überlegungen unserer Gegner bzw. Feinde angeht, wollen wir es oft genug gar nicht so genau wissen. Wir lassen uns lieber in unserem Urteil bestätigen, daß der „Feind" ohnehin nur schlechte, hinterhältige und niederträchtige Absichten hat. Dahinter steckt auch für einen Mobbingberater möglicherweise die Angst, daß man dem anderen auf den Leim gehen könnte oder die Furcht, später einen Irrtum zugeben zu müssen. Überwinden Sie einmal Bedenken und Widerwillen bei dem Gedanken, unter die Haut eines Mobbers zu schlüpfen – denn Wissen ist Macht.

Es gibt prinzipiell zwei Wege für den Eingriff in Mobbingkonflikte: das Verhandlungs- bzw. Schlichtungsmodell und der Machteingriff. Der unschätzbare Vorteil eines tiefergehenden Verständnisses der Motive und Interessen des Mobbers liegt darin, daß wir dann wirklich über Mittel verfügen, um im Schlichtungsverfahren Einfluß auszuüben (wir vertiefen das im nächsten Kapitel). Zum Beispiel besteht die Möglichkeit, dem Mobber alternative Handlungsweisen zum Mobbing anzubieten, mit denen auch seine legitimen Interessen gewahrt bleiben.

**Wichtig!**

Es gibt zwei grundsätzliche Methoden, bei Mobbing einzuwirken: Machteingriff und Schlichtung/Verhandlung.

In die Haut des Mobbers zu schlüpfen bedeutet, sich soweit wie möglich in dessen Situation und in dessen Sicht der Dinge hineinzuversetzen. Was bekämpft er, wo reagiert er besonders heftig? Die wichtigste Frage ist die nach seinen tieferliegenden Interessen, welche er durch Mobbing verteidigt. Welche Befürchtungen könnte der Mobber im Hinblick auf die Zukunft haben? Mit der Berufstätigkeit ist ein Bündel von persönlichen Motiven verknüpft: Einkommen, gesellschaftliches Prestige, soziale Integration und Anerkennung, Herausforderung, Lebenssinn usw. Das gilt für Mobber wie für Mobbingbetroffene und alle anderen Beschäftigten.

**Wichtig!**

Sich in den Mobber einfühlen heißt nicht, sein Verhalten zu billigen und mit ihm übereinzustimmen.

In der Arbeitspsychologie wird die Unterscheidung gemacht zwischen Menschen, die in erster Linie aufgabenorientiert sind, und Menschen, die vornehmlich personenorientiert handeln. Zusätzlich kann danach unterschieden werden, ob diese Menschen eher offensiv oder defensiv vorgehen. Dies ist in der folgenden Abbildung dargestellt.

**Vier Betriebstypen**

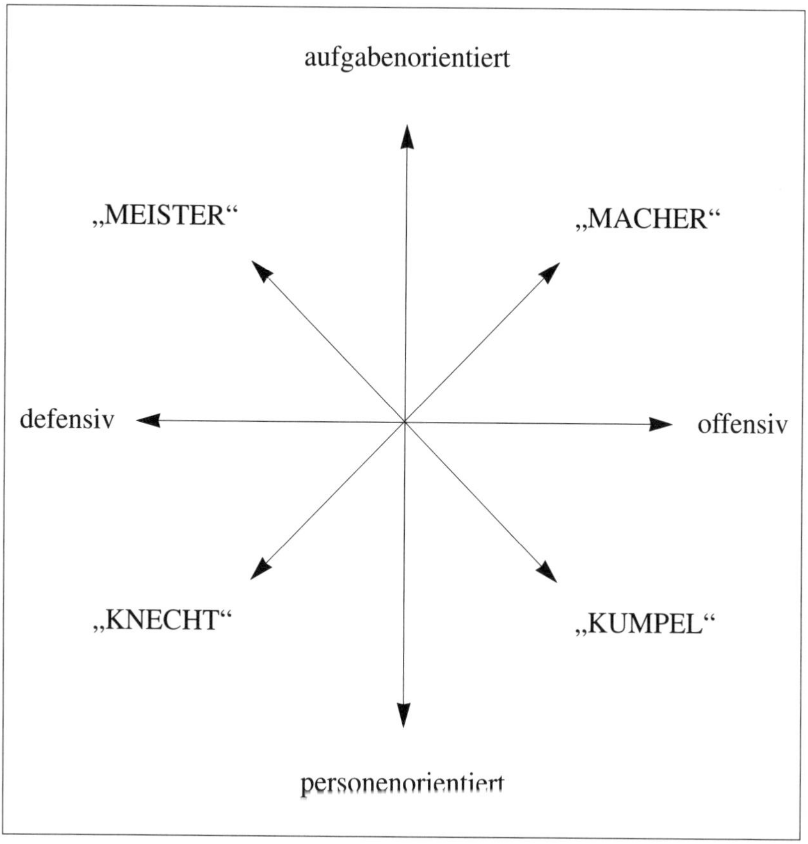


Diese Idee haben die amerikanischen Personaltrainer *Brinkman* und *Kirschner* entwickelt. Dabei haben sie vier grobe betriebliche Typen gebildet, die wir als die „Macher“, die „Meister“, die „Kumpel“ und die „Knechte“ übersetzt haben. Wahrscheinlich wird sich nun jeder irgendwo wiederfinden und gleichzeitig sagen, solche Typen in Reinkultur gibt es gar nicht. Das ist richtig. Die entstehenden „Typen“ sind keine konkreten Personen. Vielmehr zeigen sie charakteristische Handlungstendenzen auf. Niemand ist auf diese Rollen festgelegt.

Es gibt Mitarbeiter, deren wichtigstes Motiv die unmittelbar soziale Anerkennung und Absicherung ist. Wenn sie zusätzlich eher offensiv sind, wirken sie als Betriebsnudel, als Entertainer, als Kanzlerkandidat oder einfach als „Kumpel“. Sie sind in der Lage, andere zu inspirieren, für gute Stimmung zu sorgen. Ihnen kann die Freude an der Arbeit aber vergällt werden, wenn sie das von ihnen benötigte belebende Umfeld nicht haben können. Ihre Arbeitsleistung bleibt dann hinter ihren Möglichkeiten zurück; sie leben mit der inneren Kündigung usw. Wer ohnehin eher defensiv um soziale Kontakte bemüht ist, sich durch Anpassung oder durch den Versuch, es allen recht zu machen, beliebt machen will, gehört zu den Mauerblümchen, stillen Wassern und Samaritern. Ihre Rolle haben wir mit dem Wort „Knechte“ bezeichnet.

Andere sind ausgesprochen leistungs- und ergebnisorientiert. Die soziale Anerkennung, die auch sie brauchen und anstreben, holen sie sich über den Umweg der vollbrachten Leistung. Offensive Leistungserbringer stellen die Durchführung der Sache in den Vordergrund, es sind die „Macher“. Hier dürfen schon einmal Späne fliegen, und der zügigen Erledigung muß auch schon einmal die Qualität im Detail geopfert werden. Die defensiven Leistungsorientierten versuchen dagegen, ihre Aufgaben perfekt, fehlerlos und unangreifbar zu erledigen: Sie sind die „Meister“.

Von den Autoren *Brinkman* und *Kirschner* kommt nun die erhellende Idee, daß ein Großteil der zwischenmenschlichen betrieblichen Auseinandersetzungen darauf zurückzuführen sei, daß Menschen in ihrer grundlegenden Wertorientierung behindert und frustriert sind und mit aller Macht versuchen, eine gefühlsmäßig zufriedenstellende Position zurückzugewinnen (s. Abb. Seite 138).

Der „Macher“, dessen Zielstellung gefährdet ist, dem zu viele Hindernisse im Weg liegen, wird zunehmend rücksichtslos. Auch die Macher suchen und wollen Anerkennung, aber nicht unbedingt bei Untergebenen und Gleichgestellten, sondern in höheren Sphären. Darum wird alles und jeder, der im Weg steht, angegriffen, attackiert, zu Höchstleistungen angetrieben oder ausgemustert. Der gefährdete Macher wird zum Tyrannen. Im Betrieb sind gerade solche Personen problematisch, an die der Anspruch des Machens groß ist oder die diesen Anspruch an sich selbst haben, denen aber keine ausreichenden betrieblichen und persönlichen Ressourcen zur Verfügung stehen (Führungsschwäche und Mißmanagement). Hier finden sich vielfältige Ansätze zum Mobbing.

## Die frustrierten Betriebstypen

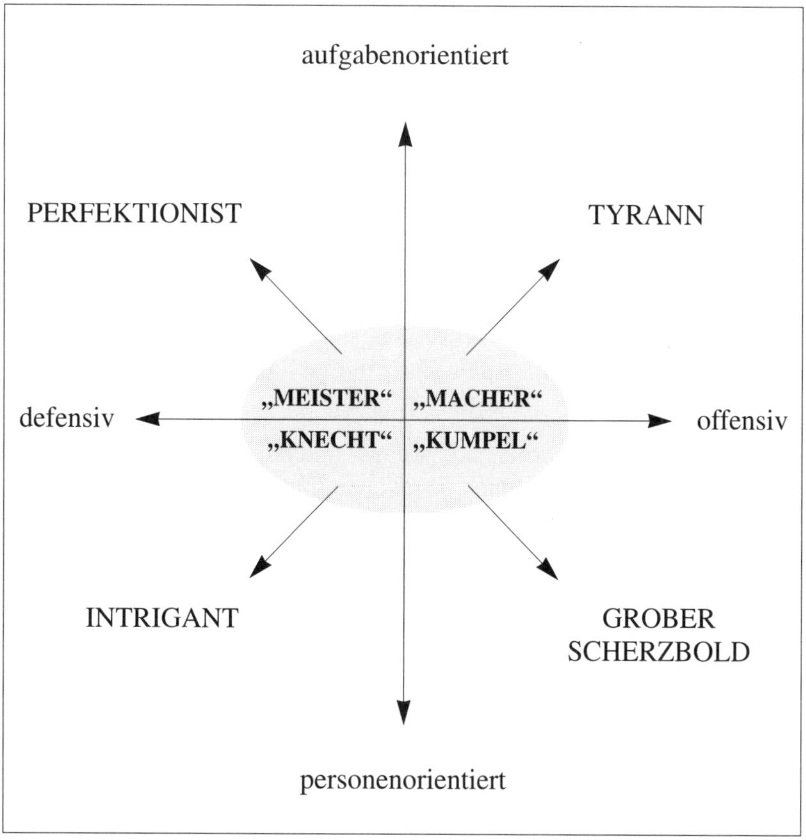


Der „Meister“, dem z. B. die Zeit für die abschließende Sicherung der eigenen Ergebnisse fehlt, wird ungerecht, perfektionistisch und pedantisch, kritisiert alle anderen, wird unzugänglich, blockiert die Zusammenarbeit. Der gefährdete Meister wird zum aggressiven Perfektionisten. Durch Pedanterie, bürokratische Maßnahmen, Rechthaberei oder als Heckenschütze usw. bietet dieser Handlungstyp vielfältige Ansatzpunkte für Mobbing.

Ein „Kumpel“, dem Anerkennung und Gefolgschaft schwinden, mag in Depressionen verfallen, was aber unwahrscheinlich ist. Zu erwarten sind eher verstärkte Bemühungen um Bekanntheit und Anerkennung. Er ist für seine groben, verletzenden Scherze bekannt und gefürchtet. Unter dem Mobbingaspekt könnten auch persönliche Angriffe gegen (vermeintliche) Konkurrenten von Bedeutung sein.

Der „Knecht“ ist für alle da und will es jedem und allen recht und angenehm machen. Dafür erhofft er seinerseits Respekt und Anerkennung. Betrieblich problematisch kann die Unzuverlässigkeit und geringe Entscheidungsfreude werden. Der gestreßte „Knecht“ kann zum Ankläger oder Intriganten werden. Er nimmt Rache für lange erduldete schlechte Behandlung. Offen feindselige Mobbinghandlungen sind von diesem Handlungstyp eher nicht zu erwarten. „Knechte“ in Vorgesetztenposition werden nur schwerlich gegen Mobbing durchgreifen.

Wenn wir dem Mobber unter die Haut schlüpfen, sollten wir demzufolge prüfen, ob sich der Mobber in der Entfaltung seines Grundinteresses nach Leistung, fachlicher Brillianz, Beliebtheit, Anerkennung und Akzeptanz verletzt fühlt. Gerade in diesem Bereich sind die Reaktionen für den Außenstehenden vergleichsweise überzogen, stärker jedenfalls, als bei einem normalen Konflikt zu erwarten wäre. Haben wir Verständnis für die Motivationslage des Mobbers gewonnen, so können wir noch weitergehen und prüfen, welche dieser Interessen verständlich und nachvollziehbar erscheinen, welche sogar legitim sind, wenn auch die Art der Verteidigung dieser Interessen unmoralisch ist, welche Interessen sind auch bei genauerer Betrachtung unakzeptabel (unsozial, unmoralisch, egoistisch, kriminell, pervers)? Wir werden am Ende dieses Kapitels ein Fallbeispiel bearbeiten.

### b) Fünfter Analyseschritt: Kosten/Nutzen-Rechnung des Mobbings

Wir glauben nicht, daß sich ein Mobber irgendwann bewußt mit der Alternative auseinandersetzt: „Soll ich mobben oder nicht, wobei kommt mehr heraus?“ Aus einem emotionalen Impuls heraus hat er sich für das Mobben entschieden – und er bleibt dabei. Über Alternativen braucht er nicht nachzudenken, solange Mobbing „erfolgreich“ ist.

Wenn dagegen der Mobbingbetroffene wirkungsvolle Gegenmaßnahmen ergreift oder zunehmend von anderen unterstützt wird, kann sich die Kosten/Nutzen-Rechnung verschieben. Die Bilanz, die zugunsten von Mobbing sprach, bekommt für den Mobber ein negatives Vorzeichen, wenn

- der Mobbingbetroffene erfolgreiche Gegenwehr ausübt,
- die Mobbinghandlungen keine Wirkung mehr zeigen,
- das Mobbing öffentlich mißbilligt wird und die öffentliche Meinung gegen den Mobber zurückschlägt,
- für den Mobber unangenehme Sanktionen einsetzen.

## Aktuelle Kosten/Nutzen-Rechnung für den Mobber

„Was hätte ich davon,
wenn ich Mobbing vollständig einstellen würde?“

| ☺☺☺ | ☹☹☹ |
|---|---|
| **Mögliche Vorteile für mich:** | **Wahrscheinliche Nachteile:** |
| – Keine Klagen und Beschwerden;<br>– ich muß keine rechtlichen oder betrieblichen Sanktionen mehr befürchten. | – Meine eigenen Interessen verraten;<br>– ich habe das Gesicht verloren;<br>– ich habe mich ins Unrecht gesetzt;<br>– ich schaffe meine Arbeit nicht;<br>– ich habe berufliche Nachteile;<br>– ich habe soziales Ansehen eingebüßt;<br>– ich habe Macht und Freiheit eingebüßt;<br>– ich habe zukünftige Möglichkeiten verbaut. |

Häufig ist aber zu erleben, daß das Mobbing nach den ersten Schritten zur Eindämmung nicht aufhört oder nach kurzer Ruhephase wieder aufflammt. Woran kann das liegen? Vom Mobber wird die Einstellung aller Feindseligkeiten gefordert. Das ist moralisch völlig gerechtfertigt, jedoch strategisch oft zu kurz gedacht: Das bedingungslose Aufgeben bisheriger Verhaltensweisen ist dem Mobber aus verschiedenen Gründen häufig nicht möglich. Er müßte sich selbst und seine Interessen aufgeben, zumindest seiner Empfindung nach.

Wenn ein Mobber nach dem Machtwort des Vorgesetzten widerspruchslos mit dem Mobben aufhört, so setzt er sich damit selbst nachträglich ins Unrecht. Die Erfahrung sagt uns aber, daß die meisten Menschen großen Wert darauf legen, die Selbstachtung zu erhalten und den anderen gegenüber das Gesicht zu wahren. Deswegen ist es recht un-

## Zukünftige Kosten/Nutzen-Rechnung des Mobbers

Eine alternative Möglichkeit
für den Mobber suchen

☺☺☺

**Zukünftige Vorteile für Mobber:**

- Keine Klagen und Beschwerden;
- keine rechtlichen oder betrieblichen Sanktionen zu befürchten;
- ich habe soziales Ansehen gewonnen;
- neue Handlungsmöglichkeiten;
- habe meine Interessen wahren können, wenn auch in anderer Form;
- ewige Querelen sind beendet.

☹☹☹

**Zukünftige Nachteile für Mobber:**

- Ich mußte mir Kritik gefallen lassen;
- ich habe nachgegeben;
- ich muß mit meinem Feind zukünftig auskommen.

wahrscheinlich, daß Mobber ihre Feindseligkeit ohne Rückzugsgefechte einstellen, nur weil beispielsweise ein Vorgesetzter das Verhalten kritisiert hat. Die ultimative Forderung nach vollständiger Einstellung der Feindseligkeiten mag moralisch angemessen sein, paradoxerweise blockiert sie jedoch häufig eine Weiterentwicklung und Lösung des Problems.

**Wichtig!**

Das Mobben widerspruchslos aufzugeben bedeutet für den Mobber, sich nachträglich ins Unrecht zu setzen.

Wir fragen uns im fünften Analyseschritt stets, was der Mobber davon hätte, wenn er der Erwartung nach vollständiger Einstellung aller Feindseligkeit nachkommen würde. Die Idee für das hier vorgeschlagene Verfahren in den Analyseschritten fünf und sechs stammt aus dem sehr innovativen Buch über Konfliktlösungen von *Fisher, Kopelman & Kupfer-Schneider*. Wir haben sie für die spezielle Situation des Mobbingkonflikts umgearbeitet. Wenn wir einmal pauschal die „Rechnung“ für den Mobber aufstellen, der sich überlegt, ob er das Mobbing einstellen soll, gelangen wir z. B. zu der Gegenüberstellung, wie sie in der Abb. S. 140/141 dargestellt ist.

Wie leicht zu erkennen ist, überwiegen sowohl quantitativ als auch qualitativ die Nachteile. Jeder Eingriff in Mobbingkonflikte sollte diesen Aspekt der Kosten/Nutzen-Bilanz für den Mobber berücksichtigen.

## c) Sechster Analyseschritt: Wege aus dem Labyrinth

Im folgenden Schritt überlegen wir, wie die Kosten/Nutzen-Rechnung aussehen müßte, die es dem Mobber leichter machen würde, vom Mobbing abzulassen und andere Konfliktmethoden und Umgangsformen zu wählen. Wir erstellen also stellvertretend für den Mobber eine Bilanz, in der die Vorteile des Ablassens vom Mobbing eindeutig überwiegen (s. Abb. Seite 141).

Es ist wichtig, daß hierbei zunächst eine Menge *egoistischer* Vorteile zusammengetragen werden, die es dem Mobber erleichtern würden, vom Mobbing abzulassen. Man muß sich also – trotz Bedenken – erneut in die Perspektive des Mobbers begeben. Man kommt in der Praxis häufig zu überraschenden Einsichten, wenn man dieses Verfahren durchführt.

Wir möchten keineswegs, daß dem Mobber rote Teppiche ausgerollt werden. Es geht darum, einen gangbaren Weg als Alternative zur Konfliktspirale aufzuzeigen. Die oben abgebildete Aufstellung zeigt die Alternativen auf, vor die ein Mobber zukünftig gestellt sein sollte. Zu beachten ist, daß wir uns immer noch in der Phase der Mobbinganalyse befinden, d. h. mit dem Mobber ist nicht über seine heutigen oder zukünftigen Motive gesprochen worden. Das Ergebnis des fünften und sechsten Analyseschritts kann insofern stets nur eine gute Näherung an dessen wirkliche Vorstellungen und Positionen sein. Sie werden jedoch erstaunt sein, wie nahe Sie den wahren Beweggründen kommen und welche konstruktiven Möglichkeiten aus einer solchen Analyse erwachsen können.

## 3. Das betriebliche Kräftespiel ermitteln

Mobbing ist gemein – es kann auch den Stärksten treffen an seiner schwächsten Stelle. Ein Mobbingbetroffener ist den Angriffen ohnmächtig ausgeliefert. Die Ohnmacht liegt darin, daß man Wohlwollen, Fairneß und guten Willen nicht erzwingen kann. Einem geballten Willen nach Ausgrenzung kann sich letztlich niemand widersetzen.

Doch häufig ist die Situation gar nicht so aussichtslos, wie sie auf den ersten Blick erscheint. Auch der Mobber hat seine Schwachpunkte, und der Mobbingbetroffene hat Möglichkeiten, die eigene Ohnmacht zu überwinden. Auch der betriebliche Hintergrund kann Mobbing begünstigen oder im günstigen Fall verhindern helfen. Zur Analyse des betrieblichen Kräftespiels dienen die folgenden drei Schritte der Mobbinganalyse.

### a) Siebter Analyseschritt: Ohnmacht und Stärken des Mobbingbetroffenen

Es kann im Einzelfall sinnvoll sein, Fehler, Versäumnisse, aber auch unverschuldete Schwachstellen des Mobbingbetroffenen etwas genauer anzusehen. Genauer hinsehen soll nicht heißen, daß ihm diese Schwachstellen vorgehalten werden. Vorwürfe und Ratschläge der Art „Sei doch nicht so empfindlich!“ und „Warum hast du nicht dies und das getan?“ hat der Mobbingbetroffene wahrscheinlich schon öfter gehört. Geholfen haben sie nicht, solidarisch sind sie auch nicht.

Den folgenden Analyseschritt sollte niemand stellvertretend für den Mobbingbetroffenen tun. Der Betroffene muß selbst zu der Überzeugung gelangen, daß es sinnvoll ist, die Gründe für die eigene Ohnmacht etwas genauer unter die Lupe zu nehmen. Im besten Fall sollte dieser Analyseschritt von Mobbingbetroffenen und Mobbingbeauftragten gemeinsam durchgeführt werden. Ebenso sinnvoll ist es, daß der Mobbingbetroffene außerhalb der Beratung, z. B. mit einem Therapeuten, versucht, sich über eigene Schwachpunkte klar zu werden und das Ergebnis der Überlegungen wieder in die Mobbinganalyse mit dem Mobbingberater einbringt.

„Macht“ ist nicht einfach etwas, was sich jemand ungefragt genommen hat, sondern auch etwas, was ihm von anderen gegeben oder zugebilligt wurde, wobei diese Macht ganz verschiedene Wurzeln haben kann:

- reale Macht (z. B. Weisungs- und Kündigungsrecht);
- soziale Macht (z. B. ältere Rechte, Verankerung in sozialen Strukturen);
- fachliche Macht (z. B. Erfahrung, Kompetenz, Informationsvorsprung);
- psychologische Macht (z. B. Informationsprivilegien, persönliche Sicherheit, Autorität, Konfliktbereitschaft, Skrupellosigkeit, Gewaltbereitschaft).

Die Ohnmacht eines Mobbingbetroffenen kann einerseits Folge der Macht bzw. des Machtmißbrauchs des Mobbers sein. Es kann sich jedoch zugleich umgekehrt verhalten: Weil sich der Mobbingbetroffene ohnmächtig fühlt und entsprechend verhält, wächst dem Mobber die Macht überhaupt zu. Diesen Gedanken zu akzeptieren, fällt vielen Mobbingbetroffenen schwer. Sie sehen nur Übergriffe und Machtmißbrauch.

Wir wollen den letzten Aspekt vertiefen. Es ist immer wieder erstaunlich, allerdings nur, wenn man nicht selbst betroffen ist, welche verheerende Wirkung banale Alltagsäußerungen haben können. Ein Mobber macht z. B. regelmäßig abfällige Bemerkungen über die angebliche Eigenart der Burgenländer. Eine Arbeitskollegin wird im Laufe eines halben Jahres so mürbe, daß sie trotz breiter Unterstützung im Betrieb fluchtartig den Arbeitsplatz verläßt und kündigt. Der Leser ahnt es: Die Arbeitnehmerin ist zwar nicht eigenartig, aber sie stammt aus dem Burgenland.

Mit sicherem Gespür hatte der Mobber in kurzer Zeit einen Schwachpunkt gefunden, an dem die Feindseligkeit voll zur Wirkung kommen konnte. Die Macht des Mobbers über die Mobbingbetroffene konnte nur deswegen wachsen, weil sich die Mobbingbetroffene selbst in gewissem Maß „angriffswürdig“ fühlte. Als aus dem Burgenland stammend teilt sie mit vielen anderen eine gewisse Unsicherheit gegenüber den historisch erfolgreichen Bewohnern anderer Bundesländer. Sie ist sich nicht sicher, ob sie nicht letztlich doch als Person und Arbeitnehmerin an den Anforderungen scheitern könnte.

Mobber suchen, da sie ja nicht physisch, sondern psychisch angreifen, gewisse gefühlsmäßige Schwachpunkte der Mobbingbetroffenen. Viele Mobbingangriffe treffen auf innere Unsicherheit, Selbstzweifel und Ängste der Mobbingbetroffenen. Die angesprochenen Themen der Mobbingangriffe finden also ein ungewolltes „inneres Einverständnis" bei dem Betroffenen.

**Wichtig!**

Es gibt beim Mobbingbetroffenen häufig ein ungewolltes „inneres Einverständnis" mit dem Inhalt der Angriffe.

Zur Klarstellung sei hinzugefügt, daß wir damit keineswegs behaupten, daß Mobbingbetroffene gemobbt werden wollen, sondern daß sie einige der negativen Botschaften, die der Mobber vorbringt, nicht so einfach von der Hand weisen können. Das wiedergekäute Vorurteil, daß Burgenländer eigenartig seien, kann nur einen Burgenländer verletzen, ein Wiener etwa regt sich über eine derartige Äußerung nicht auf.

**Wichtig!**

Es muß in uns eine Saite mitschwingen, um uns verletzlich zu machen. Angriffe, die uns persönlich nicht betreffen, treffen uns auch nicht.

Was haben Mobbingbetroffene und Berater davon, solche Überlegungen anzustellen? Wir denken, daß sich solche inneren Schwachpunkte nicht kurzfristig abstellen lassen. Vielleicht gelingt es aber dem Mobbingbetroffenen, einen gewissen Abstand zu seiner eigenen Verletzlichkeit zu finden. Der innere Abstand macht die Angriffe nicht friedlicher, aber kann den Betroffenen aus der Unterlegenheit und Defensive herausbringen.

Eine andere Form der Ohnmacht ist es, wenn der Mobbingbetroffene aus unterschiedlichen Gründen meint, er dürfe sich nicht wehren. Dies können moralische Gründe sein, Loyalitätsgründe, Angst vor Mißbilligung durch Dritte. Auch hier sollte einmal gründlicher geprüft werden. Zu den Schwachstellen des Mobbingbetroffenen kann auch der Umstand zählen, daß er unentwegt über die Gründe grübelt, warum ausgerechnet er zur Zielscheibe von Mobbing geworden ist. Immer wieder kommen dieselben Gedanken: „Ich bin doch ein guter Mensch, wieso gerade ich, ich habe doch niemandem etwas getan?" Nicht die Tatsache, daß sich der Betroffene wundert, ist das Problem, sondern daß er über den Zustand des Wunderns nicht hinauskommt und z. B. immer neue Anstrengungen unternimmt, dem Mobber zu zeigen, daß sich dieser völlig zu Unrecht an einem „guten Menschen" vergriffen hat. Gerade die positive Ausstrahlung eines Arbeitskollegen kann für andere eine ungeheure Provokation darstellen und zu Mobbing führen.

Eine weitere Gefahr besteht für Mobbingbetroffene, wenn sie ihr eigenes Wohlergehen zu stark von einer moralischen „Besserung" des Mobbers oder einer symbolischen Geste abhängig machen. Dies ist z. B. der Fall, wenn ein Mobbingbetroffener nur dann wieder an seinen Arbeitsplatz zurückkehren will, wenn sich der Mobber formell bei ihm entschuldigt. Solange sich der Mobber sperrt, bleibt der Mobbingbetroffene sozusagen freiwillig dessen Macht ausgeliefert.

**Wichtig!**

Je stärker der Mobbingbetroffene sein Wohlergehen davon abhängig macht, daß sich der Mobber ändert und bessert, desto stärker wird die Fremdbestimmung und die Abhängigkeit vom Wohlwollen der anderen Seite.

Zur **Gegenmacht des Mobbingbetroffenen** gehört in erster Linie die Mobilisierung sozialer Unterstützung am Arbeitsplatz und außerhalb des Betriebes. Gegenmacht kann auch dadurch erwachsen, daß sich der Mobbingbetroffene der eigenen Schwäche deutlich bewußt wird und mit der eigenen Schwäche konstruktiv umzugehen lernt. Das kann heißen, daß er lernt, seine Schwäche durch gezielte Maßnahmen zu kompensieren. Zur Gegenmacht kann gehören, daß er beginnt, der Aggressivität und

Unverschämtheit des Mobbers eine beharrliche und überzeugende Aufklärungsarbeit im Betrieb entgegenzusetzen, und daß er den Angriffen der anderen zuvorkommt.

## b) Achter Analyseschritt: Macht und Schwachstellen des Mobbers

An dieser Stelle schreiben wir ausnahmsweise über *die* Mobber in der Mehrzahl, weil die Macht der Mobber vielfach in ihrer großen Zahl begründet liegt.

- **Viele Hunde sind des Hasen Tod**

Als Einzelner direkt gegen eine Phalanx von entschlossenen Feinden anzukommen, ist nicht möglich. Dies ist auch nicht sinnvoll. Hier herrscht eine Gruppendynamik, die nur mit massiver Gegengewalt unterdrückt werden kann, und es fragt sich, ob der Sieg, den man eventuell erstreitet, den Preis wert ist, den der betreffende Mobbingbetroffene zahlen muß.

*Leymann* sieht das anders. Mobbing hat seiner Meinung nach nichts mit „Gruppendynamik" zu tun, da es sich um Konflikte in der Arbeitswelt handle. Dort würden klare gesetzliche Vorgaben, eine klare betriebliche Hierarchie und klare Aufgabenstellungen gelten – vorausgesetzt das Management funktioniere. Arbeitsrecht, Arbeitnehmerschutzgesetze, Zivilrecht und Strafrecht seien die Mittel der Wahl. Es sei nur recht und billig, wenn Betroffene auf ihren Rechten **pochen** würden, wie er sagt.

Unseres Erachtens dürfen der Mobbingbetroffene sowie der Betriebsrat natürlich nicht leichtfertig auf Rechte verzichten. Aber erstens darf man nicht vergessen, daß **recht haben** nicht unbedingt auch heißt, sein **Recht zu bekommen**. Zweitens ist genau zu überlegen, welchen Preis der Mobbingbetroffene möglicherweise für einen (juristischen) Sieg zu zahlen hat. Ein juristischer Sieg kann beispielsweise in ein erneutes betriebliches Spießrutenlaufen münden, wenn der Mobbingbetroffene in der gleichen Abteilung weiter arbeiten muß.

In jedem konkreten Einzelfall müssen passende Entscheidungen gefällt werden. In Mobbingkonflikten wird sich öfter der Gegensatz zwischen dem Gebot der Klugheit und dem Wunsch nach Gerechtigkeit oder

Genugtuung auftun. Das bloße Pochen auf Rechten, wie es *Leymann* empfohlen hat, ist eine zu starre Haltung in diesen Konflikten.

**Wichtig!**

Bei Mobbing läßt sich der Wunsch nach Gerechtigkeit nicht immer durchsetzen. Das Gebot der Klugheit weist häufig andere Wege.

Wenn ein Mobbingbetroffener in seinem Betrieb durch unterschiedliche Personen angegriffen wird, ohne daß eine erkennbare Absprache oder Koordination der Mobber zu erkennen ist, dann ist anzunehmen, daß der Mobbingbetroffene sozusagen eine „allgemeine Provokation“ für eine Reihe von Beschäftigten darstellt. Ursache kann eine – in den Augen vieler – unberechtigte Beförderung oder die Einstellung einer nicht von der Belegschaft favorisierten Person sein. Es kann sich aber ebenso um den Ausdruck von Ausländerfeindlichkeit oder anderer weit verbreiteter Ressentiments handeln.

Die Situation von Carola im folgenden Fallbeispiel ist ein Beleg dafür. Solch ein Spießrutenlaufen läßt sich kaum durch das Ansprechen einzelner Mobber beseitigen. Hier könnten eventuell allgemeine Aufklärungsmaßnahmen helfen. Wahrscheinlicher ist es, daß ein kombinierter Einsatz von Aufklärung, Gesprächen und Sanktionen nötig ist, über dessen Erfolg man im voraus nichts sagen kann.

Wieviel Standhaftigkeit man benötigt, um dem Mobbing einer ganzen Belegschaft zu trotzen, zeigt das folgende Beispiel von „Carola“. Juristische Schritte und moralische Belehrung der Belegschaft hätten sehr wahrscheinlich nichts genutzt, denn die Belegschaft fühlte sich moralisch im Recht. Carolas Trümpfe lagen in der richtigen Einschätzung der Lage, in ihrer Beharrlichkeit und in ihrem taktischen Geschick, im entscheidenden Augenblick das Richtige zu tun. Die Lösung des Mobbingkonflikts ist zwar nicht gerecht, Carola nimmt sogar eine finanzielle Einbuße hin, aber sie ist strategisch gelungen und dauerhaft.

## Fallbeispiel „Carola“:

Carola wurde aus ungerechten disziplinarischen Gründen in das Amt B versetzt. Weil sie die Angriffe satt hatte, der sie als Personalvertretungsmitglied ständig im Amt A ausgesetzt war, widersetzte sie sich dieser Maßnahme nicht. Das Amt B lag ganz in der Nähe ihres Wohnorts, was auch wegen ihres schwerkranken Mannes von Vorteil war. Es ergab sich aber das Problem, daß sie für die üblichen Tätigkeiten in Amt B unterqualifiziert und ohne Erfahrung war, aber aufgrund ihrer Dienstjahre und vorherigen Tätigkeit mehrere Gehaltstufen über den meisten Beschäftigten des Amtes B lag. Dies war der Anlaß zu eineinhalb Jahre andauerndem Mobbing. Sehr viele Kolleginnen schnitten sie, gingen aus dem Zimmer, wenn sie kam, wechselten den Tisch in der Kantine usw. Man warf ihr Inkompetenz und Arroganz vor und leitete daraus das Recht ab, Carola in jeder Hinsicht schlecht zu behandeln. Carola hatte sich auf eine gewisse Durststrecke eingestellt, doch damit, daß es so lange dauern würde, hatte sie nicht gerechnet.

Juristisch war dem Verhalten der Kolleginnen nicht beizukommen. Carola hatte sich in weiser Voraussicht eine Gegenstrategie zurechtgelegt. Sie wollte jeweils offen zugeben, wenn sie etwas nicht konnte, und alle Möglichkeiten der Qualifikation nutzen, um dem Standard zu entsprechen. Zunächst war alles vergebens. Allein ihr Büronachbar erkannte den tatsächlich guten Willen von Carola und wandelte sich vom Feind zum heimlichen Verbündeten. Er unterstützte sie fortan moralisch, gab ihr fachliche Tips und warnte sie vor Intrigen (hier zeigt sich wiederum die Bedeutung von menschlicher Unterstützung). Der Umschwung kam erst rund 18 Monate später, als Carola auf eine (wegen des Dienstalters mögliche) Beförderung verzichtete. Erst hier „glaubten“ viele der mobbenden Kolleginnen, daß sich Carola nicht einfach in dem Amt mit hohem Gehalt auf die faule Haut legen wollte, wie es als niederträchtiges Gerücht herumgegangen war. Das Mobbing hörte mit diesem Tag auf.

Leider gab es nur eine einzige Kollegin, die sich bei Carola entschuldigte, und zugab, daß sie sich anfangs in Carola geirrt und ihr zu Unrecht schlechte Motive unterstellt habe. Die anderen gingen ohne Kommentar zur Tagesordnung über – so, als sei nie etwas geschehen.

### • Die Eigendynamik der verschworenen Gemeinschaft

Zu den machtvollen Einflüssen beim Mobbing gehört die Gruppendynamik in einer Gruppe von Mobbern. Der Sündenbock entlastet von eigenen Sünden, lenkt durch das Bild eines äußeren Feindes von inneren Zwistigkeiten ab. Eine erfolgreiche Mobbingattacke hat ja jedesmal den Effekt einer inneren, gefühlsmäßigen Verstärkung und Bestätigung, sowohl für den einzelnen Angreifer als auch für die einverstandenen Zuschauer. Sie sorgt dafür, daß sich informelle Führungspositionen herausbilden. Die gemeinsam durchgeführten Gewaltakte führen dazu, daß niemand so leicht wieder aus der Gruppe aussteigen kann. Jetzt hat jeder „Dreck am Stecken". Ein Nachgeben könnte den Status in der Gruppe gefährden. Ein Ausscheren aus dem Mobbing bringt für jeden einzelnen die Gefahr mit sich, selbst zur Zielscheibe zu werden. Dieses Risiko gehen z. B. auch Unbeteiligte ein, die als Zeugen für den Mobbingbetroffenen auftreten. Hier sind die Mobber nicht nur Täter, sondern zugleich Opfer der von ihnen losgetretenen, aber schwer selbst zu beeinflussenden Dynamik. Hier gezielt Einfluß zu nehmen, dürfte die Möglichkeiten eines Betriebsrats übersteigen. Wenn sich eine solche Gruppe gebildet hat, kann man vielleicht auf den Faktor Zeit setzen (aber damit ist dem Mobbingbetroffenen nicht geholfen) oder es sollte überlegt werden, eine externe Stelle einzuschalten. Häufig müssen hier Machteingriffe und Sanktionen eingesetzt werden.

### • Jeder ist sich selbst der Nächste

Jede Mobbinggruppe, jeder einzelne Mobber hat auch Schwachstellen. Es gibt keine Gruppe ohne feine Risse. Überlegen Sie, welche Rollen es in der Mobbingmeute geben könnte. Wir haben „Wortführer", „Heckenschützen", „graue Eminenzen" und „Mitläufer" gefunden. Wenn Sie die Beweggründe der Mobber herausfinden wollen (siehe Kapitel IX.2), um eventuell hier einen Hebel anzusetzen, dann sollten Sie die zentrale Figur der Mobbinggruppe herausfinden und versuchen, dessen Motive zu ergründen. Die zentrale Figur ist aber nicht unbedingt die, die laut und spektakulär vorgeht. In manchen Mobbingkonflikten agiert eine graue Eminenz im Hintergrund (oder sollte lieber vom „Paten" gesprochen werden?). Er gönnt anderen den Platz auf der Bühne und verfolgt seine Interessen insgeheim. Manche Vorgesetzte gehen in dieser indirekten Weise gegen mißliebige Mitarbeiter vor.

Eine Mobbergruppe ist keine Solidar-, sondern eine Zweckgemeinschaft. Wenn das einzelne Mitglied größeren Schaden als Nutzen daraus zieht, besteht zumindest die Tendenz, sich abzulösen und auszusteigen. Mittels Sanktionen und Öffentlichkeitsarbeit kann der Betriebsrat dafür sorgen, daß sich die Kosten/Nutzen-Rechnung der Mobber zuungunsten des Mobbings ändert. Gezielte Gespräche oder Maßnahmen können eingeleitet werden, um einzelne aus dem Mobbingverbund herauszulösen. Hierbei ist zu bedenken, daß eine Mobbergruppe aus Loyalitäts- und Prestigegründen den gemeinsamen Weg in den Abgrund wählt, wobei sie dann möglichst viele Außenstehende mit ins Verderben reißen möchte.

- **Schwachstellen des einzelnen Mobbers**

Ein einzelner Mobber hat, auch wenn er Vorgesetzter ist, viele Schwachstellen. Man muß nur genau hinschauen. Eine Schwachstelle dürfte sein, daß es die wenigsten kaltläßt, wenn sie mit einem staatsanwaltlichen Ermittlungsverfahren konfrontiert werden. Viele Mobber werden irgendwelche „Leichen im Keller" haben: Pflichtwidrigkeiten, mangelnde Arbeitsleistung usw. Es mag in vielen Fällen reichen, daß der Mobbingbeauftragte diese „Leichen" als Druckmittel ins Spiel bringt, damit das Mobbing eingestellt wird. Doch betreiben Sie keine Denunziation von privaten Dingen, es sei denn, der Mobber betreibt genau dasselbe mit dem Mobbingbetroffenen.

Wer sich die Schwachstellen des Mobbers zunutze macht, ist immer auch der Gefahr ausgesetzt, selbst Mobbing zu betreiben. Die Grenzen sind leider fließend. Sie dürfen keine Erpressung betreiben. Als Mobbingbeauftragter steht Ihre Glaubwürdigkeit im Rampenlicht: Sorgen Sie dafür, daß Sanktionen und Druckmittel zurückgenommen werden, sobald der Mobber glaubwürdig von seinem Tun abläßt.

## c) Neunter Analyseschritt: Betriebliche Hintergründe und Probleme

Dieser Analyseschritt ist ebenso wichtig wie die anderen acht. Wir begnügen uns hier allerdings mit wenigen Zeilen, weil weder aus juristischer noch aus psychologischer Sicht dazu Wesentliches beigetragen werden kann. Was die betrieblichen Hintergründe und Zusammenhänge angeht, sind die Mitglieder der Interessenvertretung die Experten. Schauen Sie sich Ihren Betrieb, seine Organisation und Probleme von verschiedenen Seiten an, und prüfen Sie deren mögliche Bedeutung für Mobbing. Einige Ansatzpunkte sind:

- wirtschaftliche Situation des Betriebes,
- Konkurrenzsituation, Perspektive der Betriebes,
- Rationalisierung, Outsourcing usw.,
- Mängel in der Arbeitsorganisation,
- Unterbesetzung, Überstunden,
- Termindruck, Arbeitshetze,
- Managementprobleme,
- Kompetenzgerangel,
- Fehler bei Umsetzungen und Einstellungen.

## 4. Praktische Mobbing-Analyse an einem Fallbeispiel

In den zurückliegenden drei Abschnitten des IX. Kapitels haben wir neun Schritte zur Analyse von Mobbingfällen vorgestellt. Manchem Leser mag dies zu theoretisch gewesen sein oder er ist skeptisch, daß man daraus wirklich einen Nutzen für die Praxis ziehen kann. Sie sollten jedoch berücksichtigen, daß die Beschreibung des Vorgehens für eine solche Analyse teilweise länger ausfällt, als die einzelnen Schritte selbst dauern. Anhand des folgenden Fallbeispiels „Renate Ebner“ wollen wir nun eine Analyse anschaulich vorführen. Dabei haben Sie sozusagen Gelegenheit zu einer „Probefahrt“.

Sie haben die Chance auf eine eigenständige Analyse des Falles. Dazu lesen Sie die folgende Beschreibung zunächst vollständig durch, nicht aber die anschließende Analyse. Statt dessen beurteilen Sie den Fall selbst, indem Sie Schritt für Schritt vorgehen. Zur Orientierung dürfte die Abb. S. 125 genügen. Machen Sie sich Notizen, und vergleichen Sie abschließend Ihre eigenen Ergebnisse mit unseren Überlegungen zum Fall „Renate Ebner“.

Mobbingbetroffene sind – verständlicherweise – häufig emotional so belastet, daß sie eine nüchtern-distanzierte Analyse nicht vornehmen mögen. Um so wichtiger scheint uns, daß der Mobbingbeauftragte oder eine andere Vertrauensperson den Betroffenen dazu anregt. Auch in der Mobbingliteratur finden sich Beispiele für unzureichende Analysen. So stellt *Huber* ausführlich und differenziert den Leidensweg der Arzthelferin „Britta B.“ vor, die von ihrer dienstalteren Kollegin Frau K. gemobbt wird. Aber bei der Frage nach den Motiven sowie den Mitteln zur Abhilfe sind letztlich nicht nur die Betroffenen, sondern auch die Autorin, obwohl sie den notwendigen Abstand hat, ratlos. *Huber* kommentiert den Fall abschließend wie folgt:

*„Nicht immer ist der Konflikt klar erkennbar, zumindest für das Opfer. Und in manchen Fällen liegt der Konflikt auch wohl ausschließlich in der Person des Täters – wie bei Frau K. Bei ihr scheint die Triebfeder für ihr Verhalten in einem schwer ergründbaren Neid oder einer chronischen Unzufriedenheit gelegen zu haben. Für das Opfer ist es dann um so schwieriger, zum Teil unmöglich, sinnvoll zu handeln."* (Huber, S. 85)

In der Analyse von *Huber* zum Fall „Britta B." fehlt insbesondere, daß die Beobachtungen „gegen den Strich gebürstet" wurden und daß der Versuch unternommen wurde, wirklich einmal „unter die Haut des Mobbers zu schlüpfen". Dabei hätte sich herausgestellt, daß es gerade die guten Seiten des späteren Mobbingopfers waren, welche die Mobberin in heimliche Not stürzten. Das Problem war, daß die neu eingestellte Britta B. die Herzen von Arzt und Patienten im Sturm eroberte und der alteingesessenen, fleißigen, aber nicht gerade leutseligen Arbeitskollegin keinen Platz mehr ließ. Eine richtige Analyse hätte helfen können, die fatale Sie-oder-ich-Situation zu überwinden.

Lesen Sie aber nun zunächst die Schilderung des Falles „Renate Ebner" (der Name ist frei erfunden).

## Fallbeispiel „Renate Ebner":

Renate war mit ihrer Familie aus dem Burgenland in eine Kleinstadt in Niederösterreich gezogen, nachdem beide Eheleute infolge der wirtschaftlichen Situation die Arbeit verloren hatten. Der Mann hatte hier eine auf drei Jahre befristete Anstellung gefunden. Auf eine Annonce der Gemeinde hatte sich Renate um eine Stelle beworben, die zwar weit unter ihrem Qualifikationsniveau lag und ebenfalls befristet war, aber dennoch einen beruflichen Neuanfang bedeuten sollte.

Sie bekam die Stelle als Aushilfskraft in der Stadtbücherei, zu der mehrere Außenstellen in umliegenden Gemeinden gehörten. Für Renate als promovierte Germanistin sollte dies keine unlösbare Aufgabe sein. Auf den Kontakt mit den Lesern und vor allem mit den Kindern freute sie sich sehr.

An ihrem ersten Arbeitstag fand Renate an ihrem Arbeitsplatz am Kundenschalter ein Namensschild mit der Aufschrift „Dr. R. Ebner“ vor. Auch an ihrem eigenen Arbeitsplatz hatte die Leiterin ein offensichtlich neues Namensschild aufgestellt: „Frau Herzog“. Renate wollte jeder unnötigen Förmlichkeit vorbeugen und sagte: „Das mit dem Doktor muß doch nicht sein, für Sie und die Kunden bin ich doch einfach Frau Ebner.“ Frau Herzog wirkte irgendwie unzufrieden, sagte aber nichts mehr dazu. Daraufhin fertigte Renate ein neues Namensschild mit der Aufschrift „Frau Ebner“ an.

Die Einarbeitungszeit verlief problemlos, an die arbeitstechnischen Vorgaben von Frau Herzog konnte sich Renate leicht anpassen, wenn sie auch manches anders gemacht hätte. Aber schnell zeigten sich große Unterschiede sowohl im Umgang mit den Kunden als auch allgemein in der Einstellung gegenüber den Menschen.

In die Kundenberatung durch Frau Herzog floß stets ein belehrender und herrischer Ton ein; Frau Herzog war sich jeweils sehr sicher, welche Bücher für ihre jeweiligen Lesekunden geeignet waren und welche nicht. Da ließ sie auch keinen Widerspruch zu. Renate mußte einräumen, daß Frau Herzog tatsächlich sehr belesen und gut informiert war, aber diese bestimmende Art mit den Kunden sagte ihr überhaupt nicht zu. Sie beriet die Leser freundlich und trotzdem verbindlich und ließ ihnen ihre Vorlieben. So kam es, daß Renate schnell zum „Liebling“ der Leserschaft wurde, besonders in den Außenstellen. Diese waren nur tageweise besetzt, wobei sich die Frauen abwechselten. Es stellte sich alsbald heraus, daß an den Tagen, an denen Renate Dienst hatte, die Außenstelle gut besucht war, während an Frau Herzogs Tagen die Leser zunehmend wegblieben.

Mit besonderer Vorliebe lästerte Frau Herzog über das komische Wesen der Burgenländer und erzählte gerne einschlägige Witze. Offen blieb dabei, ob sie Renate persönlich treffen wollte oder ob sie nur reichlich unsensibel war und sich nicht vorstellen konnte, daß sich Renate angesprochen fühlen mußte.

Unerbittlich war Frau Herzog bei Unordnung, Unpünktlichkeit und Beschädigungen. Besonders wenn Kinder ihre Bücher zu spät zurückgaben oder kleinere Beschädigungen an den Bücher zu finden waren, konnte sie sehr böse werden.

Eines Tages kam eine Mutter, deren Kind ein entliehenes Buch völlig demoliert hatte, mit dem Satz in die Bücherei: „Ich bringe Ihnen heute die Bücher zurück. Eines ist jedoch so kaputt, daß es nicht mehr zu flicken ist. Ich möchte den Schaden natürlich ersetzen, bitte sagen Sie mir, was zu tun ist?“ Anstatt auf die Entschädigungsbereitschaft der Mutter einzugehen, beschimpfte Frau Herzog die Mutter, daß sie ihre Kinder besser erziehen solle, damit diese in Zukunft pfleglicher mit fremdem Eigentum umgingen. Renate versuchte, vorsichtig zu schlichten: „Aber, Frau Herzog, sie will doch den Schaden ersetzen.“ „Ach“, antwortete Frau Herzog, „davon verstehen Sie nichts. Man darf so etwas gar nicht einreißen lassen.“ Und zur Mutter gewandt fuhr sie fort: „Am besten ist es, wenn Sie ihr Kind abmelden, dann gibt es in Zukunft keinen Ärger mehr.“

Ab diesem Zeitpunkt begann eine monatelange Leidenszeit für Renate. Nichts konnte sie Frau Herzog recht machen. Jedes falsch eingestellte Buch, jede verlegte Karteikarte, ein kleiner Schreibfehler auf einem Bestellformular – alles und jedes wurde ihr angelastet. Wenn es nur Kritik gewesen wäre, aber Frau Herzog schrie und tobte wie wild. Gegenargumente überhörte sie.

Renate bemühte sich nach Kräften, jeden erdenklichen Fehler zu vermeiden, um möglichst keinen Anlaß für Kritik zu bieten. Nach Feierabend grübelte sie, ob sie auf der Arbeit auch an alles gedacht hätte. Manchmal fuhr sie abends noch einmal zur Dienststelle, um nachzuschauen, ob alles in Ordnung sei. Ihren Wunsch nach einem Fortbildungsseminar schmetterte Frau Herzog aber mit dem Hinweis auf fehlende Haushaltsmittel ab. Jetzt hielt sie sich mit ihren Beschimpfungen auch dann nicht zurück, wenn Büchereibesucher zugegen waren. Fehler waren natürlich unvermeidlich, zumal sich Renate erst einarbeiten mußte. Renate schämte sich jedoch, weil sie ihre Angespanntheit dafür verantwortlich machte. Stets versuchte sich Renate zu rechtfertigen und zu erklären, wie die Fehler zustande gekommen waren oder warum gar kein Fehler vorlag. Notfalls zauberte Frau Herzog auch irgendwelche Mißstände aus dem Hut, um sie Renate vorzuwerfen.

Renate wurde krank. Magenbeschwerden, Nervosität und Schlafstörungen waren die ersten Symptome ihrer Dauerbelastung. Als sie einen leichten Hörsturz bekam, mußte sie krankgeschrieben werden. Auch dies wurde zum Anlaß für Kritik genommen: „Gerade jetzt, wo so viel zu tun ist, müssen Sie mich im Stich lassen.“ Zwischendurch gab es auch unerwartete Phasen der friedlichen Koexistenz, in denen auch Privates ausgetauscht wurde. Renate konnte nie sicher sein, ob das Klima nicht innerhalb der nächsten halben Stunde umkippen würde. Zu Hause konnte sie nicht mehr abspannen. Ständig kreisten die Gedanken um die Arbeit: „Was ist das bloß, daß sie immer auf mir rumhackt? Sie verhält sich so, als wollte ich ihr die Position abnehmen. Aber das will ich doch gar nicht, ist ja auch unrealistisch. Das ist doch gar nicht meine Art. Ich verstehe das nicht.“

Oft dachte sie selbst, für die Arbeit in der Stadtbücherei ungeeignet zu sein. „Ach Blödsinn, so schlecht wie die Herzog dich macht, kann man gar nicht sein“, versuchte ihr Ehemann sie zu trösten. Immer wieder suchte sie einen Arzt auf, weil sie sich zunehmend krank fühlte. Ihr Ehemann riet ihr, den Job an den Nagel zu hängen. Doch sie wollte nicht aufgeben. Schließlich faßte sie den Entschluß, zum Personalvertreter zu gehen. Ganz wohl war ihr bei dem Gedanken nicht, weil sie fürchtete, daß ihr niemand glauben würde. Doch der Personalvertretungsvorsitzende Volker Veith zeigte großes Verständnis, hörte geduldig zu und versprach, mit der Personalchefin Frau Oberlin zu sprechen. Diese war aber erst neu in der Behörde und konnte sich zunächst nicht zum Eingreifen entschließen. Es kam in der Folge zu mehreren Telefonaten und kurzen Gesprächen mit Volker, durch die sich Renate moralisch aufgebaut fühlte. Zwischenzeitlich hatte jedoch ein Gespräch zwischen Frau Oberlin und Frau Herzog stattgefunden, worüber aber nichts nach draußen gelangte. Aus bissigen Bemerkungen von Frau Herzog konnte Renate entnehmen, daß Frau Herzog von der Beschwerde erfahren hatte. „Nun denken Sie, daß Sie bald Ihr Ziel erreicht haben, was? Aber so leicht werden Sie mich nicht los, das garantiere ich Ihnen.“

Die Situation wurde nicht besser. Andererseits konnte Renate auch zunehmende Unterstützung spüren: Beschäftigte, die sie teilweise gar nicht kannte, riefen an oder kamen vorbei, um ihr Mut zuzusprechen. Schließlich beschwerte sich Renate selbst bei Frau Oberlin und drohte damit, daß sie kündigen würde, wenn es sich nicht bald bessert.

Es fand daraufhin ein Gespräch zwischen Herzog, Ebner, Oberlin und Veith statt. Frau Herzog übernahm geradeheraus die Initiative und sagte: „Es ist mir ja klar, warum wir hier sitzen. Ich stelle auch gar nicht in Frage, daß Frau Ebner manchmal von mir kritisiert wird. Aber so leid mir das tut, das war auch jedesmal berechtigt. Wir stehen schließlich mit einer Bücherei im Rampenlicht, da kann es nicht zugehen wie in einem Saustall. Es muß alles seine Ordnung haben. Frau Ebner bemüht sich ja redlich, aber vieles macht sie einfach nicht gut genug. Ich weiß also nicht, was das hier soll."

Renate schilderte die Begebenheiten noch einmal aus ihrer Perspektive und forderte ein Ende der Beschimpfungen. Volker Veith sprach an, daß man von einer neuen Mitarbeiterin keine Wunder verlangen dürfe und daß Frau Herzog doch selber vor etlichen Jahren ohne Ausbildung in der Stadtbücherei angefangen hätte. Renate freute sich sehr darüber, daß Herr Veith sie so klar unterstützte und mit dem Argument entlastete, daß man von neuen Kollegen nicht alles verlangen könne. Die Personalchefin äußerte sich zwar auch prinzipiell gegen Mobbing, meinte aber wohl, sich kein endgültiges Urteil erlauben zu können. Sie appellierte lediglich an beide Seiten, obwohl sie nur Frau Herzog meinte, mit mehr gegenseitigem Verständnis zusammenzuarbeiten.

Frau Herzog wirkte nicht sichtlich beeindruckt, und die Sitzung wurde ohne offizielles Ergebnis beendet. In den folgenden Wochen war aber eine deutliche Zurückhaltung von ihrer Seite zu bemerken. Nach den Schulferien ergab sich eine hohe Arbeitsbelastung, weil haufenweise Bücher zurückgegeben wurden und zudem eine Revision des Buchbestandes durchgeführt werden sollte. Nun kam es wieder häufiger zu Meckereien und Schimpftiraden. Renate wurde langsam mürbe. Eines Tages kam Frau Herzog wutentbrannt von einer Außenstelle in die Bücherei und forderte Renate auf, sofort mit ihr dorthin zu fahren, um sich die „Schweinerei" anzusehen, die sie dort beim letzten Dienst hinterlassen hätte. Die Schweinerei bestand aus nichts weiter als aus Radiergummiresten auf dem Schreibtisch, Reste vom Bleistiftspitzen im Papierkorb und einigen Büchern und Karteikarten, die noch nicht abgearbeitet waren. Frau Herzog tobte: „Das lasse ich mir nicht gefallen. Ich habe das hier in Jahren aufgebaut, und Sie machen mir mit Ihrer schlampigen Arbeit alles zunichte. Sie sind offenbar zu blöd für die einfachsten Sachen, da hilft Ihnen Ihr Doktortitel auch nicht." In dieser Form ging es noch eine Weile weiter. Als Renate schließlich tränenüberströmt auf das Ende der Tirade wartete, setzte Frau Herzog noch einen letzten Hieb obenauf: „So, das wollte ich Ihnen noch einmal in aller Deutlichkeit sagen! Jetzt können Sie sich meinetwegen beim Bürgermeister oder sonstwo beschweren gehen. Mir ist das völlig egal."

Renate verließ die Außenstelle, fuhr mit dem Taxi zur Gemeinde, ging zum Personalbüro und verlangte dort die sofortige Beendigung des Beschäftigungsverhältnisses im gegenseitigen Einvernehmen. Nur mit Aufbietung aller Argumente war sie von diesem Schritt abzuhalten. Sie wurde daraufhin vorübergehend beurlaubt.

### Erster Analyseschritt

Die wichtigste Voraussetzung für die gesamte Analyse, das Zusammentragen der Geschehnisse, ist hier durch die vorliegende ausführliche Falldarstellung bereits erfüllt.

- *Bedingungen/Hintergründe der Angriffe:* Im Dienst, gelegentlich im Beisein von Büchereibesuchern.
- *Ziel, Art der Angriffe:* Stets wurde die Person Renate angegriffen, einmal indirekt durch herablassende Bemerkungen über Burgenländer, zum anderen direkt in Form ständiger und heftiger Kritik, Anschreien, Keine-Widerrede-Zulassen, Beleidigung, Abkanzelung und durch das Aufbauschen kleiner Fehler.
- *Anlässe:* Bestimmte Anlässe waren nicht zu erkennen. Es ging sehr häufig konkret darum, daß Renate die ihr zugeteilte Arbeit nicht ab-

solut exakt, fehlerfrei, termingerecht und ohne Rückstände erledigt hat. Die Kritik war jedoch inkonsequent, d. h. nicht jedesmal erfolgte die heftige Kritikform, wenn Frau Herzog einen Fehler oder scheinbaren Fehler Renates bemerkte. Manchmal wurden dagegen Fehler aus dem Hut gezaubert, z. B. falsch gestellte Bücher.

- *Gefühle:* Bei Renate stellte sich ein Gefühl der Furcht vor den spontanen Ausbrüchen von Frau Herzog ein. Für tatsächliche Fehler schämte sie sich. Ebenso verspürte sie Ärger und Empörung wegen der ungerechten Behandlung. Diese Gefühle unterdrückte sie jedoch. Zusammenfassend rührten die barsche Kritik bei Fehlern und die verachtenden Äußerungen gegenüber Burgenländern etwas in Renate an, nämlich eine gewisse Unsicherheit, ob sie mit ihrer burgenländischen Abstammung dem Arbeitsleben in anderen Bundesländern überhaupt gewachsen sei. Die herrische Art von Frau Herzog, deren Position als Vorgesetzte, und die Tatsache, daß sie berufsfremd und neu war, gaben ihr offenbar das Gefühl der Unterlegenheit.
- *Unterstützung:* Am Arbeitsplatz ist Renate allein mit Frau Herzog. Der Vorsitzende der Personalvertretung gibt ihr starke Rückendeckung und setzt sich auch praktisch ein. Der Ehemann unterstützt sie moralisch. Das Kräfteverhältnis am Arbeitsplatz ist 1 : 1, wobei Frau Herzog psychologisch bessere Karten hat, während im Betrieb die Sympathien eindeutig zugunsten von Renate verteilt sind.
- *Beweise und abschließendes Urteil:* Die Erläuterungen von Renate sind glaubhaft und insofern unstrittig, als Frau Herzog im Gespräch die Kritik an ihr sogar bestätigt. Es handelt sich um Mobbing. Frau Herzog mobbt; Frau Ebner ist die Mobbingbetroffene.

## Zweiter Analyseschritt

Versuchen wir nun, die geschilderten Beobachtungen gegen den Strich zu bürsten. Das bedeutet, auf die Details zu achten, Widersprüche wahrzunehmen und kleine Merkwürdigkeiten tatsächlich merkwürdig zu finden.

- *Was ist nicht geschehen?* Frau Herzog hat nicht versucht, Renate bei anderen Beschäftigten oder der Verwaltung schlechtzumachen, d.h. sie hat zwar Renate als Person angegriffen, aber nicht die sozialen Bezüge und das Ansehen. Ahnte sie, daß sie damit nicht durchkommen würde? Frau Herzog hat nicht versucht, Renate lächerlich zu machen, die Angriffe waren eher verbissen und aggressiv.

- *Fehlende oder nicht versuchte Gegenmaßnahmen:* Renate Ebner hat sich nicht vorgenommen, jedes Anschreien mit gleicher Münze zurückzuzahlen und sich das Anschreien energisch zu verbitten. Ein klarer „Forderungskatalog“ an Frau Herzog wurde nicht vorgetragen. Eine verbindliche Regelung für den Umgang wurde von seiten der Personalleiterin nicht vorgeschlagen.
- *Fehlende Unterstützung:* Es fehlte eine klare Verfahrensregelung für den Fall, daß es wieder zu Schreierei/Meckerei durch Frau Herzog kommen würde.
- *Unterschätzte Wirkung:* Frau Herzog hat sich zwar äußerlich unbeeindruckt gezeigt, aber das längerdauernde Ausbleiben von Kritik und anderen Attacken zeigt, daß das Gespräch und die Beschwerde dennoch Wirkung hatten.
- *Mögliche Probleme der Mobberin:* Es scheint für Frau Herzog nicht ganz unproblematisch zu sein, daß Renate einen Doktortitel trägt. Ein Indiz für diese Vermutung ist, daß sie zum Zeitpunkt der Arbeitsaufnahme durch Renate neue Namensschilder aufstellt, bei denen das „Dr.“ ausdrücklich herausgehoben ist. Ein zweites Indiz ist die bissige Bemerkung, daß Renate trotz ihres Doktortitels zu blöd zum Arbeiten sei. Diese Bemerkung fällt auf, weil Renate überhaupt nicht mit ihrem Titel hausieren geht, sondern ihn quasi zugunsten eines guten Arbeitsklimas versteckt.

  Die Verbissenheit, mit der die formale Ordnung verteidigt wird, ist ebenso bemerkenswert wie die Bestimmtheit, mit der Frau Herzog den Benutzern der Bücherei gegenübertritt, wenn es um Auswahl und Empfehlung von Büchern geht.

  Herr Veith liefert fast beiläufig eine Information, die zum Verständnis des Mobbings sehr wichtig sein könnte, nämlich daß Frau Herzog selbst keine Ausbildung zur Bibliothekarin hat, aber trotzdem eingestellt wurde und sich demzufolge erst im nachhinein qualifizieren konnte. Zudem äußert sie einmal: „So leicht werden Sie mich nicht los!“ Das könnte darauf schließen lassen, daß sie insgeheim Renate doch als Konkurrentin fürchtet.

### Dritter Analyseschritt

Welche positiv formulierten Forderungen könnten an Frau Herzog gestellt und welche positive Zukunftsvision ihrer Zusammenarbeit könnte entwickelt werden?

- Wir erwarten, daß Sie als Leiterin Frau Ebner in ihren Arbeitsbereich gut einführen.
- Wir erwarten von Ihnen Führungsqualitäten und Einfühlungsvermögen. Sie müssen u. a. berücksichtigen, daß eine neue Kraft Zeit braucht, um sich einzuarbeiten. Die Amtsleitung macht Ihre dienstliche Beurteilung davon abhängig, wie gut Sie diese Anforderung erfüllen.
- Wir erwarten von Ihnen konstruktive Mitarbeiterführung. Kritik soll stets sachlich sein, persönliche Angriffe darf sie nicht enthalten (Beispiel …). Wir erwarten von Ihnen, daß Sie an einer Schulung zur Mitarbeiterführung teilnehmen, und von dem Dienstherrn, daß er dies ermöglicht.
- Schimpfen und Anschreien sind keine akzeptable Form des Umgangs. Diese müssen in Zukunft unbedingt unterlassen werden.
- Herabwürdigende Aussagen über Burgenländer sind eine Respektlosigkeit gegenüber Frau Ebner. Sie müssen ebenfalls unterlassen werden.

**Vierter Analyseschritt**

In die Haut des Mobbers schlüpfen lautet die Devise des vierten Schritts. Man kann sich dabei natürlich vollständig irren oder – im Extremfall – nichts finden. Was „sehen" wir im Fall von Frau Herzog?

Direkt zu beobachten ist, daß Frau Herzog ihre neue Arbeitskollegin Renate nicht leiden kann, daß sie ihr ständig Fehler nachweist und diese dann heftig kritisiert, wobei sie keine Rücksichtnahme kennt. Allerdings geht Frau Herzog auch mit Büchereibesuchern in ähnlicher Weise bestimmend und unnachgiebig um. Renate Ebner als Person ist wahrscheinlich gar nicht so angegriffen, wie sie es selbst empfindet. Es scheint eher so, daß jeder, der nicht „spurt", von Frau Herzog heftig und moralisierend kritisiert wird. Zu beobachten ist weiterhin, daß Frau Herzog ausgesprochen aufgabenorientiert und dabei offensiv ist (vgl. Abb. S. 138). Was mit den Menschen ist, die in die Bücherei kommen oder die mit ihr arbeiten, interessiert sie nicht besonders; wichtig ist vor allem der perfekte Ablauf der Arbeitsorganisation. Man kann sie dem Typ des „Machers" zuordnen. Wenn der Macher in seiner Aufgabenerfüllung behindert wird, schlägt sein Vorgehen leicht in Tyrannei um.

Andererseits verhält sich Frau Herzog perfektionistisch und pedantisch. Dies spricht für eine frustrierte „Meisterin". Perfektionisten sind aber defensiv-aufgabenorientierte Menschen, was der eben gemachten Feststellung zu widersprechen scheint. Sie geht zwar offensiv mit Kunden und der Mitarbeiterin um, aber der defensive Zug dürfte in ihrer fehlenden beruflichen Qualifikation liegen. Mit der beruflichen Meisterschaft ist es bei ihr jedoch nicht so weit her. Einige notwendige Fertigkeiten muß sie sich im Selbststudium angeeignet haben. Viele Verfahren zur Führung der Bücherei wirken „selbstgestrickt".

Uns scheint, daß Frau Herzog deswegen quasi allergisch auf den Doktortitel reagiert, weil er für sie eine höhere Kompetenz signalisiert. Durch ständige Kritik versucht sie, die Kompetenz der „Frau Doktor" zu demontieren. Sie äußert zwar nur einmal, daß sie fürchtet, durch die Neue ersetzt zu werden, aber dies könnte ein neuralgischer Punkt sein. Renate Ebner hat zwar keine derartigen Absichten, aber in Frau Herzogs Phantasie könnte die Situation demgegenüber durchaus anders aussehen:

- Frau Ebner will mir meinen Job streitig machen. Sie hat einen Doktor in Germanistik, das könnte dem Dienstherrn als Qualifikation reichen. Schließlich hat man mich ja damals auch ohne entsprechende Ausbildung genommen.
- Man kann mich zwar nicht kündigen, könnte mich aber umsetzen. Beliebt bin ich scheinbar sowieso nicht, denn seit Jahren weigern die sich, meine Stundenzahl zu erhöhen.
- Die Büchereibenutzer gehen lieber zu ihr als zu mir. Das liegt nur daran, weil sie es ihnen leicht macht und sie ihnen alles durchgehen läßt. Die Beliebtheit könnte sich aber zu meinem Nachteil bis hin zum Dienstherrn durchsprechen.
- Frau Ebner will die Bücherei umkrempeln. Was ich mir in Jahren aufgebaut habe, soll nun einfach wertlos sein. Wo bleibt die Anerkennung für mich?

### Fünfter Analyseschritt

Wie könnte die *gegenwärtige* Kosten/Nutzen-Rechnung von Frau Herzog aussehen (s. Abb. Seite 164)?

### Sechster Analyseschritt

Im sechsten Analyseschritt fragen wir nach der *alternativen* Kosten/Nutzen-Rechnung, der auch die Mobberin zustimmen könnte (s. Abb. Seite 165).

## Siebter Analyseschritt

Die Achillesferse von Renate Ebner liegt möglicherweise in ihrer burgenländischen Abstammung und sicherlich in ihrem eigenen Perfektionsanspruch. Hier ist sie durch Bemerkungen von Frau Herzog zu verletzlich, weil sie *be*troffen bzw. unsicher ist, ob nicht doch etwas dran sein könnte. Die Bemerkung des Personalvertretungsvorsitzenden Veith, daß man von einer neuen Kraft keine Wunder erwarten dürfe, hat Frau Herzog kaum beeindruckt. Aber für Frau Ebner bedeutete diese Aussage eine sehr große Erleichterung. Das zeigt ebenfalls, daß sie von sich selbst doch „Wunder“ erwartet hatte und sich dementsprechend die Kritik von Frau Herzog über alle Maßen zu Herzen genommen hat. Als Untergebene ist Frau Ebner zunächst natürlich in einer schwächeren Position, zudem ist sie neu und hat weniger Erfahrung.

Zu den Stärken von Renate Ebner gehören, daß der Personalvertreter hinter ihr steht, die Personalabteilung zwar unentschlossen ist, aber die Sympathie zu ihren Gunsten wächst. In der Belegschaft erfreut sich Renate wachsender Unterstützung, allerdings hilft ihr das nicht unmittelbar am Arbeitsplatz. Viele Büchereibenutzer bevorzugen sie persönlich und haben ihr zu verstehen gegeben, daß sie mit ihr solidarisch sind. Das Kräfteverhältnis am Arbeitsplatz ist 1 : 1, wobei Renate mit wachsender betrieblicher Unterstützung rechnen kann. Prinzipiell müßte es demnach für Renate möglich sein, den Angriffen von Frau Herzog standzuhalten bzw. die Verhältnisse zu verändern.

Zur Kompensation der Schwachstellen könnte Frau Ebner mit Mitarbeitern anderer Stadtbüchereien zusammenkommen, um Informationen über Arbeitsabläufe und einen Einblick für die Anforderungen an Hilfskräfte in diesem Bereich zu bekommen. Außerdem könnte die Teilnahme an einem Rhetorikseminar sinnvoll sein.

## Achter Analyseschritt

Die Macht von Frau Herzog besteht vor allem darin, daß sie in der unmittelbaren Konfrontation mit Renate Ebner die Oberhand behält, weil sie lauter und entschiedener ist und ungehemmt erst einmal Vorwürfe austeilt und Renate von vornherein in die Defensive redet. Zu den Pluspunkten gehört, daß sie die Bücherei seit vielen Jahren leitet und entsprechende Erfahrungen hat. Zu ihrer Macht im Rahmen der Stadtverwaltung gehört aber auch ihr Ruf, eine schwierige Person zu sein, weil sich kaum einer traut, eine Auseinandersetzung mit ihr zu führen.

## Aktuelle Kosten/Nutzen-Rechnung von Frau Herzog

„Was hätte ich davon,
wenn ich nett und freundlich zu Frau Ebner wäre?“

☺☺☺

**Erwartete Vorteile:**

- Keine Gespräche mehr mit der Leiterin der Personalabteilung oder dem Personalrat;
- positive Meinung über mich in der Bücherei, in der Verwaltung und bei den Büchereibesuchern.

☹☹☹

**Erwartete Nachteile:**

- Man hätte keinen Respekt mehr vor mir;
- ich hätte mich ins Unrecht gesetzt;
- die Bücherei läuft „schlurig“;
- Renate läuft mir bei den Lesern den Rang ab;
- meine Aufbauleistung wird geschmälert;
- ich muß weiter fürchten, daß die Ebner meinen Platz einnehmen könnte.

Ihre Schwäche liegt darin, daß sie keine qualifizierte Ausbildung hat. Sie ist unfähig zur Personalführung. Es gab auch gelegentlich Beschwerden von Büchereibesuchern über sie. Der Dienstherr müßte klare Dienstanweisungen bezüglich der Personalführung erteilen, wobei entsprechend dem 6. Analyseschritt eine „Einladung“ an Frau Herzog formuliert werden sollte. Zu den wirksamen Druckmitteln könnte gehören, daß jede neue Beschwerde von Renate unmittelbar zu einem Gespräch mit dem Dienstherrn und der Personalvertretung führt, daß Frau Herzog einen Teil ihres Aufgabenbereichs (Außenstellen) verliert, um eine Trennung der Arbeitsbereiche zu erreichen, und schließlich, daß wiederholtes Mobbing zu Sanktionen führen wird.

## Alternative Kosten/Nutzen-Rechnung für Frau Herzog

| ☺☺☺ | ☹☹☹ |
|---|---|
| **Mögliche Vorteile:** | **Mögliche Nachteile:** |
| – Mein Arbeitsplatz ist sicher; | – Es läuft nicht alles so, wie ich will; |
| – meine Position ist ungefährdet; | – ich muß mich mit Frau Ebner arrangieren; |
| – mein Engagement für die Bücherei wird grundlegend anerkannt; | – man denkt, ich hätte überzogen reagiert; |
| – Gelegenheit zur Fortbildung; | – wenn ich wütend werde, muß ich mich zurückhalten; |
| – als kompetente Leiterin anerkannt; | – Zwang zur Fortbildung. |
| – kein Ärger mit dem Dienstherrn. | |

### Neunter Analyseschritt

Die Personalvertretung müßte konsequent daran arbeiten, den Dienstherrn davon zu überzeugen, daß Mobbing vorliegt und daß die Duldung von Mobbing dem Image und der Funktionsfähigkeit der Stadtverwaltung abträglich und moralisch nicht zu dulden ist.

# X. Eingreifen in einen Mobbing-Konflikt
## (Mobbing-Intervention)

In der Beratung darüber, wie im konkreten Mobbingfall Abhilfe geschaffen werden soll, sind der Mobbingbetroffene und der Mobbingbeauftragte gleichberechtigte Partner. Gegen das ausdrückliche Veto eines Betroffenen soll und kann der Betriebsrat nicht handeln. Aber in der betrieblichen Umsetzung der Gegenmaßnahmen muß der Betriebsrat aufgrund seiner strategischen und rechtlich abgesicherten Position federführend sein.

In diesem Kapitel ist deswegen wiederum in erster Linie der Mobbingbeauftragte des Betriebsrats angesprochen, der von einem Mobbingbetroffenen um Hilfe gebeten wurde, und nun in das Geschehen aktiv eingreifen will. Wir setzen in der weiteren Darstellung voraus, daß bereits einige Beratungsgespräche stattgefunden haben, daß eine ergiebige Mobbinganalyse vorliegt und daß zwischen dem Mobbingbetroffenen und dem Mobbingbeauftragten ein Vertrauensverhältnis entstanden ist. Wir setzen weiter voraus, daß der Betriebsrat die erforderlichen Schritte mittragen wird.

Prinzipiell stehen bei Mobbing **fünf Wege zur Konfliktbehandlung** (Intervention) offen:

1. Konfliktbearbeitung bzw. Supervision durch externe Experten;
2. persönliche Gegenwehr des Mobbingbetroffenen;
3. Schlichtungsversuch des Betriebsrats;
4. Konfliktbereinigung/Machteingriff durch Vorgesetzte;
5. juristische Maßnahmen.

Wenn wir von „Mobbingintervention" sprechen, dann meinen wir damit unmittelbares Eingreifen in einen akuten Fall. Nicht gemeint sind: allgemeine Aufklärungsmaßnahmen, der Abschluß einer Betriebsvereinbarung oder die Beratung und moralische Unterstützung eines Mobbingbetroffenen.

Auf die Möglichkeit der Konfliktbearbeitung und Supervision durch externe Experten gehen wir nicht weiter ein. Sie wären bei unübersichtlichen oder sehr verbitterten Auseinandersetzungen empfehlenswert, sind aber häufig nicht durchsetzbar. Zum Einsatz von externen Experten (Konfliktberater, Personalberater, Supervisoren) kommt es grundsätzlich nur, wenn das Management ein eigenes Interesse daran hat oder wenn es dazu verpflichtet werden kann. Die ablehnende Haltung liegt zum Teil an den Kosten, zum Teil aber auch am Unwillen, einen Teil der eigenen Entscheidungsfreiheit in die Hände von Externen zu legen. Die vier übrigen Interventionsmöglichkeiten werden in den folgenden Abschnitten besprochen.

Beim Versuch, Mobbingkonflikte zu lösen, muß mit Überraschungen gerechnet werden, denn „Gefühle wiegen in Konflikten meist schwerer als rationales Denken, vor allem dann, wenn es zu Gewalttätigkeiten gekommen ist", wie die amerikanischen Konfliktexperten *Fisher, Kopelman* und *Kupfer-Schneider* schreiben (*Fisher* u. a., S. 33). Dieser Hinweis gilt für Mobbingkonflikte, in denen weniger physische, aber hinreichend psychische Gewalt ausgeübt wird. Es sind aber nicht nur unliebsame Überraschungen zu befürchten. Es können auch positive Situationen entstehen, wenn sich z. B. eine völlig verfahrene Situation plötzlich „in Luft auflöst" (ohne daß man genau sagen könnte, wie es dazu kam) oder ein leichter Durchbruch dort erreicht wird, wo mit massivem Widerstand zu rechnen war.

**Wichtig!**

Ein einmaliger Kraftakt hilft gegen Mobbing (meistens) nicht.

Das erfolgreiche Eingreifen in Mobbingprozesse beruht nur ausnahmsweise auf einmaligen Kraftakten (Machtwort, Kündigungsdrohung, Versetzung, einmaliges klärendes Vier-Augen-Gespräch). Wird einem einzelnen uneinsichtigen Mobber gekündigt, ist das Mobbing mit großer Wahrscheinlichkeit erfolgreich beendet. Zugleich beinhaltet es eine überzeugende Warnung an eventuelle Nachahmer. Wird hingegen einem Mitglied einer Mobbergruppe gekündigt, kann eine Beendigung des Mobbings eintreten, weil keiner der nächste sein will. Aber auch eine ungewollte Eskalation des Konflikts kann unter bestimmten Umständen das Ergebnis des Kraftaktes sein. Es sind viele Mobbingfälle bekannt, in denen die einmalige gutgemeinte Intervention eines Vorgesetzten nur kurzfristig oder gar nicht hilfreich war.

# 1. Zielsetzung des Eingreifens

Menschen, die unter akuten Mobbingangriffen leiden, äußern bevorzugt die folgenden Wünsche:

- „Es“ soll aufhören!
- Alle sollen sehen, was für ein schlechter Mensch der Mobber ist.
- Der Mobber soll „in der Hölle schmoren“.

Diese Wünsche haben allerdings nicht die Qualität konkreter Ziele. Das ist ein Ergebnis der psychischen Überlastung und Hilflosigkeit der Betroffenen. Zur Überwindung eines Mobbingkonflikts ist jedoch Klarheit des Denkens und des Handelns erforderlich, die im Zusammenspiel von Betroffenem und Beratungsperson entwickelt werden muß. Nur durch die Aufstellung klarer Handlungsziele läßt sich prüfen, ob diese erstens überhaupt realistisch und zweitens, welche konkreten Wege zur Verwirklichung dieser Ziele zu beschreiten sind. Schließlich läßt sich drittens eine Erfolgskontrolle nur anhand konkreter Ziele durchführen. Allzu häufig wird das Gefühl, moralisch auf der richtigen Seite zu stehen, als ausreichende Handlungsgrundlage angesehen. Das ist ein folgenschwerer Irrtum. Diffuse Wünsche, auch wenn sie menschlich sympathisch sind, werden auch nur zu diffusen, letztlich unbefriedigenden Ergebnissen führen.

Mit Hilfe des dritten Analyseschritts (vgl. Kapitel IX.1) kann diese Zielbestimmung vorbereitet werden. Gewöhnlich betrachtet man Probleme aus der jeweils „heutigen“ Sicht der gegebenen Situation. Wir möchten Ihnen empfehlen, sich den Mobbingkonflikt auch einmal aus der Zukunftsperspektive anzusehen, also vom Ende her. Versuchen Sie, sich einmal in der Phantasie die gewünschte betriebliche und persönliche Situation des Betroffenen, des Mobbers sowie des Umfeldes für die Zeit nach der Beendigung des Mobbings vorzustellen. Welche Wünsche des Mobbingbetroffenen sollten auf jeden Fall erfüllt sein, welche gegebenenfalls, was ist realistisch umsetzbar? Aus dieser gedanklichen (und gefühlsmäßigen) Perspektive lassen sich dann Handlungsschritte für die Umsetzung dieser Zukunftsvision in der Gegenwart erarbeiten.

In der Abb. Seite 170 sind verschiedene „Endergebnisse“ von mehr oder weniger erfolgreichen Eingriffen in Mobbingkonflikte aus unterschiedlichen Betrieben und Dienststellen zusammengestellt. Wir möchten keine Empfehlungen aussprechen, sondern wollen Ihnen die Gelegenheit geben, sich durch die Vielfalt der Möglichkeiten inspirieren zu

## Mögliche Ergebnisse einer erfolgreichen Mobbing-Intervention

**1. Auflösung des Konflikts** z. B. durch

- offene Einsicht des Mobbers, offizielle Entschuldigung
- verschämte Einsicht des Mobbers, Ende ohne offene Erklärungen
- erfolgreiche Schlichtung, gegenseitiges Verständnis und Respekt
- Aussöhnung, Ausräumen von Mißverständnissen und Vorbehalten

**2. Versachlichung des Konflikts** z. B. durch

- Umwandlung des personenbezogenen Mobbings in einen Sachkonflikt

**3. Veränderung des Kräfteverhältnisses** z. B. durch

- einhellige Mißbilligung von Mobbing im Betrieb
- wirkungsvolle persönliche Gegenwehr des Betroffenen
- „Immunisierung" des Betroffenen gegen die Angriffe
- offene Solidarisierung von Arbeitskollegen mit dem Betroffenen

**4. Erfolgreiche Unterdrückung weiterer Mobbingangriffe** z. B. durch

- Öffentlichkeitsarbeit (z. B. Bloßstellen der Mobbingangriffe)
- Kritik und Verwarnung durch Vorgesetzte oder Arbeitgeber
- Androhung oder Durchführung von betrieblichen Sanktionen
- Androhung oder Einleitung juristischer Maßnahmen

**5. Trennung der Konfliktparteien** z. B. durch

- Versetzung des Mobbers (bzw. „Rädelsführers" einer Gruppe)
- Versetzung (auch Beförderung) des Mobbingbetroffenen
- das „Aus-dem-Schußfeld-Nehmen" des Mobbingbetroffenen
- Trennung durch Versetzung beider Konfliktparteien

**6. Nachhaltige Bestrafung des Mobbers** z. B. durch

- betriebliche Sanktionen (z. B. Betriebsbuße)
- erfolgreiche juristische Schritte
- soziale Verurteilung des Mobbers im Betrieb
- soziale Ausgrenzung des Mobbers im Betrieb (Vorsicht: Gegenmobbing!)

lassen. Diese Vorschläge schließen sich keineswegs gegenseitig aus, sondern können – je nach der betrieblichen und persönlichen Situation – kombiniert werden. Zu beachten ist allerdings, daß manche dieser angesprochenen Lösungen durchaus eine problematische Seite haben mögen und nur für den speziellen Einzelfall geeignet sein können.

Wenn wir einerseits die Wichtigkeit von konkreter Zielbestimmung betonen, so möchten wir andererseits vor allzu starrer Fixierung auf ein einmal festgelegtes Ziel warnen! Auf das Problem erstarrter Erwartungen kommen wir auch in Kapitel X.6 zurück. Die Kunst besteht auch hier in der Flexibilität (nicht zu verwechseln mit Beliebigkeit!) und in der Entwicklung von unterschiedlichen Alternativen.

Eine grundsätzliche Bemerkung zu den Möglichkeiten und Grenzen des Eingreifens in einen Mobbingkonflikt: Es läßt sich gut vorbereiten und planen, *wie* man eingreifen will. Ebenso hilfreich ist es zu wissen, was man letzten Endes will. Wir appellieren eindringlich, jeden Schritt gut vorzubereiten. Im Gegensatz zum spontanen, emotionsgeleiteten Vorgehen wird es sich langfristig für Sie auszahlen, wenn Sie den Sachverhalt gut durchschauen und wenn Sie konkrete Vorstellungen, Forderungen sowie Handlungsalternativen entwickelt haben.

Trotz guter Vorbereitung und klarer Ziele dürfen Sie jedoch nicht davon ausgehen, daß Sie dadurch bestimmen oder gar erzwingen könnten, *was* als konkretes Ergebnis ihres Eingreifens im Endeffekt *herauskommt.* Das liegt daran, daß die Gefühle, Motive, Gedanken und Taten der Beteiligten (insbesondere die der Mobber) grundsätzlich nicht vorherbestimmt werden können. Die Lösung von Mobbingkonflikten läßt sich eben nicht wie das Abschießen einer Kanonenkugel – zielen, schießen und (hoffentlich) treffen – bewerkstelligen. Zur Beschreibung des notwendigen Problemlösungsverhaltens ist vielmehr das Bild einer Weltraumsonde geeignet, deren Flugroute ständiger Kontrolle und Nachsteuerung bedarf, damit sie ihr Ziel erreichen kann. Je genauer Ihre Zielbestimmung und Analyse des Mobbingkonflikts ist, um so besser können Sie im Bedarfsfall jeweils nachsteuern. Nur so läßt sich verhindern, daß Sie nach dem Scheitern eines Plans völlig frustriert und handlungsunfähig werden, weil sich beispielsweise die ausgesprochene Kündigung eines Mobbers überraschend als unwirksam erwiesen hat.

## 2. Zehn Eckpunkte für ein erfolgversprechendes Eingreifen in Mobbing-Konflikte

- **Beginnen Sie mit einem tragfähigen Arbeitsbündnis**

  Zwischen dem Berater und dem Mobbingbetroffenen muß ein Arbeitsbündnis begründet werden. Einigen Sie sich auf das grundlegende Vorgehen und die Ziele. Sprechen Sie die geplanten Maßnahmen miteinander ab. Planen Sie als Berater gefühlsmäßig ein, daß es zeitweilige Mißerfolge geben kann. Der Mobbingbetroffene und der Berater sollen sich die entstehenden Aufgaben, soweit es möglich ist, aufteilen. In seiner Funktion als Betriebsrat muß der Berater jedoch häufiger auch stellvertretend für den Betroffenen handeln. Treffen Sie jedoch Vorsorge, daß der Mobbingbetroffene in diesem Arbeitsbündnis nicht in eine passive Rolle gedrängt wird oder sich in Passivität zurückzieht.

- **Stellen Sie die Erwartungen auf eine mittelfristige Perspektive ab**

  Auch wenn sich der Mobbingbetroffene nichts mehr wünscht als ein sofortiges Ende des Mobbings, so müssen Sie als Berater auf eine mittelfristige Perspektive eingestellt sein. Es gibt keine Patentrezepte und keine garantierten Schnell-Lösungen bei Mobbing. Es kann schon einige Wochen dauern, bis sich eine Änderung der Situation andeutet. Es können Monate vergehen, bis eine endgültige Klärung – wie auch immer die aussehen mag – eingetreten ist. Wenn Mobbing mehrere Monate oder sogar viele Jahre angedauert hat, wieso sollte dann die Aufhebung des Problems in einigen wenigen Tagen gelingen?

- **Legen Sie nur die grobe Zielrichtung fest**

  Soll ein Schlichtungsverfahren bzw. ein Interessenausgleich angestrebt werden? Ist voraussichtlich ein Machteingriff durch Vorgesetzte oder Geschäftsleitung das Mittel der Wahl? Geht es in erster Linie darum, den Mobbingbetroffenen zu entlasten und ihm dafür Freiräume zu schaffen, oder soll ihm der Rücken gestärkt werden, um den Kampf mit dem Mobber selbst aufzunehmen?

- **Planen Sie jeweils nur die nächste Etappe**

  Verschaffen Sie sich einen guten Überblick. Legen Sie zusammen mit dem Mobbingbetroffenen die grobe Richtung fest, in der vorgegangen werden soll (z. B. zunächst Schlichtungsversuch, dann Strafanzeige). Aber bereiten Sie jeweils nur die nächste Maßnahme vor (z. B. ein erstes Gespräch mit dem Wortführer einer Mobbergruppe).

Werten Sie erst das Ergebnis einer Maßnahme aus, bevor Sie weitere Schritte unternehmen. Da nie exakt vorherzusagen ist, wie sich die andere Seite verhalten wird, verlaufen alle Interventionsmaßnahmen nach dem Prinzip des naturwissenschaftlichen Experiments „Versuch und Irrtum". Versuchen Sie, eine Maßnahme, die nicht zum gewünschten Ergebnis führt, nicht als Niederlage zu bewerten, sondern als „Forschungsergebnis": Überprüfen Sie die Gründe dafür, warum die Maßnahme nicht in der gewünschten Weise gewirkt hat und entwerfen Sie unter Ausnutzung der Erfahrungen eine neue Maßnahme.

- **Gehen Sie beharrlich, aber nicht ungeduldig vor**

Erwarten Sie nicht, daß sich ein Mobber, nachdem er von einem Vorgesetzten unter vier oder sechs Augen warnend angesprochen wurde, sofort und bedingungslos auf die neuen Anforderungen einläßt. Ebensowenig sollten Sie erwarten, daß irgendeine andere Maßnahme sofort etwas ändert. Manche Dinge müssen erst einmal sacken. Der Mobber braucht beispielsweise Zeit, um seinen Rückzug so zu organisieren, daß er sein Gesicht wahren kann. Handelt es sich um mehrere Mobber, ist zu erwarten, daß die neue Lage zunächst untereinander abgeklärt werden muß. In solchen Gruppen werden Risse auch erst im Laufe der Zeit sichtbar. Nach jeder Maßnahme, die Sie (oder der Mobbingbetroffene) durchgeführt haben, warten Sie ein paar Tage ab und versuchen Sie dann herauszufinden, ob sich nicht insgeheim etwas Positives tut. Bleiben Sie beharrlich und veranlassen Sie den nächsten Schritt, sobald abzusehen ist, daß sich keine Besserung einstellen wird. Versuchen Sie, die Wirkung ihrer Maßnahmen nicht ausschließlich an den Reaktionen des Mobbers abzulesen, sondern beachten Sie auch das soziale Umfeld. Sind dort Veränderungen in den Ansichten und im Verhalten (z. B. dem Mobber gegenüber) zu beobachten? Auch eine Eskalation des Konflikts kann ein Indiz für die Wirksamkeit der Gegenmaßnahmen sein. Möglicherweise zeigt sich der Mobber aber lange Zeit äußerlich unbeeindruckt. Lassen Sie sich davon nicht täuschen und entmutigen, wenn Sie eigentlich davon ausgehen müssen, daß Sie wirksame Maßnahmen eingesetzt haben. Gehen Sie durch diese Phase hindurch. Gerade dann, wenn Sie das „sichere" Gefühl gewonnen haben, daß die Auseinandersetzung mit dem Mobber aussichtslos ist, sollten Sie nicht sofort weitere Maßnahmen „draufsetzen" und auf keinen Fall aufgeben. Beobachten Sie noch eine weitere Woche. Nicht selten tut sich erst dann etwas, wenn Sie gar nicht mehr damit rechnen. Beharrlichkeit ist ein entscheidender Faktor gegen Mobbing.

- **Formulieren Sie klare Erwartungen an alle Beteiligten**

  Formulieren Sie klare Erwartungen an alle Beteiligten, d. h. Mobber, Vorgesetzte, „neutrale“ Mitarbeiter usw. Auch die Androhung und der Einsatz von Druckmitteln und Sanktionen sollten offen und konsequent erfolgen. Nehmen Sie Sanktionen oder deren Ankündigung zurück, wenn der ursprüngliche Anlaß nicht mehr gegeben ist. Zum Wesen des Mobbings gehört, daß die Feindseligkeit ausgelebt wird, ohne dem Betroffenen eine Chance auf Einstellung der Feindseligkeit einzuräumen. Der Mobber nennt im allgemeinen keine Bedingungen, bei deren Erfüllung der Mobbingbetroffene mit einem Ende des Mobbings rechnen könnte. Verfahren Sie alternativ dazu.

- **Schaffen Sie Verbindlichkeiten**

  Lassen Sie nicht zu, daß Gespräche ohne verbindliche Absprachen enden. Versuchen Sie zumindest, einen neuen Termin zu vereinbaren. Lassen Sie Protokolle schreiben. Verlangen Sie stets, daß Ihre Gesprächspartner zu Ihrem Wort und Ihren Zusagen stehen, auch wenn Sie insgeheim skeptisch bleiben und mit Unzuverlässigkeit und Lügen rechnen müssen. Formulieren Sie klare Erwartungen an Vorgesetzte, die es übernommen haben, mit Mobbern und Mobbingbetroffenem an einem Tisch über die Probleme zu reden. Vertrauen Sie selbst bei erfolgreicher Schlichtung nicht dem (ehrlich gemeinten) Versprechen der Konfliktparteien, sondern schlagen Sie verbindliche spätere Treffen zur Überprüfung des Erfolgs vor, die im Abstand von zwei, vier und sechs Monaten nach erfolgter Einigung stattfinden.

- **Moralisieren Sie nicht**

  Erarbeiten Sie sich eine moralische Richtschnur für die Beurteilung von Mobbingkonflikten. Halten Sie einen fairen Interessenausgleich und wohlwollendes mitmenschliches Umgehen als moralischen Standard hoch. Aber hüten Sie sich davor, jeden und alle moralisch anzuprangern, die nicht sofort bereit und überzeugt sind, auf diesen Zug aufzuspringen. Auch wenn Sie aus ehrlichem Zorn moralisierend über einen Vorgesetzten herfallen, dem die Notwendigkeit eines Eingreifens nicht einleuchtet, schaffen Sie sich eher einen Gegner als einen Bündnispartner.

- **Betreiben Sie kein Gegen-Mobbing**

  Vielleicht liebäugeln Sie oder der Mobbingbetroffene gelegentlich mit dem Gedanken, es dem Mobber mit gleicher Münze zurückzuzahlen. Auch in der Mobbingliteratur wird dies manchmal als legitime Möglichkeit der Gegenwehr dargestellt. Möglicherweise sind Sie sogar erfolgreich: die Mobber werden eingeschüchtert, der ehemalige Mobbingbetroffene kann aufatmen. Das Fatale am Gegenmobben ist jedoch, daß Sie *nichts gegen Mobbing* unternommen haben. Im Gegenteil, Sie haben eine Bestätigung dafür geliefert, daß der Zweck die Mittel heiligt und daß der Stärkere siegt. Bedenken Sie also die moralischen Nebenwirkungen von Gegenmobbing. Weder der Mobber noch die übrige Belegschaft können z. B. positive Erfahrungen mit konstruktiver Bewältigung von Konflikten machen, wenn der Erfolg auf besserem Mobbing des Mobbingbeauftragten beruht.

**Wichtig!**

Gehen Sie gegebenenfalls mit List, aber ohne Tücke vor.

Es kann im Einzelfall sinnvoll sein, gegen den Mobber mit List vorzugehen, indem Sie z. B. dafür sorgen, daß die Taten und Aussprüche des Mobbers gegen diesen selbst zurückschlagen. Nur müssen Sie dabei auf jeden Fall die offensive, gnaden- und kompromißlose Feindseligkeit des Mobbings vermeiden.

- **Seien Sie bereit, den Weg bis zu Ende zu gehen**

  Bringen Sie den Mobbingkonflikt zu einem Ende, geben Sie nicht auf halbem Wege auf. Wenn die Entwicklung es rechtfertigt, lassen Sie den Mobber ungeschoren davonkommen. Lassen Sie sich nicht von denen mürbe machen, die Köpfe rollen lassen wollen. Aber wenn es unumgänglich ist, sorgen Sie auch für die Einleitung rechtlicher Maßnahmen. Schrecken Sie gegebenenfalls nicht vor der Forderung nach einer Kündigung zurück.

## 3. Persönliche Gegenwehr des Mobbingbetroffenen

Was kann der Mobbingberater dem Betroffenen in puncto „persönliche Gegenwehr“ empfehlen? Um diese Frage geht es in den folgenden Ausführungen.

Eine direkte Gegenwehr gegen Mobbingattacken hat eher Aussicht auf Erfolg, wenn es sich um einen einzelnen Mobber handelt. Voraussetzung ist natürlich, daß der Mobbingbetroffene die Kraft und Entschlossenheit aufbringen kann, sich selbst aktiv und in direkter Konfrontation mit den Mobbern auseinanderzusetzen.

Als Mobbingberater sollte man den Betroffenen nicht drängen, eine persönliche Konfrontation zu suchen. Die Möglichkeit der persönlichen Gegenwehr sollte jedoch auf jeden Fall besprochen werden. Oft sind die Mobbingbetroffenen in einer Situation und psychischen Verfassung, daß sie eigentlich nichts mehr zu verlieren haben (weil sie unmittelbar davor stehen, sich versetzen zu lassen oder zu kündigen). Dennoch haben sie eine große Scheu davor, sich gegen den Mobber persönlich zur Wehr zu setzen.

Der Erfolg persönlicher Gegenwehr gegen Mobbingattacken ist nicht unbedingt darin zu suchen, daß die Mobbingangriffe erfolgreich abgestellt werden konnten. Der Erfolg besteht bereits darin, daß die Gegenwehr das Selbstbewußtsein des Mobbingbetroffenen stärkt und ihn aus seiner defensiven und unterlegenen Position herausbringt. Auf der Seite der Mobber soll der Eindruck entstehen, daß die Phase des „leichten Spiels“ sowie die Phase sicherer Überlegenheit zu Ende geht. Der Mobber soll wissen, daß sich seine bisherige Kosten/Nutzen-Bilanz für das Mobbing ins Negative wenden kann.

**Wichtig!**

Auch kleine Gesten der Gegenwehr bringen den Mobbingbetroffenen aus der inneren Defensive heraus.

Die Frustration und Mutlosigkeit des Mobbingbetroffenen setzt sich aus dem immer wiederkehrenden Erleben von Angriffen zusammen, denen er nichts entgegenzusetzen wußte. Selbst kleine Gesten der Gegenwehr können diesen negativen inneren Trend stoppen und den Eindruck vermitteln: „Ich bin doch nicht völlig hilflos ausgeliefert.“

Deswegen kann es für den Betroffenen belastend sein, wenn er bei Maßnahmen gegen das Mobbing auch wieder nur passiv zuschauen kann, weil Betriebsrat und Arbeitgeber stellvertretend handeln. Manche Mobbingbetroffene bevorzugen hingegen, daß sie mit den betrieblichen Auseinandersetzungen möglichst wenig zu tun haben.

Die Anzeichen von Gegenwehr sind für den Mobber bedrohlich. Eine Eskalation des Mobbings oder Veränderung der Angriffsformen sind jetzt nicht unwahrscheinlich. Wenn sich der Mobbingbetroffene für eine persönliche Gegenwehr entschieden hat, müssen Berater und Mobingbetroffener die Effekte und die unerwünschten Nebeneffekte der Gegenwehr sorgfältig beobachten und miteinander besprechen. Nicht unwichtig ist auch die Reaktion des sozialen Umfeldes, der Kollegen und Vorgesetzten. Wenn ein Großteil der Beschäftigten die Gegenwehr positiv bewertet, steigen die Chancen für den Mobbingbetroffenen, seine Situation durch eigenes Handeln zu verbessern.

- **Bleiben Sie solidarisch**

  Ein Mobbingbetroffener ist häufig am Ende seiner Belastbarkeit und Widerstandskraft. Wenn er sich entschließt, dem Mobber persönlich gegenüberzutreten, ist nicht ausgeschlossen, daß er dabei Fehler begeht oder einen Rückzieher macht. Es wäre fatal, wenn Sie ihm daraus Vorwürfe machen. Im Gegenteil. In dieser Situation haben Sie die Aufgabe, gegen die Selbstvorwürfe des Betroffenen zu argumentieren. Es ist auch schon vorgekommen, daß der Mobbingbetroffene in einer Sitzung, in der Vorgesetzte, Betriebsrat und Mobber anwesend waren, seinen Mut und seine Wut zusammengenommen hat und völlig außer sich über den Mobber hergefallen ist. Ein solcher Ausfall kann auch für Wohlmeinende bisweilen deplaziert und peinlich wirken. Unter Berücksichtigung der Ausnahmesituation, in der sich der Mobbingbetroffene seit geraumer Zeit befindet, sollten Sie selbst Verständnis dafür haben und bei anderen Anwesenden für Verständnis sorgen. Bleiben Sie solidarisch, und ermutigen Sie zum Weitermachen.

- **Raten Sie, vorsichtig zu beginnen**

  Da Mobbingbetroffene im Verlauf des Mobbings oft geschwächt und mutlos geworden sind, kommen zunächst nur vorsichtige Gegenmaßnahmen in Betracht, welche die Ressourcen des Betroffenen stärken und nicht zusätzlich belasten. Der Mobbingbetroffene kann bereits mit kleinen Gesten der Gegenwehr, indem er beispielsweise anders als bisher auf Mobbingattacken reagiert, ein wachsendes Selbstbewußtsein zum Ausdruck bringen. In dem folgenden Beispiel ist der stufenweise Aufbau einer Gegenstrategie zu erkennen:

### Fallbeispiel „Karl“:

Karl versuchte stets, sich zu rechtfertigen, wenn der Mobber aus nichtigem Anlaß wieder einmal herablassend über ihn hergefallen war. In der gemeinsamen Mobbinganalyse mit dem Mobbingbeauftragten hatte sich aber herausgestellt, daß die von Karl gewählte Arbeitsmethode durchaus erfolgreich war und von den Vorgesetzten sehr positiv bewertet wurde. Die Kritik des Mobbers war also in keiner Weise gerechtfertigt und das defensive Rechtfertigen durch Karl wurde als überflüssig eingeschätzt.

Als erste Form des Widerstands beschloß er, sich nicht mehr zu rechtfertigen, sondern die verbalen Attacken ohne Gegenrede hinzunehmen und sich innerlich mit dem Satz zu stärken: „Du dummer Hund, hast selbst keine Ahnung.“ Karl fühlte sich mit dieser Verfahrensweise deutlich besser. Das Mobbing ließ jedoch nicht nach.

In einer späteren Stufe der Gegenwehr, auf die er sich sorgfältig vorbereitet hatte, reagierte Karl schließlich verbal und handlungsbereit: „Gut. Ich habe Sie verstanden. Alles, was ich hier mache, ist in Ihren Augen völliger Mist. Ich sehe das allerdings nicht so. Ich schlage Ihnen deshalb vor, daß wir jetzt sofort zu Herrn V. (dem Vorgesetzten) gehen und ihn beurteilen lassen, ob Ihre oder meine Meinung in dieser Frage richtig ist.“

- **Unkonventionelle und überraschende Gegenwehr**

Die Gegenwehr auf verbale Mobbingattacken kann in unerwartet schlagfertigen Antworten bestehen, auf die sich der Mobbingbetroffene in der Beratung vorbereitet hat. Die Gegenwehr kann darin bestehen, daß auf jeden ungerechtfertigten Vorwurf sofort eine knappe schriftliche Klärung des Sachstands an Mobber und Vorgesetzte erfolgt. Die Gegenwehr kann aber auch in der ironischen Aufdeckung der Manöver des Mobbers bestehen. Sie kann darauf beruhen, daß soziale Unterstützer gefunden und in bestimmten Situationen mobilisiert werden, um den Mobber durch soziale Mißbilligung in die Schranken zu weisen. Für eine erfolgreiche Gegenwehr können gerade unkonventionelle Ideen entscheidend sein, durch welche der Mobber seinerseits überrascht wird.

### Fallbeispiel „Konrad“:

Der hochqualifizierte Facharbeiter Konrad war der verbalen Einschüchterung und Kritik eines Kollegen nicht gewachsen, weil er als Stotterer in seiner Ausdrucksweise behindert war. Der mobbende Kollege kam immer wieder überraschend am Arbeitsplatz von Konrad vorbei, kritisierte im Vorübergehen dessen Arbeitsorganisation und fand immer wieder herablassende Bemerkungen über die fertigen Werkteile von Konrad. Die Geschäftsleitung sei auch schon enttäuscht und würde Konrad sicher bald versetzen oder entlassen, so tönte der Kollege. Fachlich war an den Vorwürfen nichts dran, das wußte Konrad, aber die Vorgänge verunsicherten ihn doch sehr. Die Geschäftsleitung mauerte und kam seiner Beschwerde nicht nach.

Konrad hätte seinem Mobber gerne „das Passende“ gesagt, aber sein Stottern ließ dies nicht zu. In der Beratung kam schließlich die Idee auf, die Schwachstelle des Mobbingbetroffenen zu kompensieren. Konrad fertigte ein Plakat, das er über seinem Arbeitsplatz aufhängte. Dort hieß es: „Mein Kollege hat mich heute ...mal kritisiert.“ Für jede Mobbingattacke des Kollegen trug Konrad einen Strich in die entsprechende Tagesrubrik ein. Die Geschäftsleitung erklärte das Plakat für „Kindergarten“, während es in der Belegschaft positiv aufgenommen wurde. Binnen kurzer Zeit unterblieben die Attacken; der Mobber wurde zudem von der Geschäftsleitung versetzt.

Gegenwehr kann unterschiedliche Formen annehmen und in verschiedene Richtungen abzielen. In der Abb. auf S. 180 sind einige Anregungen gegeben.

- **Raten Sie, auf Respekt abzuzielen, nicht auf Verständnis**

Manche Mobbingbetroffene verstehen unter „Gegenwehr“, daß sie dem Mobber gegenüber die eigene Betroffenheit zum Ausdruck bringen. Sie wollen sozusagen offensiv zur Seele des Mobbers vordringen, um dabei Verständnis und Rücksichtnahme zu erreichen. Dieses Bestreben ist ihnen möglicherweise selbst gar nicht so deutlich, aber als Berater können Sie den Eindruck gewinnen, daß es sich faktisch so verhält. Hier sind Wünsche nach Harmonie und Eintracht im Spiel,

## Mögliche Formen der Gegenwehr für Mobbing-Betroffene

| Beabsichtigte Wirkung auf den Mobber | Beispiele für das Vorgehen |
|---|---|
| • **Grenzen setzen** | – auf Anschreien symbolisch reagieren, z. B. Ohren zuhalten;<br>– zurückschreien, ein Schild hochhalten mit der Aufschrift: „Ich bin nicht taub!“ oder „Ruhe bewahren!“;<br>– nach einer Schrei-Attacke sich das Schreien verbitten und um sachliche Äußerungen bitten; |
| • **Entmutigen** | – auf verbale Angriffe keine sichtbare Wirkung mehr zeigen;<br>– verbale Angriffe schlagfertig zurückweisen;<br>– verbale Angriffe auslachen;<br>– die Angreifbarkeit bei den eigenen Schwachstellen mindern; |
| • **Versachlichen** | – den Willen zum Kompromiß zeigen;<br>– auf Chancen eines fairen Interessenausgleichs hinweisen und auf Probleme orientieren, die beide Seiten gemeinsam haben; |
| • **Verunsichern** | – Demonstration der wachsenden sozialen Unterstützung;<br>– bisher im Untergrund vorgetragene Angriffe (durch Kunstgriffe) öffentlich sichtbar machen; |
| • **Isolieren** | – durch Öffentlichkeitsarbeit im Betrieb dafür sorgen, daß die stillschweigende Duldung von Mobbing zurückgeht;<br>– dafür sorgen, daß sich der Mobber selbst blamiert; |
| • **Einschüchtern** | – straf-, zivil- oder arbeitsrechtliche Schritte konkret benennen und ihre Durchführung glaubhaft ankündigen. |

die von der Realität nicht bestätigt werden. Den Mobber interessiert die Betroffenheit seines „Opfers" im Detail überhaupt nicht, Hauptsache ist für ihn die Wirkung seines Vorgehens gegen den Betroffenen. Die Offenbarung von Schwäche bestärkt ihn höchstens.

Der Wunsch nach Verständnis und Rücksichtnahme ist verständlich, doch bietet dieser Wunsch keine realistische Perspektive im Umgang mit dem Mobber. Das Ziel kann nur sein, sich beim Mobber einen gewissen Respekt zu verschaffen. Der Mobbingbetroffene muß mit seiner Gegenwehr glaubwürdig signalisieren: Bis hierher und nicht weiter!

- **Wehrhaftigkeit und Lösungsbereitschaft zugleich zeigen**

  Die Gegenwehr eines Mobbingbetroffenen löst Reaktionen beim Mobber aus – soviel ist sicher. Ob dies in der gewünschten Richtung verläuft, entscheidet sich im Einzelfall. Gegenwehr des Mobbingbetroffenen kann zu wütender oder fatalistischer Steigerung der Feindseligkeit führen, weil er in der Denkform „er oder ich" verhaftet ist und seine Felle davonschwimmen sieht. Grundsätzlich zielt ja die Feindseligkeit des Mobbers auf keine Lösung im mehrseitigen Interesse. Mobbing ist – darauf haben wir in Kapitel V.5 hingewiesen – kompromißlos. Deswegen muß die erstarkende Wehrhaftigkeit des Mobbingbetroffenen immer auch mit Angeboten zu einer fairen Auseinandersetzung und Konfliktausgleich (als Ausweg vor blinder Eskalation des Konflikts) versehen sein. Während der Mobber nur Eskalation kennt, muß die Seite des wehrhaften Mobbingbetroffenen das Element der Verhandlung und des Interessenausgleichs in den Konflikt hineintragen.

## 4. Schlichtungsversuche des Betriebsrats

Der Betriebsrat kann selbst als Schlichter auftreten (s. Abb. Seite 182). Da die Mobberseite an einer Schlichtung zunächst nicht interessiert ist, muß die mögliche Schlichtung durch den Betriebsrat erst in Gesprächen angebahnt werden. Hierbei stellt die Sicherheit des Betriebsrats die wesentliche Voraussetzung für einen Schlichtungsversuch dar. Dazu gehört, daß er sich sachlich (Sicherheit, daß die Angriffe stattfinden) und moralisch (Sicherheit, daß es sich um Mobbing handelt) sattelfest fühlt. Diese Sattelfestigkeit kann nur Ergebnis einer guten Vorbereitung sein, und sie ist nötig, weil von der Mobberseite aus Gründen des Selbstschutzes Lügen, Verschleierung, Verharmlosung und Verdrehungen erwartet werden müssen.

## Möglicher Ablauf eines Schlichtungsverfahrens durch den Mobbing-Beauftragten des Betriebsrats

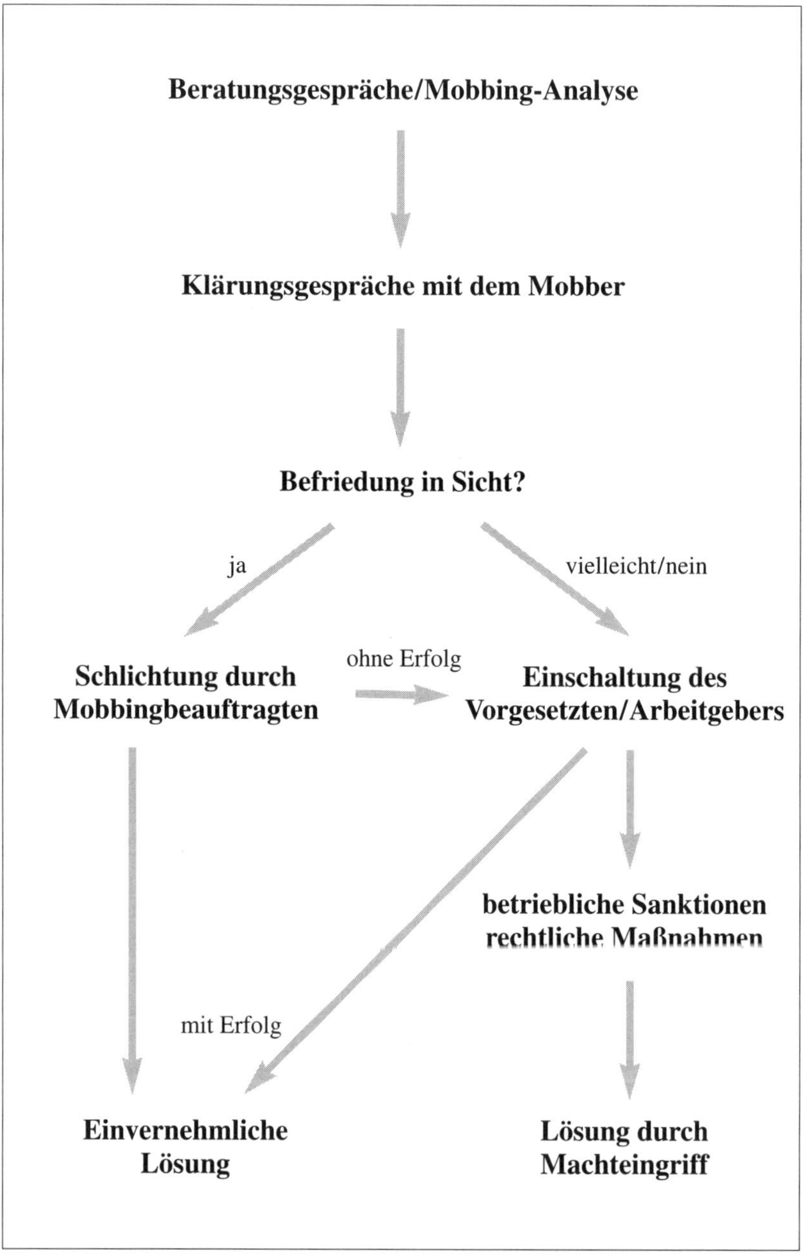

Der Betriebsrat als Schlichter muß allerdings eine Doppelaufgabe erfüllen: Einerseits ist er Anwalt des Betroffenen, andererseits muß er die Rolle eines außenstehenden, neutralen Dritten glaubhaft ausfüllen, die das Anliegen beider Seiten angemessen würdigt. In der Anfangsphase sollte eine „Pendeldiplomatie“ betrieben werden. Führen Sie ein erstes Gespäch mit dem Mobber, werten Sie das Gespräch gemeinsam mit dem Mobbingbetroffenen aus und bereiten Sie ein weiteres Gespräch vor, wenn dies sinnvoll erscheint.

**Wichtig!**

Beginnen Sie mit Pendeldiplomatie; bitten Sie erst bei positiver Entwicklung „alle an einen Tisch“.

Wenn es sich um eine Gruppe von Mobbern handelt, versuchen Sie zunächst das Gespräch mit einzelnen aus der Gruppe. Ob es sich dabei um eine Randfigur, den „Sprecher“ oder die „graue Eminenz“ handeln soll, müssen Sie selbst abwägen.

Es ist nicht empfehlenswert, gleich zu Beginn alle, d. h. den Mobbingbetroffenen und den oder die Mobber, an einen Tisch bringen zu wollen. In einer solchen Runde würden die Emotionen hochkochen. Vorwürfe, Rechtfertigungen und Angriffe würden das Geschehen prägen und eine konstruktive Weiterentwicklung verbauen. „Alle an einen Tisch“ gehört an das Ende einer Schlichtung, wenn vieles im Vorfeld geklärt werden konnte.

Nachdem Sie bisher ausgiebig mit dem Mobbingbetroffenen gesprochen haben und eine Vorgehensweise abgesprochen wurde, steht bei dem Versuch der Schlichtung das Gespräch mit dem Mobber im Vordergrund.

Solche Gespräche sind heikel, weil der Mobber schnell eine Verteidigungshaltung einnehmen bzw. zum Gegenangriff übergehen kann. Solange Sie eine Schlichtung oder eine einvernehmliche Lösung anstreben, kann Ihnen an vorzeitigem Abbruch oder einer Eskalation nicht gelegen sein.

Wir geben nun einige Hinweise, wie Sie solche Gespräche auf den Weg bringen und gestalten können und dabei ungewollte Eskalationen vermeiden. Wenn nach diesem vorsichtigen Vorgehen keine positive Resonanz erfolgt, dann können Sie mit innerer Sicherheit davon ausgehen, daß der Mobber eine Schlichtung (aus welchen Gründen auch immer) nicht will.

- **Sehen Sie den Mobber als Konfliktgegner, nicht als Feind**

  Wenn Sie beabsichtigen, eine Mobbingsituation zu schlichten, d. h. eine einvernehmliche Lösung anstreben, schließt das aus, daß Sie den Mobber wie einen Straftäter betrachten. Wenn Sie den Mobber tatsächlich für einen solchen halten, dann dürfen Sie keine Schlichtung anstreben. Konsequenterweise müssen Sie dann Beweise sichern und rechtliche Schritte einleiten. Daneben sollten Sie dem Mobbingbetroffenen die nötige Unterstützung geben und gegebenenfalls dafür Sorge tragen, daß er bis zur juristischen Klärung aus dem Schußfeld kommt.

  Wenn auch die Handlungen des Mobbers unakzeptabel sind, müssen Sie beim Versuch einer Schlichtung dennoch beiden Seiten den Status einer Konfliktpartei einräumen. Beide Seite haben trotz des Ungleichgewichts bei der Aggression das gleiche Recht auf Gehör und Abwägung der Argumente usw. Man kann das Mobben kritisieren, darf jedoch den Mobber nicht in jeder Hinsicht vorverurteilen und ihm nur schlechte Absichten unterstellen. Die moralische Abscheu gegenüber den Mobbinghandlungen kann dazu führen, daß man seinerseits den Mobber wie einen Feind behandelt, dem jeglicher Schaden gegönnt wird. Mit dieser Haltung kann man allerdings kaum schlichten und wird auch dem Sachverhalt häufig nicht gerecht. Die Kunst der Schlichtung besteht bei Mobbing darin, die unversöhnliche und kompromißlose persönliche Feindseligkeit in einen betrieblich zu lösenden, soweit als möglich versachlichten Konflikt umzuformen.

**Wichtig!**

Die Kunst der Schlichtung besteht bei Mobbing darin, die persönliche Feindseligkeit in einen lösbaren Konflikt umzuformen

Die Anerkennung des Mobbers als Konfliktpartei schließt den Einsatz von Druckmitteln gegen ihn *nicht* aus. Man muß demnach in der Schlichtung einerseits eine klare Linie gegen Mobbing in allen seinen Formen verfolgen, andererseits in der Lage sein, beiden Seiten legitime Interessen zuzubilligen. Ausgeschlossen muß jedoch sein, daß man mit dem Mobber faule Kompromisse eingeht, nur „um des lieben Friedens willen“.

- **Kündigen Sie ihren Gesprächswunsch an**

  Geben Sie dem Mobber durchaus Gelegenheit, sich innerlich auf ein Gespräch mit Ihnen vorzubereiten. Sie können diese Ankündigung schriftlich oder mündlich übermitteln; gehen Sie dabei nicht ins Detail. Suchen Sie die Betreffenden an ihrem Arbeitsplatz auf. Lassen Sie sich eine Ablehnung des Gesprächswunsches begründen.

**Beispiel:**

Sehr geehrter Herr Haudrauf,

wegen einer ernsten personellen Angelegenheit möchte ich mit Ihnen sprechen. Ich werde Sie am … um … an Ihrem Arbeitsplatz aufsuchen. Wenn Ihnen der Termin nicht gelegen ist, bitte ich um einen anderen Vorschlag.

*M. Rettung,* Betriebsrat

- **Sagen Sie dem Mobber, was Sie zu sagen haben**

  Sie sollten im ersten Gespräch zügig zur Sache kommen. Stellen Sie den Sachverhalt deutlich und sachlich dar, aber vermeiden Sie verfrühte persönliche Vorwürfe. Geben Sie dem Mobbingsachverhalt eine „Überschrift“, auf die man sich im Gespräch immer wieder beziehen kann (z. B. „ungerechte Behandlung“, „verletzende Kritik“). Untermauern Sie ihre Darstellung damit, daß Sie eine ausgewählte Mobbingsituation, an welcher der Mobber beteiligt gewesen ist, als Beispiel anführen. Damit zeigen Sie, daß Sie gut informiert sind.

**Wichtig!**

Geben Sie den Mobbingvorwürfen eine sachliche Überschrift.

Wir raten Ihnen davon ab, das Verhalten des Mobbers in dieser Phase zu kritisieren. Wenn Sie das tun, wird der Mobber wahrscheinlich auf stur schalten. Sie sind zwar moralisch im Recht, doch Sie erreichen nichts. Tragen Sie lieber die klaren positiven Forderungen an den

Mobber heran, die im dritten Analyseschritt entwickelt wurden (vgl. Kapitel IX.1). Sie können auch einzelne Überlegungen über die möglichen Motive und Probleme des Mobbers in das Gespräch einfließen lassen. Mit anderen Worten: Formulieren Sie lieber eine „Einladung" an den Mobber als eine „Vorladung".

Provozieren Sie beim Mobber nicht nur Rechtfertigung, indem Sie fragen: „Was haben Sie sich dabei gedacht?" oder „Warum machen Sie das?". Versuchen Sie eher, einen Bezug zur Zukunft herzustellen. Was könnte getan werden, damit es in Zukunft besser und friedlicher läuft? Lesen Sie hierzu das folgende Beispiel:

**Beispiel:**

Guten Tag, Herr Haudrauf. Sie ahnen wohl schon, weshalb ich zu Ihnen komme. Herr Müller ist zu mir gekommen und hat mir geschildert, was ihm in letzter Zeit in dieser Abteilung zugemutet wurde.

Man kann das so zusammenfassen: Herr Müller wird mit Arbeiten überhäuft, die gar nicht in sein Gebiet gehören. Zugleich wird er unentwegt kritisiert und beleidigt, weil er diese ihm zugeschobene Arbeit nicht schafft. Ich halte das für eine ganz bedenkliche Entwicklung, die nicht weiter hingenommen werden kann. Das schadet auch unserem Betriebsklima. Herr Müller möchte, daß in Zukunft Beleidigungen und unsachliche Kritik ganz aufhören und daß einmal gemeinsam überlegt wird, wie der Arbeitsanfall in der Abteilung ohne Streß aufgeteilt werden kann.

Mich interessiert hierzu Ihre Meinung.

Wenn Sie durch Gegenargumente usw. unterbrochen werden, dann geben Sie Ihre Erklärung etappenweise ab. Stellen Sie sicher, daß der Mobber die wichtigsten Punkte Ihrer Botschaft auch tatsächlich zur Kenntnis genommen hat. Wenn nötig und sinnvoll, können Sie es ihm auch zusätzlich schriftlich geben.

Trotz guter Einleitung kann das Gespräch einen negativen Verlauf nehmen. Seien Sie auch darauf vorbereitet. Im Prinzip gibt es drei typische Abwehrreaktionen, auf die Sie jeweils unterschiedlich reagieren können: Mauern, Gegenangriff und Jammern.

- **Der Mobber mauert**

Verschiedene Formen sind denkbar, wie der Mobber versuchen könnte, sich aus dieser für ihn unangenehmen Situation zu befreien:

- Der Mobber schweigt sich aus und verweigert ein Gespräch.
- Der Mobber streitet rigoros alles (z. B. als Hirngespinst) ab.
- Der Mobber zieht sich auf Belanglosigkeiten zurück.
- Der Mobber greift den Betriebsrat als Handlanger des Mobbingbetroffenen an.

Versuchen Sie hier nicht, eine positivere Reaktion zu erzwingen. Verschärfen Sie die Situation auch nicht, indem Sie ihn zu sehr in die Enge treiben. Betrachten Sie dieses erste Gespräch als eine Art „Probebohrung". Räumen Sie dem Mobber ein, eine Nacht darüber zu schlafen. Betonen Sie, wenn der Mobber nicht auf das Mobbingthema eingeht, ein weiteres Mal die Forderung des Mobbingbetroffenen, und machen Sie deutlich, daß der Betriebsrat ein Auge auf den Fortgang der Dinge hat. Warnen Sie ihn, daß eine Fortsetzung des Mobbings negative Konsequenzen haben wird. Kündigen Sie an, daß Sie demnächst wieder vorbeischauen werden.

**Beispiel.**

Gut, Herr Haudrauf. Sie wollen jetzt dazu nichts sagen. Vielleicht wollen Sie das Gesagte auch erst einmal überschlafen.

Ich möchte Ihnen zum Abschuß noch einmal sagen, daß ich die Situation sehr ernst nehme. Die Angriffe gegen Herrn Müller sind ganz und gar nicht so, wie Arbeitskollegen in unserem Betrieb miteinander umgehen sollten. Wer seine Mitarbeiter mit Beleidigungen und wüsten Beschimpfungen führen will, hat in Zukunft mit einer Abmahnung zu rechnen, da ist sich der Betriebsrat mit der Geschäftsleitung einig.

Aber ich bin weiterhin offen, auch Ihre Sicht der Dinge kennenzulernen. Das gilt insbesondere für die Arbeitsbelastung in dieser Abteilung, die offenbar für viele ein Problem ist.

Ich werde Sie auf jeden Fall Anfang des nächsten Monats noch einmal aufsuchen.

- **Der Mobber geht inhaltlich zum Gegenangriff über**

  Häufig wird sich der Mobber nicht schweigend zurückziehen, sondern seine Sache offensiv verteidigen, wie es seinem sonstigen Vorgehen entspricht. Als Gegenangriffe kommen unter anderem in Betracht:

  - Er trägt Sünden des Mobbingbetroffenen vor.
  - Er erklärt den Mobbingbetroffenen für überempfindlich.
  - Er erklärt seine Angriffe für berechtigt oder für notwendig.

  Viele Betriebsräte scheinen die Situation zu fürchten, daß sie in die Rolle des Schiedsrichters geraten könnten und Schuldzuweisungen vornehmen müßten. Derartige Zuweisungen sind aber gar nicht die Aufgabe eines Schlichters. Wenn die Mobbinganalyse gründlich war, dann haben Sie genug beweisbare Anhaltspunkte dafür, daß Mobbing vorliegt.

  Bei der Bekämpfung von Mobbing geht es ja gerade darum, diese zerstörerische *Form* von Konfliktführung auszuschalten. Es geht nicht darum, Konflikte überhaupt zu vermeiden. Wenn ein Mobber inhaltlich zum Gegenangriff übergeht, sich verteidigt oder rechtfertigt, dann haben Sie ihn eigentlich dort, wo Sie ihn haben wollten: im Gespräch! Nutzen Sie die Gelegenheit, sich umfassend über die Sichtweise der Mobberseite zu informieren. Vielleicht gibt es Anknüpfungspunkte für eine Schlichtung. Vielleicht stellt sich heraus, daß der Einsatz von Druckmitteln unumgänglich sein wird. Möglicherweise kommen betriebliche Mißstände ins Bild, die hinter der ganzen Misere stecken.

- **Der Mobber klagt über sein schweres Los**

  Wenn der Mobber klagt, können Sie sich recht gute Chancen für die Schlichtung ausrechnen. Offenbar gibt es auch auf seiten des Mobbers einen hohen Leidensdruck. Mobbing diente wahrscheinlich lediglich als Ventil. Ein gangbarer alternativer Weg für die eigenen Interessen und Probleme dürfte daher auf Interesse stoßen.

**Wichtig!**

Wenn der Mobber klagt und schimpft, haben Sie ihn dort, wo Sie in brauchen – im Gespräch.

- **Unterstellen Sie dem Mobber bessere Motive, als er hat**

  Dies ist einer der wenigen Türöffner, mit dem Sie einen Mobber aus der Reserve locken können. Die begangenen Grausamkeiten, die Wahrung der eigenen Interessen und die Wahrung des Gesichts sprechen gegen ein Einlenken. Wenn Sie dem Mobber eine goldene Brücke bauen, geht er vielleicht über diese.

**Die goldene Brücke des Betriebsrats:**

Ich kann mir nicht vorstellen, daß Sie unter normalen Umständen so aggressiv (herablassend, unsolidarisch usw.) handeln würden. Es muß etwas Wichtiges für Sie dahinterstecken. Man kann über alles reden, aber Mobbing ist völlig unakzeptabel.

- **Lassen Sie Gegensätze manchmal nebeneinander stehen**

  Versuchen Sie nicht, den Mobber von seiner eigenen Schlechtigkeit zu überzeugen. Gehen Sie auf seine inhaltlichen Argumente ein, und stellen Sie sachlich Ihre eigene Sichtweise dagegen. Lassen Sie die unterschiedlichen Interpretationen von einzelnen Mobbingsituationen erst einmal nebeneinander stehen. Die Frage: „Wer hat angefangen?“ ist ohnehin meist nicht zu klären und auch unerheblich. Betonen Sie statt dessen, daß das Mobbingverhalten wegen seiner gesundheitsgefährdenden Wirkung nicht gerechtfertigt und nicht akzeptabel ist.

- **Konfrontieren Sie den Mobber mit den negativen Konsequenzen für ihn**

  Unser Schlichtungsmodell bietet dem Mobber viele Möglichkeiten zum Einlenken. Außerdem werden viele Anstrengungen unternommen, auch ihm gerecht zu werden. Damit diese Herangehensweise, deren Gebot die Fairneß ist, nicht als Schwäche interpretiert wird, müssen auch die Druckmittel und Sanktionen auf den Tisch. Mit ihnen muß gegen den Mobber vorgegangen werden, wenn er die Feindseligkeit ungebrochen weiterführt. Voraussetzung ist hierbei allerdings, daß sich der Betriebsrat in der Mobbinganalyse mit den Schwachpunkten der Mobberseite befaßt hat und auch sicher einschätzen kann, wozu die Geschäftsleitung bereit ist. Besser ist es natürlich, wenn bereits Absprachen mit dem Arbeitgeber über mögliche Sanktionen bestehen. Die Palette der möglichen zivil- und strafrechtlichen sowie der betrieblichen Sanktionsmöglichkeiten wird im Kapitel XI. ausführlich behandelt.

Die Teilnehmer eines unserer Mobbingseminare haben ein Stufenmodell der Gespräche mit Mobbern (einschließlich des Einsatzes von Sanktionen) erarbeitet (s. untenstehende Abbildung).

## Stufenfolge beim Einsatz von Sanktionen

**Klärungsgespräch zwischen Betriebsrat und Mobber**
(Mobbingbetroffener ist freiwillig anwesend)

Bekanntmachen möglicher Sanktionen

↓ erfolgt keine positive Reaktion des Mobbers

**Konfliktgespräch zwischen Betriebsrat, Mobber und Vorgesetztem**
(Mobbingbetroffener ist freiwillig anwesend)

Konkrete Androhung einer Sanktion
(z. B. Abmahnung)

↓ erfolgt keine positive Reaktion des Mobbers

**Vorladung des Mobbers beim Vorgesetzten**
(Betriebsrat wohnt diesem Gespräch bei)

Durchführung der angedrohten Sanktion

- **Kündigen Sie verbindliche Nachfolgetreffen und Erfolgskontrolle an**

  Gönnen Sie keinem der Beteiligten Ruhe, bis wirklich Ruhe eingekehrt ist. Kündigen Sie *immer* Folgetermine an, in denen Sie über die weitere Entwicklung informiert werden wollen und Hilfestellung zur Klärung weiterer Probleme anbieten können. Aber kündigen Sie keine Termine an, die Sie aufgrund Ihres begrenzten Zeitbudgets wahrscheinlich nicht wahrnehmen können.

- **Gönnen Sie dem Mobbing eventuell einen stillschweigenden Abschied**

  Sollte der Mobber seine Feindseligkeit im Zuge der Gespräche stillschweigend einstellen, dann müssen Sie nicht unbedingt auf einem offiziellen und demonstrativen Ende bestehen.

- **„Alle an einen Tisch" – erst am Schluß**

  Eine Schlichtung, an der alle an einem Tisch sitzen, sollte stets durchgeführt werden, wenn in den Einzelgesprächen genügend Bereitschaft und sachlicher Konfliktstoff erarbeitet worden ist – wenn also tatsächlich Aussicht auf eine Einigung oder einen Kompromiß besteht. In der Schlichtungssitzung sollte die Vergangenheitsbewältigung (Klage und Rechtfertigung bzw. Schuldeingeständnis) geringen Raum einnehmen. Ein zukunftsorientiertes Vorgehen ist leichter. Beide Konfliktparteien sollen ihre Erwartungen an die andere Seite formulieren. Jede Seite soll konkret benennen, welche positiven Schritte sie in Zukunft unternehmen will. Nehmen Sie den Konfliktparteien nicht die Aufgabe ab, ihre Erwartungen und ihre Bereitschaft zum Entgegenkommen selbst in Worte zu fassen. Lassen Sie das erzielte Ergebnis durch Handschlag oder Unterschrift besiegeln.

## 5. Konfliktbereinigung und Machteingriff durch Vorgesetzte

In sehr vielen Mobbingfällen wird es sinnvoll sein bzw. ist es nicht zu umgehen, einen Vorgesetzten einzuschalten. Sie können sich beglückwünschen, wenn Ihr Arbeitgeber selbst ein Interesse an einem guten Betriebsklima hat und für das Thema sensibilisiert ist. Wenn dies noch nicht der Fall ist, versuchen Sie eine Sensibilisierung des Arbeitgebers und aller Beschäftigten in Leitungspositionen.

Der Weg über den unmittelbaren Vorgesetzten des Mobbingbetroffenen kann zusätzliche Probleme schaffen. Nicht wenige Vorgesetzte sind mit der Bereinigung von Konflikten der Mitarbeiter schlichtweg überfordert – sowohl von der verfügbaren Zeit und Aufgabenstellung als auch von ihrer sozialen Kompetenz her. Aus vielen Gründen kann der Einsatz eines Vorgesetzten für die Lösung von Mobbingkonflikten problematisch werden, insbesondere wenn der Vorgesetzte

- neu im Betrieb ist und sich erst orientiert,
- mit anderen Problemen überlastet ist,
- mit dem Mobber persönlich verbunden ist,
- den Mobber für betrieblich unersetzbar hält,
- sich in der Hierarchie nicht exponieren will,
- es allen recht machen möchte und Konflikte scheut,
- kein Geschick im Umgang mit Menschen hat,
- fürchtet, daß alles aus dem Ruder läuft,
- nur die „Holzhammer"-Methoden der Konfliktbearbeitung kennt.

Allen Bedenken und Schwachpunkten zum Trotz haben Vorgesetzte einen entscheidenden Pluspunkt: Sie besitzen Macht in Form des Weisungsrechts. Sie können Mobber, die nicht mit sich reden lassen wollen, machtvoll in die Schranken weisen.

**Wichtig!**

Die Macht des Vorgesetzten in Form des Weisungsrechts ist ein Schwert gegen Mobbing, aber ein zweischneidiges.

Unbedacht und willkürlich eingesetzt, kann die Macht eines Vorgesetzten auch das Gegenteil von dem bewirken, was gewünscht ist. Vergessen wir nicht, daß in der späten Mobbingphase oft falsche Entscheidungen der Hierarchie vorgekommen sind. Es kann also auch während der Mobbingbearbeitung zu völlig unangemessenen Anordnungen und Sanktionen kommen (sowohl gegen den Betroffenen als auch gegen den Mobber).

- **Suchen Sie den „richtigen" Vorgesetzten aus**

Adressat von Beschwerden ist grundsätzlich der unmittelbare Vorgesetzte. Dies hilft allerdings dann nicht weiter, wenn dieser selbst am Mobbing beteiligt ist. Es muß außerdem berücksichtigt werden, daß ohnehin nicht jeder unmittelbare Vorgesetzte zur Lösung von Mobbingkonflikten willens und geeignet ist. Am besten wäre es, wenn für solche Konflikte besonders qualifizierte Ansprechpartner in der betrieblichen Hierarchie existieren würden.

Sind keine Mobbingansprechpartner von seiten des Arbeitgebers benannt, können der Mobbingbetroffene sowie der Betriebsrat versuchen, einen ihnen kompetent erscheinenden Vorgesetzen direkt auf das Mobbingproblem anzusprechen und um Hilfe zu bitten. Dabei kann das Problem entstehen, daß sich der direkte Vorgesetzte übergangen fühlt. Wenn Sie mit der Geschäftsleitung im Vorfeld über Mobbing sprechen, können Sie sich grundsätzlich auf einen festen Ansprechpartner (z. B. aus der Personalabteilung) einigen und solche Unstimmigkeiten vermeiden.

- **Definieren Sie, was Sie vom Vorgesetzten wollen**

Es hängt von dem Willen des Vorgesetzten ab, wie er mit einem Mobbingkonflikt umgeht. Es macht für die Konfliktbereinigung einen großen Unterschied, ob Sie ihm als Betriebsrat einen Fall zur freien Verfügung übergeben oder ob Sie zugleich klare Erwartungen an den Verlauf und das Ergebnis formulieren. Der Vorgesetzte kann dann zwar von Ihren Vorschlägen abweichen, aber er wird es Ihnen gegenüber begründen müssen. Indem sich der Vorgesetzte mit den Vorgaben des Betriebsrats auseinandersetzen muß, wird er sich selbst intensiver mit dem Fall beschäftigen – und das kann nur ein Gewinn für die Qualität des Eingreifens sein.

Es ist oftmals zu beobachten, daß Mobbingbetroffene und Betriebsräte über die Vorgesetzten enttäuscht sind, weil diese nicht in der erwarteten Weise gehandelt haben. Es wird z. B. beklagt, daß der Vorgesetzte „nicht auf die einfachsten Dinge gekommen" sei. Auf die Idee, dem Vorgesetzten die eigenen Erwartungen deutlich mitzuteilen, waren die Interessenvertreter aber auch nicht gekommen, weil sie wie selbstverständlich davon ausgegangen waren, daß der Vorgesetzte das Problem ähnlich wie der Betriebsrat sehen müßte. Wenn die Behandlung des Mobbingkonflikts dann nicht erwartungsgemäß verlaufen ist, ist es kaum möglich, noch etwas nachzubessern.

- **Arbeiten Sie dem Vorgesetzten zu**

Es macht wenig Sinn, das Rad zweimal zu erfinden. So ähnlich wäre es, wenn Sie eine tiefgehende Mobbinganalyse gemacht, eigene Ideen zur Überwindungen des Konflikts erarbeitet und rechtliche Informationen eingeholt haben und nun darauf warten, daß sich der Vorgesetzte noch einmal dieselbe Mühe macht. Unterbreiten Sie ihm Vorschläge, wie das Verfahren ablaufen könnte. Formulieren Sie die minimalen Forderungen an das zukünftige Verhalten des Mobbers. Legen Sie Teile des Mobbingtagebuchs sowie ihre Überlegungen aus dem sechsten Analyseschritt vor. Geben Sie Argumentationshilfen. Ein Vorgesetzter möchte wahrscheinlich seine Unabhängigkeit bewahren und nicht als Anhängsel des gut präparierten Betriebsrats erscheinen. Machen Sie ihm die Position nicht streitig, arbeiten Sie ihm zu, und gewinnen Sie Einfluß durch Sachkompetenz. Deswegen sollten der Betriebsrat bzw. der Mobbingbeauftragte dem mit dem Mobbingfall befaßten Vorgesetzten eine schriftliche Vorlage mit einer kurzen Falldarstellung, den daraus abgeleiteten Forderungen an den Mobber und den Wünschen zum Verfahren übergeben.

**Schriftliche Vorlage für den Vorgesetzten:**

- Kurze Beschreibung der Mobbingvorfälle,
- Zeugen und andere Beweismittel,
- Forderungen an den Mobber,
- Skizze eines möglichen gangbaren Weges für den Mobber,
- Erwartungen zum Verfahren,
- Vorschläge für möglicherweise erforderliche Sanktionen.

- **Greifen Sie unkonventionell ein**

Wenn sich verschiedene Vorgesetzte gegenseitig in notwendigen Entscheidungen blockieren, weil sie untereinander Konflikte vermeiden wollen, können Sie die Vorgesetzten darin unterstützen, indem Sie eine (gerichtliche) Entscheidung von außen herbeiführen. Damit aber bei Ihnen nicht der „schwarze Peter" hängenbleibt, teilen Sie allen Beteiligten offiziell mit, daß Sie das Gericht einschalten wollen, damit den Leitungskräften eine eigene Entscheidung erspart bleibt, die sie nur in Konflikte untereinander bringen könnte. Möglicherweise kommt dann doch noch eine interne Entscheidung zustande.

- **Sorgen Sie für Konsequenz und Verbindlichkeit**

  Nehmen Sie sich vor, an allen Sitzungen und Treffen teilzunehmen, zu denen der Mobbingbetroffene eingeladen ist. Mahnen Sie beim Arbeitgeber die Androhung – und nachfolgend eventuell auch die Anwendung bzw. Verhängung – von Druckmitteln an, wenn sich die Mobber unnachgiebig zeigen. Machen Sie selber Druck, soweit das nötig ist. Verlangen Sie vom Vorgesetzten eine (schriftliche) inhaltliche Begründung, wenn er völlig andere Wege geht, als Sie vorgeschlagen haben. Tolerieren Sie kein unverbindliches und floskelhaftes Ende der Schlichtungssitzungen (Tenor: „Ich gehe mal davon aus, meine Herrschaften, daß das nun nicht wieder vorkommt. Das sind ja alles Kindereien. Damit ist die Sitzung beendet."). Die beteiligten Konfliktparteien sollen sich selbst äußern und bekennen, wie sie in Zukunft zu handeln gedenken.

  Spätestens nach der ersten intensiven Aussprache mit einem Vorgesetzten oder dem Mobbingbeauftragten kann sich der Mobber nicht mehr auf seine „naive Unschuld" berufen. Jedes fortgesetzte Mobbing darf deswegen als vorsätzlicher Angriff gewertet werden.

- **Organisieren Sie eine Mobbing-Nachsorge**

  Sorgen Sie auch nach einer Schlichtung oder anderen Klärung des Problems dafür, daß der Bereich, in dem das Mobbing aufgetreten ist, unter Beobachtung bleibt. Sind Mobber und Mobbingbetroffener weiterhin im gleichen Arbeitsbereich tätig, vereinbaren Sie mindestens ein verbindliches Nachfolgetreffen innerhalb von drei Monaten. Steht das Schlichtungsergebnis auf wackeligen Füßen, sollten regelmäßige Nachfolgetreffen verbindlich angeordnet werden. Diese Treffen dienen der Erfolgskontrolle, aber auch als Warnung. Ein lascher Umgang mit solchen Gesprächen würde sich im Betrieb herumsprechen und die Wirksamkeit dieser Methode in anderen Fällen untergraben. Sorgen Sie deshalb dafür, daß man sich trifft, auch wenn scheinbar nichts mehr vorliegt.

  Verabreden Sie sich – wenn möglich regelmäßig – mit dem ehemaligen Mobbingbetroffenen. Sorgen Sie außerdem dafür, daß sich auch der Arbeitgeber mit der jetzigen Lösung des Mobbingfalls nicht aus der Fürsorgepflicht entlassen fühlt.

# 6. Wann genau ist Mobbing erfolgreich überwunden?

Die Frage, wann genau Mobbing erfolgreich überwunden ist, läßt sich leider nicht so einfach beantworten, wie es auf den ersten Blick erscheint. Der Außenstehende möchte glauben, daß ein Mobbingkonflikt zu Ende ist, sobald sich sicherstellen läßt, daß der Mobber keine wirksamen Angriffe gegen den Mobbingbetroffenen mehr ausführen kann. Dieser Zustand kann z. B. durch Einsicht auf seiten des Mobbers, durch einvernehmliche Schlichtung, durch Druck und Sanktionen gegen den Mobber, durch organisatorische Trennung der Konfliktparteien (z. B. Versetzung) oder durch wirksame Gegenwehr des Mobbingbetroffenen erreicht werden.

Für viele Mobbingbetroffene bleibt zunächst einmal die Unsicherheit, ob die Mobbingangriffe wiederaufleben könnten, sobald der Druck auf den Mobber nachläßt. Aber selbst, wenn dies völlig ausgeschlossen ist, lasten die erlittene persönliche Demütigung, die gesundheitliche und psychische Belastung während des Mobbings und die mögliche Zerstörung des guten Rufs bei Arbeitskollegen und Vorgesetzten auch nach einer Beendigung der Angriffe unerträglich auf dem ehemals Mobbingbetroffenen. Schmach und Demütigung sind für ihn nicht dadurch beendet, daß die Angriffe abgestellt werden konnten.

Neben der faktischen Beendigung des Mobbings strebt der Betroffene häufig auch eine symbolische Beendigung (z. B. Wiedergutmachung, Wiederherstellung der Ehre, Entschuldigung, Strafe) an. Nur wenn es lediglich einen alleinverantwortlichen Mobber gegeben hat, ließe sich das Mobbing faktisch und zugleich symbolisch durch die Entfernung des Mobbers erreichen. In den meisten Fällen sind Mobbingkonflikte komplizierter.

Tatsache ist, daß häufig die erreichte oder vorgeschlagene Lösung des Problems für den Betroffenen unbefriedigend ist. Dies kann daran liegen, daß tatsächlich nur ein „fauler" Kompromiß zustande gebracht wurde, oder daß der Betroffene nur eine bestimmte Form der Lösung für akzeptabel hält. Ein gefühlsmäßig wirklich befreiendes Ende des Mobbings würden viele Betroffene erst dann empfinden, wenn es zur Kündigung und zum Hinauswurf des jeweiligen Mobbers mit Schimpf und Schande kommen würde. Das Leid durch Mobbing ruft nach Vergeltung. Manche gehen in ihren Phantasien noch entschieden weiter als hier geschildert. Mobbingbetroffene, denen die gegebenen Lösungen nicht ausreichen, äußern häufig den Satz: „**Ich will doch nur Gerechtigkeit.**" Hinter dieser Forderung verbergen sich allerdings einige große Probleme.

Wir haben herausgefunden, daß es zwei sehr unterschiedliche Möglichkeiten gibt, um nach der Beendigung des akuten Mobbings mit den zugefügten Schäden fertig zu werden. Die eine Möglichkeit ist mit dem Wort „Gerechtigkeit", die andere mit dem Wort „Genugtuung" verbunden.

Mit dem Streben nach **Gerechtigkeit** wird versucht, das Gleichgewicht der Kräfte auf der sozialen Bühne wiederherzustellen. Mit dem Hoffen auf **Genugtuung** kann man versuchen, den inneren Frieden wiederzugewinnen.

**Wichtig!**

Gerechtigkeit finden bedeutet, symbolisch das soziale Gleichgewicht wiederherzustellen. Genugtuung erleben bedeutet, das innere Gleichgewicht wiederzufinden.

- **Die äußere, soziale Balance wiederherstellen – Gerechtigkeit finden**

  Nichts scheint verständlicher, als daß ein durch Mobbing geschädigter Mensch alles versucht, damit ihm Gerechtigkeit widerfährt. Natürlich halten wir es ebenfalls für gerechtfertigt und richtig, wenn der ungezügelten Aggression von Mobbern entsprechende Grenzen und Sanktionen entgegengesetzt werden. Wir erachten es ebenfalls für notwendig, daß tatenlos zuschauende Vorgesetzte und Arbeitgeber die Konsequenzen spüren müssen. Gerade aus diesem Grund haben die rechtlichen Erwägungen in diesem Buch einen so großen Stellenwert. Allerdings haben wir auch die Erfahrung gemacht, daß das Ziel „Gerechtigkeit", wenn es unerbittlich angestrebt wird, nicht selten in eine Sackgasse führt. Deswegen werden wir in diesem Abschnitt näher auf die Probleme eingehen, die im Zusammenhang mit unreflektierten Forderungen nach Gerechtigkeit stehen.

  Ein Problem mit dem Streben nach „Gerechtigkeit" bei der Aufarbeitung von Mobbing entsteht, wenn Gleiches mit Gleichem vergolten werden soll. Der Betroffene wünscht sich beispielsweise, daß nun im nachhinein der Ruf und das Ansehen des Mobbers ruiniert werden, daß er gedemütigt wird, schlaflose Nächte verbringt oder Angst um seinen Arbeitsplatz haben muß. Es besteht die Vorstellung, daß der eigene Schaden, den der Mobbingbetroffene erlitten hat, dadurch wiedergutgemacht werden kann, indem der Verursacher selbst Schaden, Strafe und/oder soziale Ausgrenzung in zumindest ebenso großem Maße erleidet. So verständlich der Wunsch aufgrund der eigenen Verletzungen und Verbitterung im Einzelfall ist, bei der praktischen Umsetzung dieses Wunsches würden moralische und rechtliche Grenzen des Erlaubten bzw. Zulässigen überschritten. Außerdem fragt sich, ob durch den „Gegenschaden" das eigene Leid tatsächlich wiedergutgemacht werden kann. Teilweise schafft die Umsetzung der Vergeltungswünsche mehr Probleme, als sie zu lösen vermag.

Häufig ist eine Gerechtigkeit aus praktischen Gründen nicht erreichbar. Die Realisierung des Wunsches nach Sühne kann an mangelnder Beweisbarkeit oder schlicht an Machtkonstellationen scheitern. Manche Zeugen sind – aus welchen Gründen auch immer – nicht bereit, ihre Beobachtungen auch Dritten (z. B. dem Gericht) gegenüber kundzutun. So schwer das fällt, dem Betroffenen tut nur eine kühle Abwägung zwischen dem moralischen Anspruch und dem Vergeltungswunsch einerseits und dem real Umsetzbaren andererseits gut. Ansonsten besteht die Gefahr, daß der ehemalige Mobbingbetroffene zum Don Quichote wird, der gegen Windmühlenflügel kämpft.

Das Risiko strafrechtlichen Vorgehens besteht unter anderem darin, daß eine Vielzahl von Personen davon überzeugt werden muß, daß ein Verhalten des Mobbers vorliegt, das geahndet werden muß. Der Mobbingbetroffene wird für die Erreichung seines Ziels nach Gerechtigkeit von einer zunehmenden Anzahl von Personen abhängig. Das sind die eigenen Zeugen, der eigene Rechtsanwalt, der Rechtsanwalt der Gegenseite, der Mobber und dessen möglichen Zeugen, etc. Neben diesen menschlichen Faktoren kommen noch weitere Umstände zum Tragen, wie etwa die Stichhaltigkeit von Beweisen, die Glaubwürdigkeit von Zeugenaussagen, die Einhaltung von Fristen oder die Regeln der Strafprozeßordnung.

Ähnliche Probleme können sich ergeben, wenn der Mobbingbetroffene etwa versucht, bestimmte arbeitsrechtliche Konsequenzen für den Mobber, die moralische Verurteilung des Mobbers auf einer Betriebsversammlung oder eine formale Entschuldigung zu erzwingen, weil ihm nur diese Form als gerechter Ausgleich erscheint. Die Festlegung auf eine bestimmte Form des gerechten Ausgleichs birgt die

Gefahr, daß die Nichterreichung dieser gewünschten Maßnahme als weitere, unerträgliche Niederlage erlebt wird, während zugleich gute alternative Lösungen außer Betracht bleiben.

Das aus unserer Sicht zentrale Problem ist jedoch, daß ein Betroffener durch das unreflektierte Beharren auf der Umsetzung von Gerechtigkeit ungewollt sein eigenes Leid verlängern kann.

- **Mobbingbetroffene, die keine Ruhe finden können**

Wir wollen das schwierige Thema nicht ausklammern, daß das Streben nach einem gerechten Ausgleich zu einer Isolierung des Mobbingbetroffenen von den Menschen, die ihm helfen wollen, führen kann. Auch wir haben miterleben müssen, wie sich Mobbingbetroffene selbst der Möglichkeit beraubten, einen zufriedenstellenden Neuanfang zu starten, weil sie zu stark an die Idee einer irgendwie gearteten Bestrafung des Mobbers und an die strikte Herstellung von „Gerechtigkeit" gebunden waren. Es gibt die paradoxe Situation, daß Mobbingbetroffene eine gute Chance zur Beendigung ihrer bedrückenden Situation ausschlagen (z. B. die Versetzung des Mobbers oder die eigene Beförderung). Sie wollten sich nicht um die ungewisse Chance bringen, es dem Mobber irgendwann einmal heimzahlen zu können.

Natürlich haben Außenstehende leicht reden, wenn sie eine bestimmte Lösung für tragbar halten, während der Betroffene in ihr eine weitere unerträgliche Demütigung sieht. Das Problem liegt unter anderen darin, daß der psychische Schaden in einem Mobbingkonflikt in objektiver Hinsicht kaum zu messen ist. Es läßt sich eventuell feststellen, wie oft jemand beleidigt wurde, aber nicht, wie „tief" die Beleidigung gegangen ist. Aber das Problem beruht nicht allein auf Mißverständnissen. Es gibt Mobbingbetroffene, die einfach keine Ruhe finden können und hartnäckig in jeder erdenklichen Weise versuchen, die Situation noch einmal grundlegend zu ihren eigenen Gunsten zu ändern.

*Leymann* (1995) hat für die hier angesprochenen Verhaltensweisen den psychiatrischen Begriff der **Obsession** eingeführt, was soviel bedeutet wie zwanghafte Besessenheit. *Leymann* betont ausdrücklich, daß diese Obsessionen durch die besonders ausweglosen und gemeinen Mobbingsituationen zustande kommen, also äußere Ursachen haben. Dennoch hätte seine Einschätzung weitreichende Konsequenzen, wenn sie zutrifft. Denn regelrechte Obsessionen gelten in Fachkreisen als sehr schwer therapierbare psychische Störungen. Dementsprechend wären Mobbingberater also an dieser Stelle mit ihren Möglichkeiten definitiv am Ende. Wir glauben jedoch, daß ein gemeinsames Nachdenken über das Thema Gerechtigkeit und Genugtuung in vielen Fällen doch noch zu Lösungen führen kann.

Wir haben erwähnt, daß das Streben nach Gerechtigkeit der Versuch ist, das äußere, soziale Gleichgewicht wiederherzustellen. Während sich in der Mobbingphase die Macht, die Initiative des Handelns und der Erfolg auf der Seite des Mobbers befinden, soll dies im nachhinein wieder ausgeglichen werden. In Kapitel X.1 hatten wir drei Wünsche genannt, die Mobbingbetroffene besonders bewegen: Erstens sollte das Mobbing schnellstens aufhören, zweitens sollten alle Umstehenden sehen, was für ein schlechter Mensch der Mobber ist, und drittens sollte der Mobber in irgendeiner Form bestraft werden. In der Phase nach dem akuten Mobbing kommt noch ein vierter wichtiger Wunsch nach Wiederherstellung des Ansehens in den eigenen und in den Augen des sozialen Umfelds hinzu. Auch wenn der Mobber unmoralisch und fies gehandelt hat, so ist doch der Umstand der eigenen Unterlegenheit, der Schwäche, der vorübergehenden Handlungsunfähigkeit und Niederlage des Mobbingbetroffenen nicht völlig auszublenden. Diese vermeintliche Erniedrigung schmerzt. Durch eine Bestrafung wird der Mobber nun seinerseits in die unterlegene Position gedrückt, in der er etwas Unangenehmes erdulden muß. Währenddessen wird der Mobbingbetroffene sozial erhöht. Das soziale Gleichgewicht neigt sich wieder zu seinen Gunsten. Darin liegt unserer Meinung nach das bestimmende Motiv eines Mobbingbetroffenen für dieses unerbittliche Streben nach Gerechtigkeit.

Wir glauben auch beobachten zu können, daß die Verbitterung und der hier diskutierte besondere Wunsch nach Gerechtigkeit bei solchen Mobbingbetroffenen besonders groß und dauerhaft sind, die immer versucht haben, besonders vorbildhaft durch das (Arbeits-)Leben zu gehen. Vielleicht ist es für diese Menschen eine sehr schmerzhafte Erfahrung, wenn sie durch Mobbing erfahren müssen, daß dieses „Gut-Sein" keine wirksame Garantie für die eigene soziale Sicherheit ist. Außerdem vermuten wir, daß der Ruf nach Gerechtigkeit manchmal vorgetragen wird, weil der Mobbingbetroffene selbst in die Konflikte, die dem Mobbing zugrunde lagen, verstrickt war und sich nicht sicher ist, inwieweit eigene Fehler und Versäumnisse zur Eskalation der Vorgänge beigetragen haben. Die eindeutige Verurteilung des Mobbers ermöglicht dann eine psychologische „Bereinigung" dieser inneren Unsicherheit.

Es wird von einer weiteren Form von Obsession berichtet, nämlich Menschen, die mit jedem und zu jeder Zeit ein Gespräch über das ihnen zugefügte Leid führen wollen. In Kapitel VIII.2 („Anforderungen an die Beratungsperson“) haben wir auf die immense Bedeutung hingewiesen, die ein ruhiger, geduldiger Zuhörer für einen Mobbingbetroffenen haben kann. Als Zuhörer können Sie aber im Einzelfall den Eindruck gewinnen, daß es dem Betroffenen überhaupt nicht mehr um die tatsächliche Verbesserung seiner Lage geht, sondern allein um das Erzählen und Klagen. Die Zuhörer scheinen bisweilen auch beliebig austauschbar zu sein. Hoffentlich gelingt es Ihnen, Ihren aufkeimenden Ärger nicht unkontrolliert auf den Mobbingbetroffenen abzuwälzen. Der Hintergrund für dieses Verhalten liegt oft darin, daß sich diese Menschen tatsächlich vollständig handlungsunfähig fühlen und von tiefer Hoffnungslosigkeit gebeugt sind. Das andauernde Klagen kann auch der unbeholfene Versuch sein, jemand anders dazu zu bewegen, stellvertretend für ihn eine Lösung herbeizuführen. In einer solchen Situation sollten Sie, wenn Sie sich als Vertrauensperson des Betroffenen fühlen, eine offene Aussprache führen.

Mit den hier angestellten Überlegungen geht es nicht darum, das Streben nach Gerechtigkeit und die Forderung nach Bestrafung von Mobbern grundsätzlich schlechtzumachen. Es geht vielmehr um die problematischen, möglicherweise selbstschädigenden Handlungsweisen von Mobbingbetroffenen. Insbesondere kann die Hoffnung trügerisch sein, daß der innere Friede durch eine bestimmte äußere, symbolische Handlung erreicht wird.

- **Die innere Balance wiederherstellen – Genugtuung finden**

Wir haben einige Menschen kennengelernt, die Mobbing hauptsächlich aus eigener Kraft erfolgreich überwinden konnten. Es handelte sich dabei keineswegs um leichte Bagatellfälle. Es waren Mobbingsituationen, die teilweise Jahre andauerten und die beruflich und menschlich existenzbedrohlich waren. Die Betroffenen berichten alle von dem enorm wichtigen Faktor, daß es zumindest einen Menschen gegeben hat, der an sie glaubte und der sie persönlich unterstützt hatte. Es gab jedoch auch einen inneren Faktor, welcher für die schließlich erfolgreiche Überwindung des Mobbings verantwortlich gewesen ist. Dieser Faktor war der – zunächst durchaus schwache – Wille zur Selbstbehauptung und die Überzeugung, daß sie selbst etwas tun müßten, wenn sich ihre Lage zum Besseren ändern sollte. Rückblickend beurteilen diese Menschen ihre Erlebnisse ziemlich übereinstimmend mit etwa denselben Worten: „Es war eine sehr, sehr harte Erfahrung.

Ich wünsche sie keinem. Ich möchte auch nicht unbedingt wieder so etwas auf diese brutale Weise lernen müssen. Aber, aus heutiger Sicht, muß ich sagen, diese Erfahrung hat mich auch stark gemacht."

Das Überraschende war für uns, daß in keinem dieser erfolgreichen Fälle ein juristischer Schlußstrich unter die Angelegenheit zu verzeichnen war. Es war häufig nicht einmal zu einer Versetzung oder anderen arbeitsrechtlichen Konsequenz für den Mobber gekommen. Wie konnte es dann trotzdem zu einem befriedigenden Ende von Mobbing kommen?

Die Erklärung liegt darin, daß es den Betroffenen gelungen war, die belastenden Erfahrungen des Mobbings psychisch zu verarbeiten, so daß sie das Gefühl bekamen, erstarkt und gewachsen zu sein. Sie hatten das innere Gleichgewicht, den inneren Frieden wiederherstellen können. Nach den Gesprächen mit Betroffenen und aus eigenen Erfahrungen glauben wir, daß sich dieses Gefühl von Gleichgewicht eher plötzlich (z. B. beim Erleben einer bestimmten Situation oder während eines Gesprächs) einstellt. Dieses Gefühl läßt sich am besten mit dem Wort „Genugtuung" beschreiben.

**Beispiele für Genugtuung:**

Simone B. hatte als nicht freigestelltes Betriebsratsmitglied unter dauerhaften Mobbingangriffen ihres Vorgesetzten zu leiden, der sie mit unsachlicher Kritik wegen angeblicher Schlechtleistung und zu häufiger Abwesenheit traktierte. Mit Unterstützung des Betriebsrats gelang es ihr immerhin, den Mobber zum Schweigen zu bringen. Dennoch wurmte sie die erlittene Demütigung weiterhin. Beinahe zwei Jahre später kam eben dieser Abteilungsleiter ins Betriebsratsbüro, um sich in einer persönlich wichtigen arbeitsrechtlichen Frage beraten zu lassen. Augenblicklich hatte Simone B. das Gefühl tiefer Genugtuung.

In einem anderen Fall hatte die gemobbte Kollegin Vera H. bereits ihren Arbeitsplatz aufgrund von Mobbing gekündigt. Der Geschäftsleiter, dem die Vorfälle erst im nachhinein bekannt wurden, entschuldigte sich nachträglich persönlich bei der Betroffenen und bot ihr eine Wiedereinstellung an. Sie empfand diese Geste des Geschäftsführers als persönlich außerordentlich befriedigend, auch wenn sie das Angebot nicht annahm. Für sie war das Kapitel Mobbing damit abgeschlossen.

Es kann keine allgemein verbindlichen Aussagen darüber geben, wie und wodurch jedem Mobbingbetroffenen das Gefühl der Genugtuung verschafft werden kann. Genugtuung ist ein höchst individuelles Erleben. Viele Betroffene sind dem Gedanken an Gerechtigkeit so stark verhaftet, daß sie sich womöglich kaum Gedanken darüber gemacht haben, auf welche Weise sie ihren inneren Frieden finden können. Deswegen erachten wir es für sinnvoll, eine Zusammenstellung von Beispielen zu veröffentlichen, aus welchen Anlässen Genugtuung erwachsen kann (vgl. Abb. Seite 204). Fast überflüssig ist zu erwähnen, daß diese Liste nicht vollständig sein kann.

- **Mobbing verarbeiten**

Mobbing stellt eine schwere psychische, soziale und körperliche Beeinträchtigung dar. Es sollte darum klar sein, daß sich im Anschluß an akutes Mobbing eine längere Erholungs- und Verarbeitungsphase anschließen muß. Auch wenn das Mobbing letztlich erfolgreich überwunden werden konnte, sind höchste Anforderungen an die persönliche Kraft gestellt worden. Die existentielle Bedrohung durch Mobbing macht es wahrscheinlich, daß die Vorfälle immer wieder durchlebt, überdacht und nachgefühlt werden müssen. Betroffene fragen sich im nachhinein, was sie und andere hätten anders oder besser machen können. Es werden Pläne entwickelt, um zukünftigen Gefahren besser gegenübertreten zu können. Schuldzuweisungen werden erstellt und wieder verworfen. Wut, aber auch Verzweiflung und Trauer treten immer wieder auf. Überhaupt ist die Verarbeitung einer Mobbingerfahrung gut mit dem Prozeß des Trauerns zu vergleichen. Zwar ist kein nahestehender Mensch gestorben, doch wurde ein Teil der sozialen Sicherheit und des Vertrauens in ein neutrales bis wohlwollendes Verhalten der Mitmenschen grundlegend in Frage gestellt. Außerdem mußte der Betroffene miterleben, daß seine eigenen Fähigkeiten nur mit knapper Not ausreichten, um seine soziale Position zu verteidigen. Es ist also nur zu wahrscheinlich, daß sich ein Mobbingbetroffener noch lange Zeit an seinem Mobbingschicksal abarbeitet. Auch im Gespräch mit anderen wird dieses Thema immer wieder angesprochen werden. Schließlich sollte es aber gelingen, die gemachten Erfahrungen als Teil der eigenen Geschichte zu akzeptieren sowie Lehren und Einschätzung daraus für die Zukunft zu ziehen. Betroffene und Helfer sollten hier die notwendige Geduld aufbringen.

Die innere Verarbeitung des Erlebten kann eigentlich erst einsetzen, wenn die Mobbingangriffe – aus welchen Gründen auch immer – zum Ende gekommen sind. Bei Mobbingbetroffenen, denen nichts

# Was einem Mobbing-Betroffenen Genugtuung bringen kann

## Gestärktes Selbstwertgefühl

- Glauben an sich selbst bewahrt zu haben;
- das Erlebnis, zur eigenen Stärke zurückgefunden zu haben;
- das Gefühl, über sich selbst hinausgewachsen zu sein;
- selbst gerecht und fair geblieben zu sein.

## Soziale Anerkennung und Unterstützung

- Solidarität durch die Arbeitskollegen erfahren zu haben;
- Solidarität durch Familie und Freunde erfahren zu haben;
- neue Freunde gefunden zu haben;
- Meinungsumschwung im Betrieb bewirkt zu haben.

## Den moralischen Sieg davongetragen zu haben

- Ansehensverlust des Mobbers erlebt zu haben;
- Sympathie der Belegschaft bzw. der Vorgesetzten gewonnen zu haben;
- sicheres Gefühl gewonnen zu haben, daß man moralisch im Recht ist;
- indirektes Schuldeingeständnis oder Kleinbeigeben des Mobbers zu erleben;
- Entschuldigung des Mobbers erlebt zu haben.

## Persönliche Erfolge trotz Mobbing

- berufliches Fortkommen trotz Mobbing erfahren zu haben;
- berufliche Anerkennung erfahren zu haben;
- Situation erhobenen Hauptes überstanden zu haben.

## Hinter die Kulissen des Mobbers geschaut zu haben

- die schwachen, erbärmlichen Motive des Mobbers erkannt zu haben;
- die innere Schwäche des Mobbers erkannt zu haben;
- erlebt zu haben, daß der Mobber auch nur „mit Wasser kocht"
- entdeckt zu haben, daß der Mobber selbst Furcht hatte.

## Andere Erlebnisse, die das Gleichgewicht wiederherstellen können

- der ehemalige Mobber sucht selbst Hilfe und Rat;
- der ehemalige Mobber wird selbst gemobbt;
- in einer Selbsthilfegruppe erleben, daß auch andere „starke" Persönlichkeiten unter Mobbing gelitten haben.

übrig geblieben ist, als sich durch eigene Versetzung oder Kündigung aus der Schußlinie zu ziehen, dürfte dieser Prozeß schmerzhafter sein und länger dauern als bei denen, die aktiv und erfolgreich gegen das Mobbing vorgehen konnten. Eine innere Verarbeitung ist dennoch möglich. Schlimmer ist es für diejenigen, bei denen das Mobbing im wesentlichen nicht überwunden werden konnte und die mit völlig unzureichenden Lösungen „leben" müssen. Ihnen möchten wir raten, dringend externe Hilfe zu suchen.

# XI. Rechtliche Bewertung und Handlungsmöglichkeiten

*Ingrid Mitgutsch*

## 1. Strafrechtliche Bewertung des Mobbing

### Strafbarkeit des Mobbing schlechthin?

➔ **Beispiel:** Seit drei Jahren wird Huber von seinen Kollegen gemobbt. Man spricht nicht mit ihm, dafür aber hinter seinem Rücken, in regelmäßigen Zeitabständen verschwinden seine Arbeitsunterlagen, und von Zeit zu Zeit hört er, wie sich die Kollegen auf dem Gang über ihn lustig machen. Seit vier Monaten ist er wegen eines Magengeschwürs in ärztlicher Behandlung.

Einen **Straftatbestand gegen Mobbing schlechthin** gibt es in Österreich derzeit (noch) nicht. Deshalb soll an dieser Stelle versucht werden, das Phänomen „Mobbing“ mit dem vorhandenen strafgesetzlichen Instrumentarium zu analysieren. Dabei stellt sich jedoch das Problem, daß Mobbing immer ein längerdauernder Prozeß, eine fortgesetzte Feindseligkeit ist, die sich aus einer ganzen Vielzahl negativer Verhaltensweisen gegen den Gemobbten zusammensetzt. Genau darauf ist das österreichische Strafrecht aber typischerweise nicht zugeschnitten. Vielmehr handelt es sich um ein Einzeltatstrafrecht, das prinzipiell nur einzelne Handlungen eines Täters unter Strafe stellt und nicht ein ganzes Bündel von Aktivitäten oder etwa die gesamte Lebensführung (*Däubler* Betriebs-Berater 1995 1347; *Fuchs* AT I$^3$ 51 f.; *Jescheck/Weigend* AT$^5$ 423). Die Gesamtsituation, die einem strafrechtlich relevanten Geschehen zugrundeliegt, kann allenfalls auf der Ebene der Strafzumessung berücksichtigt werden und dort Einfluß auf die Höhe der zu verhängenden Freiheits- oder Geldstrafe haben. Eine Strafbarkeit des Mobbing schlechthin ist daher nach der derzeitigen österreichischen Rechtslage **nicht anzunehmen**. Strafrechtlich relevant können aber u. U. die einzelnen im Zuge eines Mobbingverlaufs gesetzten Handlungen des Mobbers sein.

## Strafrechtliche Bewertung einzelner Mobbinghandlungen

Allgemeine Voraussetzung dafür, einen Mobber wegen seiner Handlungen strafrechtlich zur Verantwortung ziehen zu können, ist, daß er mit seinem Verhalten in rechtswidriger Weise, also ohne einen Rechtfertigungsgrund (z. B. Notwehr) dafür zu haben, einen Straftatbestand verwirklicht. Dies hat gem. § 7 Abs. 1 StGB grundsätzlich vorsätzlich zu geschehen, lediglich in Ausnahmefällen, nämlich bei ausdrücklicher gesetzlicher Normierung, ist auch fahrlässiges Handeln mit Strafe bedroht.

Bei der Beantwortung der Frage, welche Straftatbestände nun zur rechtlichen Beurteilung einzelner Mobbinghandlungen herangezogen werden können, erweist sich eine primär **rechtsgutsorientierte Einteilung** dieser Handlungen als zielführend. Diese teilt die einschlägigen Verhaltensweisen prinzipiell in körperliche Übergriffe, Sachmanipulationen, Verbalattacken und Kommunikationsverweigerung ein und bezieht auch mögliche gesundheitliche Konsequenzen der jeweiligen Verhaltensweise in die rechtliche Beurteilung mit ein.

### 1.1 Körperliche Übergriffe gegen das Mobbingopfer

Physische Attacken stellen die extremste, zugleich aber auch die seltenste Form des Mobbing am Arbeitsplatz dar. Unterscheiden lassen sich zwei Formen von Übergriffen:

#### a) Unmittelbar gegen den Körper des Gemobbten gerichtete Übergriffe

➔ **Beispiel:** Maier rempelt Huber bei der Essensausgabe in der Kantine mit dem Tablett an, sodaß dieser stolpert. Müller läßt „unabsichtlich" einen schweren Eisenbohrer fallen, der genau auf Bergers Zehen landet und dort einen Bluterguß hervorruft.

Gegen den Körper des Gemobbten gerichtete Handlungen können, wenn sie vom Vorsatz des Täters getragen sind und keine weiteren gesundheitlichen Folgen nach sich ziehen, als **körperliche Mißhandlungen gem. § 115 Abs. 1 Fall 3 StGB** gewertet werden, da sie üble unangemessene Behandlungen darstellen, die das körperliche Wohlbefinden eines anderen nicht ganz unerheblich beeinträchtigen (*Kienapfel* BT I$^4$ § 115 Rn. 12; *Leukauf/Steininger* StGB$^3$ § 115 Rn. 5). Voraussetzung für ihre Strafbarkeit ist allerdings die Wahrung einer **Mindestpublizität** in dem Sinn, daß die Tat öffentlich oder vor mehreren

Leuten begangen wird, wobei als untere Grenze die Anwesenheit von wenigstens drei unbeteiligten Personen außer dem Mobber und dem Gemobbten zu verstehen ist (arg. § 115 Abs. 2). In Anbetracht des Umstandes, daß es Mobbingtäter in der Regel darauf anlegen, unbeobachtet zu bleiben, um ihrem Opfer keine Handhabe für erfolgreiche Gegenwehr zu bieten, wird diese Mindestpublizität in der Praxis allerdings **nicht oft vorliegen**.

Bleiben die physischen Attacken des Mobbers nicht folgenlos, sondern ziehen sie Beeinträchtigungen der körperlichen Integrität, etwa Prellungen oder Blutergüsse nach sich, so hat es mit der körperlichen Mißhandlung nicht das Bewenden. In diesem Fall kann sich der Täter ungeachtet der Zahl der Beobachter wegen **Körperverletzung gem. § 83 StGB**, bei gravierenden Beeinträchtigungen sogar wegen **schwerer Körperverletzung gem. §§ 84 ff. StGB** zu verantworten haben. Voraussetzung dafür ist, daß der Täter die Körperverletzung des Gemobbten entweder bewußt in Kauf nimmt oder bei Setzung seiner Mißhandlungsakte zumindest mit deren Eintritt hätte rechnen können (arg. § 7 Abs. 2 StGB; vgl. dazu *Kienapfel* BT I[4] Vorbemerkung §§ 83 ff. Rn. 1). Hat das Opfer dagegen Glück und bleibt es unverletzt, etwa weil es der Attacke des Mobbers noch rechtzeitig ausweichen kann, so kann dessen Verhaltensweise je nach Vorsatz einen **Versuch** der Mißhandlung oder der (schweren) Verletzung darstellen (str in bezug auf § 84 StGB; vgl. dazu *Kienapfel* BT I[4] § 84 Rn. 5 mN).

### b) Zweckbestimmte körperliche Übergriffe

➔ **Beispiel:** In der Hoffnung, seinen Kollegen Huber davon abhalten zu können, sich als Betriebsrat aufstellen zu lassen, schlägt Maier ihm eine Tür ins Gesicht. Huber bekommt heftiges Nasenbluten.

Körperliche Angriffe gegen den Gemobbten können auch als **Nötigung gem. § 105 StGB** strafbar sein, wenn sie die Schwelle der Gewalt, also beachtlicher physischer Kraft zur Überwindung eines tatsächlichen oder erwarteten Widerstands, erreichen (*Kienapfel* BT I[4] § 105 Rn. 11 mN, aus der Rspr insb. OGH EvBl 1997/15; OGH JUS 1994/6/1446) und dazu dienen, einen bestimmten vom Opfer unerwünschten Zweck, z. B. das Ausscheiden aus dem Arbeitsverhältnis oder zumindest der Arbeitseinheit, den Verzicht auf die Stellung eines Beförderungsantrags oder etwa auf den Antritt einer Dienstreise, zu erreichen. Setzt der Mobber sein Ziel durch, so ist die Nötigung vollendet, läßt sich der Gemobbte dagegen nicht zum Nachgeben bewegen, kann der Mobber lediglich wegen versuchter Nötigung zur Verantwortung gezogen werden (*Kienapfel* BT I[4] § 105 Rn. 79; *Leukauf/Steininger* StGB[3] § 105 Rn. 28; OGH LSK 1996/190). Eine allfällige Strafbarkeit der Gewaltanwendung wegen körperlicher Mißhandlung gem. § 115 Abs. 1 Fall 3 StGB tritt dann aufgrund der ausdrücklichen Subsidiaritätsklausel in dieser Bestimmung sowohl hinter die versuchte als auch hinter die vollendete Nötigung zurück. Zieht die zweckgerichtete Gewaltanwendung des Mobbers über die Willensbeugung hinausgehende körperliche Folgen nach sich, so kann der Täter zusätzlich zur Nötigung wegen **Körperverletzung gem. §§ 83 ff. StGB** zu bestrafen sein (dazu näher *Mitgutsch* Aspekte 283 mN).

## 1.2 Sachmanipulationen

➔ **Beispiel:** Während Huber im Krankenstand ist, räumt Maier seinen Schreibtisch so um, daß nichts mehr an seinem alten Platz bleibt und einige Arbeitsbehelfe unauffindbar bleiben. Nach Feierabend setzt sich Müller an Bergers PC und installiert dort einen Computervirus, der für Bergers Arbeit wichtige Daten vernichtet.

Bei dieser relativ häufig ausgeübten Form des Mobbing geht es primär um verschiedene Arten von Revierverletzungen in Abwesenheit. Deren erste Erscheinungsform, das **Entziehen von Arbeitsbehelfen**, wird wohl **nur in Ausnahmefällen strafrechtlich zu erfassen** sein. Die Anlastung eines Vermögensdelikts, etwa eines Diebstahls gem. § 127 StGB, wird im Großteil aller Fälle an dem dafür erforderlichen Zueignungs- und Bereicherungsvorsatz des Mobbers scheitern. Denn dessen Ziel ist es in der Regel, dem Gemobbten durch seine Handlungen das Arbeiten zu erschweren oder gar vollends zu verleiden, nicht aber die weggenommenen Arbeitsbehelfe in sein Vermögen oder das eines Dritten zu überführen und dieses dadurch unrechtmäßig zu vermehren (*Leukauf/Steininger* StGB[3] § 127 Rn. 50 ff. mN). Auch wird sich der Mobber in den meisten Fällen darauf beschränken, die betreffenden Gegenstände innerhalb der Arbeitsstelle zu verstecken und sie so dem Zugriff des Gemobbten zu entziehen, sie aber nicht gänzlich aus dem Dienstbereich entfernen. Der übergeordnete Gewahrsam des Dienstgebers bleibt in solchen Fällen unberührt (*Leukauf/Steininger* StGB[3] § 127 Rn. 33 und 37; OGH 10. 6. 1980, 9 Os 62/80 nv), weshalb schon objektiv keine Sachwegnahme im Sinne des § 127 StGB vorliegt. Auch dauernde Sachentziehung gem. § 135 StGB **scheitert** in der Regel aus denselben Erwägungen (dazu näher *Mitgutsch* Aspekte 283 f.).

Größere strafrechtliche Relevanz besitzt die zweite Gruppe der Revierverletzungen, die heimlichen **Manipulationen am Computer** des Gemobbten. Solche Fälle können von dem 1987 neu geschaffenen Delikt der **Datenbeschädigung gem. § 126a StGB** erfaßt werden. Nach dieser Bestimmung macht sich strafbar, wer einen anderen dadurch schädigt, daß er automationsunterstützte Daten, über die er nicht oder nicht allein verfügen darf, verändert, löscht oder sonst unbrauchbar macht. Genau das ist bei vielen computerbezogenen Mobbinghandlungen der Fall. Der Mobber ist nur selten über die Daten im PC des Gemobbten alleinverfügungsberechtigt, und durch das Löschen oder Verändern von Dateien, das Installieren von Computerviren und ähnliche von Betroffenen immer wieder berichtete Manipulationen wird eine bestimmungsgemäße Verwendung der betreffenden Daten bedeutend erschwert, wenn nicht sogar völlig unmöglich gemacht (*Kienapfel* BT II[3] § 126a Rn. 19 ff.; *Leukauf/Steininger* StGB[3] § 126a Rn. 9 ff.). Auch die vom Gesetz verlangte Vermögensschädigung ist in solchen Fällen meist gegeben, wenn sie auch in der Regel nicht beim gemobbten Arbeitnehmer, sondern beim **Dienstgeber** eintritt, für den die manipulierten Daten ursprünglich erstellt worden sind. Denn dieser muß nun die Wiederherstellung des Datenmaterials in die Wege leiten, wofür Lohn- und u. U. beträchtliche Materialkosten (z. B. für die Beschaffung neuer Hard- oder Software) anfallen (*Kienapfel* BT II[3] § 126a Rn. 22; *Leukauf/Steininger* StGB[3] § 126a Rn. 14; näher *Mitgutsch* Aspekte 284).

## 1.3 Verbalattacken – negative Kommunikation

Verbale Angriffe gegen den Betroffenen stellen den Kernbereich des Mobbing am Arbeitsplatz und gleichzeitig die zahlenmäßig umfangreichste sowie die nach der Begehungsweise vielgestaltigste Fallgruppe möglicherweise strafbarer Aktivitäten dar.

### a) Ehrverletzende Verbalattacken

➔ **Beispiele:** Maier verbreitet über Huber, er sei ein Alkoholiker. Müller gibt dem Chef zu verstehen, Berger nehme von den Unternehmenskunden Bestechungsgelder. Binder beschimpft seinen türkischen Kollegen Özgür als „Kümmeltürk".

Bei dieser praktisch bedeutenden Form negativer Kommunikation kann zwischen Nachrede- und Beleidigungsfällen unterschieden werden. Die **Nachredefälle** sind primär durch eine **Rufschädigung** des Mobbingopfers charakterisiert: Es wird bei anderen, insb. Vorgesetzten und Kollegen schlechtgemacht, berufliche Sachkompetenz wird ihm abgesprochen, und negative Gerüchte über sein Privat- und/oder Berufsleben werden in Umlauf gebracht. Bei den **Beleidigungsfällen** geht es dagegen eher um eine durch Schimpfwörter, herabsetzende Gesten oder Verhöhnungen ausgedrückte **Kränkung** des Gemobbten (eindrucksvolle Fallbeispiele zu beiden Gruppen bei *Leymann* 1993 16 ff.). In beiden Fällen ist allerdings eine sorgfältige milieuspezifische Auslegung der in Frage stehenden Äußerung anhand der gesamten Umstände des jeweiligen Falles vorzunehmen: Was in einem Fall einen massiven Ehrangriff darstellt, kann in einem anderen Fall als zwar derber, aber dennoch gutmütiger Scherz unter Kollegen an der Tagesordnung sein (*Kienapfel* BT I$^4$ Vorbemerkung §§ 111 ff. Rn. 6 ff. mN).

Strafrechtlich sind beide Fallgruppen prinzipiell verschieden zu beurteilen. Die Rufschädigung des Opfers kann, sofern der ihr zugrundeliegende Tatsachenkern nicht als wahr erwiesen wird und der Täter nicht Umstände beweisen kann, aus denen sich für ihn hinreichende Gründe ergeben haben, das Gesagte für wahr zu halten (§ 111 Abs. 3 StGB), grundsätzlich als Charakter- oder Verhaltensvorwurf im Sinne der **Üblen Nachrede gem. § 111 StGB** strafbar sein (*Kienapfel* BT I$^4$ § 111 Rn. 18). Die Herabsetzung und Kränkung des Gemobbten wird dagegen in vielen Fällen als **Beleidigung gem. § 115 Abs. 1 Fall 1 und 2 StGB** gewertet werden können (*Kienapfel* BT I$^4$ § 115 Rn. 8; *Mitgutsch* Aspekte 285). Zu beachten ist allerdings in diesem Zusammenhang, daß die Kundgabe der Rufschädigung bzw. der Kränkung ebenso wie die körperliche Mißhandlung einem **Publizitätserfordernis** in dem Sinn unterliegt, daß der Tatbestand des jeweiligen Ehrbeleidigungsdelikts erst dann erfüllt ist, wenn eine bestimmte Mindestzahl unbeteiligter Dritter (in den Nachredefällen mindestens eine, in den Beleidigungsfällen mindestens drei Personen) die Möglichkeit hat, die ehrverletzende Äußerung zur Kenntnis zu nehmen und ihren beleidigenden Sinn zu verstehen (*Kienapfel* BT I$^4$ § 111 Rn. 24 ff. und § 115 Rn. 14 ff.; *Leukauf/Steininger* StGB$^3$ § 111 Rn. 20 und § 115 Rn. 9). Gerichtliche Strafe zu befürchten hat der Mobber also allenfalls dann, wenn er seine Verbalattacken vor einer gewissen Zahl von Zeugen setzt. Bleibt seine negative Komunikation dagegen inter duos, ruft er die Strafgerichte damit überhaupt nicht auf den Plan (näher *Mitgutsch* Aspckte 285).

### b) Zweckbestimmte Verbalangriffe

➔ **Beispiele:** Maier sagt zu Huber: „Entweder du kündigst selbst, oder ich erzähle dem Chef, daß du Geld aus der Ladenkasse gestohlen hast." Müller gibt dem Berger zu verstehen, daß er ihm künftig „das Leben zur Hölle machen wird", falls Berger sich nicht in eine andere Abteilung versetzen läßt.

Neben einer Rufschädigung oder einer Kränkung seines Opfers kann der Mobber mit seiner Verbalattacke – ebenso wie mit körperlichen Übergriffen – auch einen darüber hinausgehenden Zweck, in der Regel wieder das Ausscheiden des Gemobbten aus dem Arbeitsverhältnis oder der jeweiligen Dienststelle, verfolgen. Diese Verhaltensweise kann eine Strafbarkeit wegen **Nötigung gem. § 105 StGB** begründen, wenn der Verbalangriff die Intensität einer gefährlichen Drohung erreicht, wenn also dem Gemobbten ein vom Mobber beherrschbares Übel angekündigt wird, das sich gegen ein sog. nötigungserhebliches Rechtsgut (Körper, Freiheit, Ehre oder Vermögen) des Gemobbten richtet und unter Berücksichtigung aller Umstände geeignet ist, begründete Besorgnis zu erwecken (*Kienapfel* BT I[4] § 105 Rn. 31 ff.; *Leukauf/Steininger* StGB[3] § 74 Rn. 21 und § 105 Rn. 11; OGH EvBl 1997/76). Dabei muß sich die gefährliche Drohung nicht unbedingt in einer handfesten Einschüchterung manifestieren, sondern kann je nach Lage des Falles auch in ganz subtilen Äußerungen (Sticheleien etc.) oder Gesten zum Ausdruck kommen. Wichtig ist nur, daß die Ankündigung nach den gesamten Umständen des konkreten Falles objektiv-individuell ernst gemeint scheint (OGH JBl 1989 260; OGH SSt 58/36, 56/5 und 54/30). Hat das zweckgerichtete Verhalten des Mobbers ein Nachgeben auf Opferseite zur Folge, so kann der Täter auch hier wieder wegen vollendeter Nötigung haften, hält der Gemobbte dem Druck dagegen stand, so kommt Versuch des Delikts in Betracht.

Eine spezielle Strafbestimmung für den Fall, daß der Täter mit seiner Drohung bezweckt, **Psychoterror** auf das Opfer auszuüben, statuiert die **Gefährliche Drohung gem. § 107 StGB**. Dieses Delikt pönalisiert solche Übelsankündigungen, die der Täter in der Absicht äußert, den Bedrohten in Furcht und Unruhe zu versetzen (*Kienapfel* BT I[4] § 107 Rn. 5 und 9; *Leukauf/Steininger* StGB[3] § 107 Rn. 5 f.), wobei es für die Strafbarkeit nach dieser Bestimmung keinen Unterschied macht, ob das Opfer der Bedrohung nachgibt und kündigt oder nicht. Denn das Kundgebungsdelikt des § 107 StGB ist bereits in dem Zeitpunkt vollendet, in dem der Bedrohte von der auf die Hervorrufung von Furcht und Unruhe gerichteten Drohung Kenntnis erlangt. Ob er tatsächlich in Angst und Schrecken versetzt wird oder eine bestimmte

Verhaltensreaktion setzt, ist für die Vollendung des Delikts ohne Belang (*Kienapfel* BT I[4] § 107 Rn. 16; *Leukauf/Steininger* StGB[3] § 107 Rn. 8; OGH JBl 1988 124; OGH SSt 52/54).

### c) Folgeerscheinungen der Verbalattacken beim Opfer

➔ **Beispiele:** Wegen der fortgesetzten Sticheleien des Maier hat Huber ein Magengeschwür entwickelt. Berger leidet infolge des Mobbing an Schlaflosigkeit und starken Depressionen. Müller wird von schweren Migräneanfällen geplagt.

In zahlreichen Fällen führt der auf dem Gemobbten lastende Druck des Mobbers schon nach kurzer Zeit zu psychischen und/oder physischen Störungen. Hat der Mobbingtäter diese Gesundheitsschädigungen bewußt in Kauf genommen, so kann er sich zusätzlich zu der Strafbarkeit wegen der Verbalattacken wegen **vorsätzlicher (u. U. schwerer) Körperverletzung gem. §§ 83 ff. StGB** zu verantworten haben (*Kienapfel* BT I[4] § 83 Rn. 20, § 105 Rn. 88 und § 107 Rn. 20; *Leukauf/Steininger* StGB[3] § 105 Rn. 39 und § 107 Rn. 12; OGH JUS 1995/6/1849 und 1993/6/1331). Hat er die Gesundheitsbeeinträchtigungen dagegen zwar nicht gewollt, aber hätte er doch mit ihrem Eintritt rechnen können, so kann eine Strafbarkeit wegen **fahrlässiger (schwerer) Körperverletzung gem. § 88 StGB** eintreten.

In all diesen Fällen ist aber der jedenfalls zu führende **Kausalitätsnachweis** zwischen Mobbing einerseits und gesundheitlichen Folgen beim Opfer andererseits höchst **problematisch**. In der Praxis läßt sich – auch aufgrund des nach wie vor mangelnden Erfahrungswissens vieler Ärzte über Mobbing – oft nicht ausschließen, daß die eingetretene Gesundheitsschädigung auf Umstände zurückzuführen ist, die nichts mit der Arbeitssituation des Gemobbten zu tun haben, sondern etwa im privaten Bereich des Opfers angesiedelt sind. Eine strafrechtliche Verantwortung des Täters für die eingetretenen Folgen hat in solchen Fällen **auszuscheiden**. Zur strafrechtlichen Haftung bei Selbstmordfolge des Mobbingopfers *Mitgutsch* Aspekte 287.

## 1.4 Kommunikationsverweigerung

➔ **Beispiele:** Als Huber das Zimmer betritt, verstummen schlagartig alle Gespräche. Auf seine Frage, was los sei, erhält er von niemandem eine Antwort. Berger wird von seinen Kollegen und Vorgesetzten „geschnitten“. Informationen werden ihm vorenthalten, und soziale Kontakte am Arbeitsplatz sind so gut wie nicht mehr vorhanden.

Die **Verweigerung jeglicher Kommunikation** ist für den von ihr Betroffenen vor allem deshalb so belastend, weil sie ihn der Situation hilflos ausliefert, ohne auf die Feindseligkeit aktiv reagieren und selbst etwas zur Entspannung der Lage beitragen zu können. Dennoch ist sie jene Form des Mobbing, die sich **am wenigsten strafrechtlich erfassen läßt**. Zwar ließe sich argumentieren, das kommunikationsverweigernde Verhalten sei ein Ausdruck der Mißachtung und der Kränkung des gemobbten Arbeitnehmers und erfülle daher bei entsprechendem Vorsatz und Einhaltung der Mindestpublizität den Tatbestand der Beleidigung gem. § 115 StGB, doch darf gerade in diesem Zusammenhang der Gedanke der **sozialen Adäquanz** nicht außer Betracht bleiben (*Däubler* in: *Leymann* 1995 79; *ders* Betriebs-Berater 1995 1348). Danach können Handlungen, die sich im wesentlichen im Rahmen der sozialen Ordnung des Gemeinschaftslebens bewegen, auch dann keinen strafrechtlichen Tatbestand erfüllen, wenn man sie dem Wortlaut nach unter einen solchen einordnen könnte. Solche Handlungen werden als Teil der gesellschaftlichen Normalität angesehen und werden daher **strafrechtlich nicht relevant** (*Triffterer* AT$^2$ 145 ff.; *Fuchs* AT I$^3$ 84 f.). Genau das wird letztlich auch bei Mobbing in Form der Kommunikationsverweigerung der Fall sein. Denn obwohl diese Verhaltensweise äußerst unkollegial und verwerflich ist, ist sie dennoch **Teil der Lebensnormalität** und wird von der Rechtsordnung toleriert. Das Strafrecht soll zwar das geordnete menschliche Zusammenleben sichern, nicht aber die sozialen Kontakte der Rechtsgenossen in Gang halten. „Bereitschaft zur Kommunikation ist rechtlich nicht erzwingbar" (*Däubler*).

## 2. Strafrechtliche Handlungsmöglichkeiten

### Strafanzeige und Subsidiaranklage

Welche der im Strafrecht verankerten Handlungsmöglichkeiten ein Mobbingopfer wahrnehmen kann, richtet sich zunächst danach, welchen Straftatbestand der Mobber mit seinen Handlungen verwirklicht hat. Liegt im Sinne der oben beschriebenen rechtlichen Beurteilung die Begehung eines sog. **Offizialdelikts** nahe, d.h. eines von Amts wegen durch den Staatsanwalt zu verfolgenden Delikts (z.B. der Nötigung gem. § 105 StGB), so hat jedermann, insb. auch der Gemobbte, gem. § 86 Abs. 1 StPO die Möglichkeit, gegen den Täter **Strafanzeige** zu erstatten, ohne jedoch dazu verpflichtet zu sein (OGH SSt 26/44). Zur Entgegennahme der Anzeige sind zum einen die Staatsanwaltschaft, zum anderen die Sicherheitsbehörden (insb. Polizei und Gendarmerie), die Bezirksgerichte und der Untersuchungsrichter verpflichtet. Wird die Anzeige nicht direkt bei der Staatsanwaltschaft eingebracht, so sind die anderen genannten Behörden dazu verpflichtet, sie an diese weiterzuleiten. Der Staatsanwalt prüft in der Folge den angezeigten Sachverhalt, wozu er sich der Hilfe der Sicherheitsbehörden oder des Gerichts bedient. Im Zuge dessen können **Vernehmungen** des Gemobbten, des angezeigten Mobbers und allfälliger Zeugen (Arbeitskollegen etc.) durchgeführt werden. Zu beachten ist in diesem Zusammenhang auch, daß der Anzeiger eine einmal erstattete Anzeige nicht mehr rechtswirksam zurücknehmen kann, da der staatliche Verfolgungsanspruch bereits mit Begehung der Straftat definitiv entstanden ist (*S. Seiler* Strafprozeßrecht[2] 7). Kommt der Staatsanwalt nach den Vorerhebungen zu dem Schluß, daß eine Verurteilung des Mobbers wahrscheinlich ist, so wird er, falls nicht die neuen **Diversionsmaßnahmen** der §§ 90a bis m StPO Platz greifen und unter Bedingung der Zahlung eines Geldbetrages oder der Erbringung einer gemeinnützigen Leistung von der weiteren Strafverfolgung abzusehen ist, gem. § 92 Abs. 1 StPO eine **Voruntersuchung** beantragen oder gleich die **Anklageschrift** (den Strafantrag) einbringen (*Bertel* Strafprozeßrecht[5] Rn. 559). Befindet er dagegen, daß die Anzeige unbegründet war oder daß eine Verurteilung aus sonstigen Gründen weniger wahrscheinlich ist als ein Freispruch, so wird das **Verfahren eingestellt** und der Verletzte (der Gemobbte) sowie in der Regel auch der Angezeigte (der Mobber) davon **benachrichtigt** (§ 90 StPO).

Ab Zugang dieser Mitteilung hat der Verletzte, sofern er sich dem Verfahren als Privatbeteiligter anschließt, d.h. seine nachstehend erläuterten zivilrechtlichen Ansprüche schon im Zuge des Strafverfahrens geltend macht, die Möglichkeit, **Subsidiaranklage** gem. § 48 StPO zu erheben, also anstelle des Staatsanwalts die Straftat zu verfolgen. Die Erhebung einer Subsidiaranklage ist für den Verletzten aber insofern mit einem **hohen Risiko** verbunden, als er in allen Fällen, in denen das Verfahren nicht mit einem Schuldspruch des Angeklagten endet, gem. § 390 StPO zum **vollen Kostenersatz**, d.h. zum Ersatz der Verfahrenskosten sowie der Anwaltskosten des Beschuldigten verpflichtet werden kann (*Foregger/ Kodek* StPO[7] § 390 Anm III).

## Privatanklage

Im Kernbereich des Mobbing, der negativen Kommunikation durch verbale Attacken auf den Gemobbten, wird in der Praxis oft kein Offizialdelikt verwirklicht sein, sondern ein sog. **Privatanklagedelikt**, d.h. ein Delikt, das aufgrund des primären Interesses des Verletzten an der Bestrafung des Täters nicht der Verfolgung durch den öffentlichen Ankläger unterliegt (*Platzgummer* Strafprozeßrecht[8] 13; *S. Seiler* Strafprozeßrecht[2] 7). Paradefälle der Privatanklagedelikte stellen die meisten Ehrbeleidigungsdelikte der §§ 111 bis 116 StGB dar (arg. § 117 StGB). In einem solchen Fall genügt die (bloße) Erhebung einer Strafanzeige nicht. Vielmehr muß der durch die Straftat Verletzte (in der Regel der Gemobbte) binnen sechs Wochen ab Kenntnis von Tat und mutmaßlichem Täter **Privatanklage** gem. § 46 StPO erheben, wofür nach der Rspr der beim zuständigen Gericht (OGH JBl 1996 126) – im Fall eines Ehrdelikts beim örtlich zuständigen Bezirksgericht – zu stellende Antrag auf Vorerhebungen (OGH SSt 60/59; aM *Platzgummer* Strafprozeßrecht[8] 55), auf Einleitung einer Voruntersuchung (OGH EvBl 1980/88) oder überhaupt nur auf Bestrafung des Täters genügt. Wichtig ist aber in jedem Fall die unverwechselbare Bezeichnung der angeklagten Tat (OGH EvBl 1994/20; OGH AnwBl 1991/3754).

Zu bedenken ist in diesem Zusammenhang allerdings, daß die **rechtliche Stellung** des Privatanklägers im österreichischen Prozeßrecht relativ **schwach**, sein Einschreiten daher ebenso wie jenes des Subsidiaranklägers mit **hohen Risiken** verbunden ist. Insb. unterliegt der Privatankläger im Strafverfahren **strengen Kostenregelungen**, die ihn schon während des Verfahrens zur Entrichtung von **Gebühren** nach dem Gerichtsgebührengesetz verpflichten, von denen ihn das Gericht nur unter den engen Voraussetzungen der Verfahrenshilfe (§§ 63 ff. ZPO) befreien kann (*Bertel* Strafprozeßrecht[5] Rn. 1065). Nach Beendigung des Verfahrens ist er überdies gem. § 390 StPO **kostenersatzpflichtig**, wenn das Verfahren anders als mit einem Schuldspruch des Angeklagten geendet hat (*Foregger/Kodek* StPO[7] § 390 Anm III).

Ein weiteres Erschwernis für den Privatankläger stellt der Umstand dar, daß es sich bei den dem Privatankläger auferlegten Fristen in der Regel um **Fallfristen** handelt: Nimmt der Privatankläger im Verfahren eine Verfolgungshandlung nicht fristgerecht vor, stellt er etwa keine Schlußanträge, so wird bei ihm – anders als beim öffentlichen Ankläger – gem. § 46 Abs. 3 StPO **unwiderleglich vermutet**, daß er von der Anklage zurückgetreten sei, und das Verfahren wird mit Beschluß eingestellt, was wieder zu seiner **vollen Kostenersatzpflicht** gem. § 390 StPO führt. Eine Wiederaufnahme des Verfahrens ist lediglich für den speziellen Fall der Versäumung der Hauptverhandlung ohne Verschulden des Privatanklägers vorgesehen (§ 364 Abs. 1 StPO). Der in der Regel juristisch nicht ausgebildete Gemobbte wird also, um die notwendigen Prozeßhandlungen form- und fristgemäß vornehmen zu können, zur Erhebung sowohl der Privat- als auch der Subsidiaranklage um die **Beauftragung eines Rechtsanwalts** meist nicht herumkommen.

# 3. Zivilrechtliche Bewertung des Mobbing

Im Gegensatz zur strafrechtlichen Beurteilung des Mobbing am Arbeitsplatz, bei der die Durchsetzung des staatlichen Strafanspruchs für deliktisches Verhalten einer Person im Vordergrund steht, geht es bei der zivilrechtlichen Bewertung von Mobbinghandlungen (auch hier kann wieder nur an einzelne Handlungen angeknüpft werden und nicht an das Mobbinggeschehen schlechthin) darum, daß eine Privatperson direkt gegen eine andere vorgeht und unmittelbar Ansprüche gegen diese erhebt. Zu denken ist in diesem Zusammenhang vor allem an die Geltendmachung von **Schadenersatzansprüchen**, insb. von Schmerzengeld, von **Unterlassungsansprüchen** sowie unter bestimmten Voraussetzungen auch von **Sondersanktionen** wie z. B. des Widerrufs einer beleidigenden Äußerung und dessen Veröffentlichung.

## 3.1 Schadenersatzansprüche

➔ **Beispiele:** Maier läßt seinem Kollegen Huber „unabsichtlich" das Essenstablett auf den Fuß fallen, was nicht nur eine stark beschmutzte Hose des Huber, sondern auch einen Bruch seiner großen Zehe zur Folge hat. Huber möchte von Maier die Reinigungskosten für die Hose und ein angemessenes Schmerzengeld für die gebrochene Zehe.

Berger verbreitet über Lehner, sie gehe in ihrer Freizeit der Geheimprostitution nach, worauf ihr Einsatz im Kundendienst reduziert wird, was wiederum eine deutliche Schmälerung der damit verbundenen Provisionen zur Folge hat. Lehner bemüht sich, zumindest die entgangenen Provisionen ersetzt zu bekommen und vielleicht sogar Schmerzengeld wegen der erlittenen Ehreinbuße zu erhalten.

Voraussetzung für die Pflicht des Mobbers zum Ersatz der genannten Nachteile ist zunächst, daß die Beeinträchtigungen, die der Gemobbte durch die Mobbinghandlungen erlitten hat, überhaupt als **Schaden im Rechtssinne** (§ 1293 ABGB) qualifiziert werden können. Das ist zum einen dann der Fall, wenn das **Vermögen** des Gemobbten geschmälert wird, wobei diese Einbuße sowohl in einer effektiven Verminderung zuvor vorhandenen Vermögens (= positiver Schaden) als auch in der Verhinderung einer Vermögensvermehrung (= entgangener Gewinn) bestehen kann. Als Beispiele für solche **Vermögensschäden** wären etwa die zu begleichenden Kosten für die Reinigung der beschmutzten Hose und für die Heilung der gebrochenen Zehe sowie das Ausbleiben regulärer Provisionen zu nennen. Zum anderen kann ein Schaden aber auch darin liegen, daß der Gemobbte in seinem **immateriellen Bereich** (Gefühlsbereich) Nachteile erleidet. Beispiele für einen solchen Nichtvermögensschaden (= **ideellen Schaden**) wären etwa die mit einer Körperverletzung einhergehenden Schmerzen oder die Beeinträchtigung der besonderen Vorliebe an einer Sache durch deren mutwillige Beschädigung (zum Schadensbegriff im allgemeinen *Koziol/Welser* Bürgerliches Recht $I^{10}$ 444 f.).

Das bloße Vorliegen eines Schadens allein sagt aber über das tatsächliche Bestehen eines Ersatzanspruchs noch nichts aus. Um die Erstattung der genannten Schäden vom Mobber erfolgreich verlangen zu können, muß vielmehr ein **ursächlicher Zusammenhang (= Kausalzusammenhang)** zwischen schädigender Mobbinghandlung einerseits und eingetretenem Schaden andererseits vorliegen und in concreto nachgewiesen werden. Das schädigende Verhalten der in Anspruch genommenen Person (bzw. einer Person, deren Handlungen sich der Anspruchsgegner zurechnen lassen muß) darf nicht weggedacht werden können, ohne daß der konkrete Schadenseintritt entfiele (*Koziol* Haftpflichtrecht $I^2$ 53 ff.) – ein Nachweis, der in der Praxis oft nur **schwer zu erbringen** sein wird, da vielfach nicht auszuschließen ist, daß bestimmte, insb. gesundheitliche Beeinträchtigungen des Gemobbten ihren Ursprung in privaten, vor allem familiären Konflikten haben und nicht aus dem Arbeitsleben des Betroffenen resultieren.

Auch das bloße Vorliegen eines Kausalzusammenhangs genügt für den Eintritt der Ersatzpflicht aber noch nicht. Vielmehr muß die Mobbinghandlung auch **rechtswidrig** sein, also gegen bestimmte konkrete Verhaltensnormen des geschriebenen Rechts (z.B. gegen schutzgesetzliche Bestimmungen im Sinne des § 1311 ABGB) verstoßen oder eine Übertretung ungeschriebener Normen (z.B. der guten Sitten; § 1295 Abs. 2

ABGB) darstellen, und darf **nicht durch Rechtfertigungsgründe** wie z. B. Notwehr oder Einwilligung gerechtfertigt sein (*Koziol/Welser* Bürgerliches Recht I[10] 449 ff.; *Koziol* Haftpflichtrecht I[2] 90; OGH JBl 1990 104; OGH EvBl 1989/72). Schließlich muß die Mobbinghandlung, um eine Ersatzpflicht des Mobbers auslösen zu können, **schuldhaft** gesetzt werden, d.h. sie muß dem Mobber **vorwerfbar** sein. Je nach der Intensität dieser Vorwerfbarkeit unterscheidet man zwischen **grobem** und **leichtem Verschulden**, wobei die erste Kategorie **Vorsatz** (= Handeln mit Wissen und Wollen) und **grobe Fahrlässigkeit** (= auffallende Sorglosigkeit) einschließt und der zweiten Kategorie die **leichte Fahrlässigkeit** (= minderes Versehen) zuzurechnen ist (*Reischauer* in: *Rummel* ABGB[2] § 1324 Rn. 1 und 8). Für die Begründung eines Schadenersatzanspruchs genügt grundsätzlich bereits leichte Fahrlässigkeit (anders in den Fällen sittenwidriger Schädigung gem. § 1295 Abs. 2 ABGB), ein höherer Grad des Verschuldens kann sich aber auf den Umfang der Ersatzpflicht auswirken (*Koziol/Welser* Bürgerliches Recht I[10] 459; *Reischauer* in: *Rummel* ABGB[2] § 1324 Rn. 10 ff.). Aufgrund der mittlerweile öffentlich und auf breitester Basis (Print- und Fernsehmedien etc.) geführten Mobbingdiskussion wird heute bei den meisten Mobbingtätern vom Vorliegen zumindest leichter Fahrlässigkeit auszugehen sein.

Als konkrete **Anspruchsgrundlagen**, auf die ein Schadenersatzanspruch gegen einen Mobber gestützt werden könnte, kommen neben den **Generalklauseln** der §§ 1295 und 1311 ABGB verschiedene Sondertatbestände für bestimmte Arten von Schädigungen in Betracht. Zu nennen wäre in diesem Zusammenhang etwa **§ 1325 ABGB**, wonach derjenige, der einen anderen am Körper verletzt, diesem nicht nur die zweckmäßigen **Heilungskosten**, sondern auch einen durch die Verletzung entstandenen **Verdienstentgang** sowie **Schmerzengeld** zu leisten hat. Durch das Schmerzengeld soll der Verletzte einen gewissen Ausgleich für das durch die Verletzung erlittene Ungemach in seiner Gefühlssphäre und den Gesamtkomplex seiner Schmerzempfindungen erhalten (OGH ZVR 1989/121; 1987/103 und 1982/392); es besteht in einer einmaligen Kapitalabfindung und ist nur auf Verlangen des Verletzten zu leisten.

Eine weitere Anspruchsgrundlage für die Geltendmachung eines Schadenersatzanspruchs bildet **§ 1330 ABGB**. Nach dieser Bestimmung wird ersatzpflichtig, wer einem anderen durch **Ehrenbeleidigung** (Abs. 1) oder durch die **Verbreitung unwahrer Tatsachen**, die dessen Kredit, Erwerb oder Fortkommen gefährden (Abs. 2), einen Schaden zufügt. Zu beachten ist in diesem Zusammenhang, daß auf Grundlage der genannten Bestimmung nur **Vermögensschäden**, nicht aber ideelle Schäden ersetzt werden können (h.M.; z.B. *Reischauer* in: *Rummel* ABGB² § 1330 Rn. 3; OGH SZ 56/63); insb. gesteht das Gesetz dem in seiner Ehre Beeinträchtigten grundsätzlich **kein Schmerzengeld** zum Ausgleich der erlittenen Gefühlseinbuße zu (eine Ausnahme besteht lediglich im Medienbereich gem. § 6 f. MedienG). Im Fall der Verbreitung unwahrer Tatsachen nach § 1330 Abs. 2 ABGB haftet der Täter überdies nur dann für die dadurch verursachten Schäden, wenn er die Unwahrheit der Tatsachen kennt, er sie nicht nur im privaten Bereich verbreitet und der Empfänger an ihnen kein berechtigtes Interesse hat. Bei diesem Ausnahmetatbestand des berechtigten Interesses handelt es sich um einen die Ersatzpflicht ausschließenden Rechtfertigungsgrund, dessen Vorliegen vom Täter zu beweisen ist (OGH EvBl 1988/32; OGH JBl 1990 378; *Reischauer* in: *Rummel* ABGB² § 1330 Rn. 24).

Schließlich normieren **§§ 1331 f. i.V.m. 1323 ABGB** die Verpflichtung desjenigen, der einem anderen einen **Sachschaden zugefügt** hat, diesen Schaden zu ersetzen, wobei der Geschädigte die Wahl hat, die Naturalherstellung vom Schädiger zu verlangen oder sie von einem Dritten durchführen zu lassen und dafür Geldersatz zu verlangen (*Reischauer* in: *Rummel* ABGB² § 1323 Rn. 7 und 11). Der **Umfang** der Ersatzpflicht hängt dabei von der **Intensität** des Verschuldens ab: Im Fall der Sachbeschädigung durch eine strafbare Handlung, aus Mutwillen oder Schadenfreude kann der Eigentümer der Sache sogar das an der Sache bestehende Affektionsinteresse (= den Wert der besonderen Vorliebe) geltend machen.

Bei der Geltendmachung eines oder mehrerer der genannten Schadenersatzansprüche sollte der Gemobbte allerdings nicht übersehen, daß ihn gem. § 1296 ABGB grundsätzlich die **volle Beweislast** für die von ihm vorgebrachten Behauptungen, insb. für das Vorliegen des **Schadens**, der **Kausalität** der Mobbinghandlungen sowie das **Verschulden** des Mobbingtäters, trifft. Können die erwähnten Umstände im Prozeß nicht erwiesen werden, so droht dem Gemobbten die **Abweisung** seiner Ansprüche und damit der **Prozeßverlust**. Lediglich für den Fall der (im Zusammenhang mit Mobbing eher seltenen) Verletzung einer vertraglichen Verpflichtung sowie der Verletzung eines (Schutz-) Gesetzes normiert § 1298 ABGB eine **Beweislastumkehr**, die bewirkt, daß der Mobber (= der Verletzer) dafür den Beweis erbringen muß, daß ihn am gesetzten Verhalten kein Verschulden trifft; den Beweis für Schaden und Kausalität hat aber auch in diesem Fall der Gemobbte zu erbringen (*Koziol/Welser* Bürgerliches Recht I¹⁰ 456 f.).

## 3.2 Unterlassungsansprüche

➔ **Beispiel:** Maier verbreitet wochenlang über Müller, dieser nehme es mit den Finanzen nicht so genau und verspiele regelmäßig einen Teil der Tageseinnahmen des Unternehmens seines Chefs im Casino. Müller will, daß Maier seine unwahren Behauptungen einstellt.

In vielen Fällen wird der Gemobbte vom Mobber nicht nur den Ersatz der von diesem verursachten Schäden, sondern die **Unterlassung von (weiteren) Mobbinghandlungen** verlangen wollen. Ein solcher Unterlassungsanspruch ist in Österreich – anders als in Deutschland – bislang noch nicht in bezug auf alle unerlaubten Handlungen anerkannt, sondern wird von der Rspr nur im Rahmen bestehender Schuldverhältnisse (bei Mobbingfällen selten) sowie zum Schutz dinglicher und absoluter Rechte, z.B. der körperlichen Integrität oder der Ehre, gewährt (OGH EvBl 1984/60 und 1988/32; weiter *Rummel* in: *Rummel* ABGB$^2$ § 859 Rn. 5 und *Reischauer* in: *Rummel* ABGB$^2$ § 1294 Rn. 23). Anders als der Schadenersatzanspruch ist der Unterlassungsanspruch prinzipiell **unabhängig von einem Verschulden** des Mobbers, weil es bei ihm weniger um die Sanktionierung eines unerlaubten schädigenden Verhaltens, sondern vielmehr um die Motivation zu (künftig) rechtmäßigem Verhalten geht (*Koziol/Welser* Bürgerliches Recht I$^{10}$ 442).

Notwendig und zu beweisen ist allerdings das Vorliegen der **akuten Gefahr** einer drohenden künftigen Rechtsverletzung, im Fall bereits gesetzter unerlaubter Handlungen der **Wiederholungsgefahr** (*Koziol/Welser* Bürgerliches Recht I$^{10}$ 214; *Reischauer* in: *Rummel* ABGB$^2$ § 1294 Rn. 23; *Rummel* in: *Rummel* ABGB$^2$ § 859 Rn. 5). Letztere wird von der Rspr relativ großzügig bejaht, wobei insb. eine bereits geschehene Rechtsverletzung oder Gefährdung als Indiz für eine drohende Rechtsverletzung gewertet wird (OGH EvBl 1978/65; OGH SZ 27/298).

Im Zusammenhang mit Mobbing am Arbeitsplatz wird ein Unterlassungsanspruch am ehesten in den Fällen der **Ehrbeleidigung nach § 1330 ABGB** zielführend sein. Die Ehre wird von der Rspr als Persönlichkeitsrecht gewertet, das absoluten Schutz gegen jedermann genießt und das, sofern kein Eingriffsrecht gegeben ist, schon bei seiner bloßen Gefährdung – akute Begehungs- oder Wiederholungsgefahr vorausgesetzt – durch einen Unterlassungsanspruch gesichert ist (OGH EvBl 1984/60 und 1983/91; OGH RZ 1988/68). Einmal hat der OGH eine solche Unterlassungsverpflichtung auch schon im Zusammenhang mit Mobbing am Arbeitsplatz bejaht, als in einer Betriebszeitschrift Auszüge aus dem

Disziplinarverfahren gegen einen Arbeitnehmer veröffentlicht wurden, der sich erfolgreich dagegen wehrte (OGH ARD 4875/6/97 = DRdA 1998/21 m Anm *Klein*).

## 3.3 Widerruf ehrverletzender Äußerungen und Veröffentlichung

→ **Beispiel:** Maier hängt einen Zettel ans schwarze Brett des Unternehmens, auf dem steht: „Müller hat gestern abend 5000 S aus der Tageskasse mitgehen lassen und im Nightclub ausgegeben." Müller möchte, daß Maier diese unzutreffende Anschuldigung widerruft.

Für den Fall des Mobbing durch Verbreitung unwahrer, den wirtschaftlichen Ruf des Gemobbten schädigender Tatsachen bietet schließlich § 1330 Abs. 2 Satz 2 ABGB eine zivilrechtliche Sondersanktion. Nach der genannten Bestimmung kann der Gemobbte den **Widerruf** der in Frage stehenden Äußerung(en) des Mobbers sowie dessen **Veröffentlichung** verlangen. Da diese Sondersanktion als für den verurteilten Mobber peinliche Maßnahme die Funktion einer gewissen Buße aufweist, ist das Bestehen des Anspruchs, anders als jenes des Unterlassungsanspruchs, von einem **Verschulden** des Täters abhängig. Als Sanktion für die Verletzung des **absoluten Rechts** Ehre steht er aber bereits ab Gefährdung desselben zu (*Reischauer* in: *Rummel* ABGB$^2$ § 1330 Rn. 22; OGH EvBl 1964/204 und 1975/146).

Der Widerruf hat in der **gleich wirksamen Form** wie die Tatsachenbehauptung zu erfolgen (OGH EvBl 1978/65), d.h. in der Weise und gegenüber jenem Personenkreis, dem seinerzeit die unwahre Tatsache zur Kenntnis gebracht wurde (OGH EvBl 1988/32). Der Täter muß seine einstigen Äußerungen **als unwahr bezeichnen** und den in der Klage bezeichneten Sachverhalt als richtig gegenüberstellen (OGH EvBl 1957/188).

→ **Beispiel für einen Widerruf im Ausgangsfall:** Maier hängt erneut einen Zettel ans schwarze Brett, auf den er in ähnlich großer Schrift und Ausgestaltung schreibt: „Daß Maier am … 5000 S aus den Tageseinnahmen im Nightclub ausgegeben hat, entspricht nicht den Tatsachen. Wahr ist vielmehr, daß er das ihm anvertraute Geld ordnungsgemäß abgerechnet und weitergeleitet hat" (oder ähnliche Formulierung je nach Lage des Falles).

## 4. Zivilrechtliche Handlungsmöglichkeiten

Die unter 3. beschriebenen Ansprüche kann der Gemobbte jeweils mit **Klage** vor den ordentlichen Gerichten geltend machen, wobei zu beachten ist, daß eine Durchsetzung der Ansprüche nicht nur alternativ, sondern durchaus **kumulativ**, also z. B. Schadenersatz- und Unterlassungsanspruch nebeneinander, denkbar ist. Einzubringen ist eine solche Klage, da es sich bei den in Frage stehenden Rechtsstreitigkeiten um bürgerliche Rechtssachen zwischen Arbeitgeber und Arbeitnehmer im Zusammenhang mit dem Arbeitsverhältnis oder zwischen Arbeitnehmern untereinander im Zusammenhang mit der gemeinsamen Arbeit und damit um **Arbeitsrechtssachen** im Sinne des § 50 Abs. 1 Z. 1 und 3 ASGG handelt, beim **Landesgericht** als **Arbeits- und Sozialgericht** (*Schwarz/Löschnigg* Arbeitsrecht$^6$ 967 f.). Hinsichtlich der örtlichen Zuständigkeit hat der Kläger (der Gemobbte) gem. § 4 Abs. 1 Z. 1 ASGG die Wahl, ob er sich an das Gericht wendet, in dessen Sprengel er seinen ordentlichen Wohnsitz hat, in dem das Unternehmen seinen Sitz hat, in dem er regelmäßig wenigstens einen Teil seiner Arbeit zu leisten hat oder in dem das Entgelt zu leisten ist. Zusätzlich kann er aber auch noch einen der in der Jurisdiktionsnorm vorgesehenen, für den betreffenden Fall in Frage kommenden Gerichtsstände, z. B. den Gerichtsstand des Orts der Schadenszufügung gem. § 92a JN, wählen (*Schwarz/Löschnigg* Arbeitsrecht$^6$ 970). Bei der Schadenersatzklage ist schließlich zu beachten, daß sie gem. § 1489 ABGB grundsätzlich binnen dreier Jahre ab Kenntnis von Schaden und Schädiger einzubringen ist (OGH EvBl 1996/11). Handelt es sich um eine Schadenersatzklage wegen einer Ehrenbeleidigung durch Beschimpfung, so ist gem. § 1490 ABGB eine Einbringung binnen eines Jahres ab dem genannten Zeitpunkt erforderlich.

# 5. Arbeitsrechtliche Bewertung des Mobbing und Handlungsmöglichkeiten

## Allgemeines

Mit ihren das Betriebsklima und die Qualität der geleisteten Arbeit deutlich beeinträchtigenden Mobbinghandlungen verstoßen Mobber gegen ihre **arbeitsvertraglichen Nebenpflichten**: Der mobbende **Arbeitskollege** mißachtet durch das Mobbing seine **Treuepflicht** gegenüber dem Arbeitgeber, durch die ihm jedes Verhalten untersagt ist, welches den berechtigten betrieblichen Interessen des Arbeitgebers, z. B. an einem reibungslosen und der Produktivität zuträglichen Betriebsklima, zuwiderläuft (*Schwarz/Löschnigg* Arbeitsrecht$^{6}$ 281). Gem. § 76 GewO 1859 und § 12 LArbG sind die Arbeitskollegen sogar ausdrücklich zur Verträglichkeit und zum gesitteten Benehmen untereinander verpflichtet, um die genannten betrieblichen Interessen zu wahren.

Der selbst mobbende oder ein Mobbinggeschehen tolerierende bzw. sogar fördernde **Arbeitgeber** wiederum verletzt seine dem Arbeitnehmer gegenüber bestehende **Fürsorgepflicht**, die im Gegensatz zu der rein betriebsbezogenen und restriktiv zu interpretierenden Treuepflicht des Arbeitnehmers personenbezogen ist und den Arbeitgeber zur Wahrung der materiellen wie der immateriellen Interessen seiner Arbeitnehmer anhält (*Floretta/Spielbüchler/Strasser* Arbeitsrecht I$^{4}$ 330; *Schwarz/Löschnigg* Arbeitsrecht$^{6}$ 381; restriktiver im Hinblick auf die Schaffung eines guten Arbeitsklimas noch OGH ARD 3872/14/87). § 1157 ABGB und § 18 AngG tragen ihm insoweit ausdrücklich auf, die Dienstleistungen so zu regeln, daß Leben und Gesundheit seiner Dienstnehmer geschützt werden, wobei er nicht nur auf die Risiken, die sich aus der Natur der Dienstleistung regelmäßig ergeben, Bedacht zu nehmen hat, sondern insb. auch auf die Persönlichkeitsrechte der Arbeitnehmer, die sich aus den §§ 16 und 17 ABGB ergeben (neben Leben und physischer wie psychischer Integrität sind dies insb. Ehre, Sittlichkeit, Vermögen etc.). Neben der Fürsorgepflicht verletzt ein mobbender Arbeitgeber in vielen Fällen auch die von der Rspr entwickelte **Gleichbehandlungspflicht**, nach der es ihm verwehrt ist, einen oder eine klare Minderheit von Arbeitnehmern willkürlich oder aus sachfremden Gründen schlechter zu stellen als die übrigen Arbeitnehmer unter den gleichen Voraussetzungen, wobei sich die Gleichbehandlungspflicht aber eher auf materielle Interessen der Arbeitnehmer bezieht als auf deren ideelle Anliegen (*Floretta/Spielbüchler/Strasser* Arbeitsrecht I$^{4}$ 338 f.).

# Spezielle Reaktions- und Handlungsmöglichkeiten bei Mobbing

## 5.1 Reaktionsmöglichkeiten des Arbeitgebers

### a) Schlichte Verwarnung

Die gelindeste Möglichkeit, auf Mobbing am Arbeitsplatz zu reagieren, ist der Ausspruch einer sog. **schlichten Verwarnung** durch den Arbeitgeber, also die Ausübung seines allgemeinen Rügerechts, um den mobbenden Arbeitnehmer zu künftig vertragsgerechtem Verhalten anzuhalten und ihn vor Konsequenzen für den Bestand seines Arbeitsverhältnisses zu warnen. Ein solcher Ausspruch hat keinen Strafcharakter und kann, sofern er inhaltlich berechtigt ist, grundsätzlich jederzeit und insb. auch ohne Mitwirkungsrecht der Belegschaftsorgane ausgesprochen werden (*Floretta/Spielbüchler/Strasser* Arbeitsrecht I[4] 220 f.; OGH DRdA 1996 131 m. Anm *Marhold*).

### b) Disziplinarmaßnahmen

Ist die von Mobbing betroffene Arbeitsstelle aufgrund eines Kollektivvertrags oder einer Betriebsvereinbarung einer **Disziplinarordnung** gem. § 96 Abs. 1 Z. 1 ArbVG unterworfen, so kann der Arbeitgeber über den mobbenden Arbeitnehmer darüber hinaus eine **Disziplinarmaßnahme**, d.h. eine mit wirtschaftlichen, rechtlichen oder sozialen Nachteilen für den Arbeitnehmer verbundene Sanktion zur Wahrung oder Wiederherstellung der betrieblichen Ordnung verhängen (*Schwarz/Löschnigg* Arbeitsrecht[6] 810; OGH ZAS 1974/24 m. Anm *Tomandl*). Zu denken ist in diesem Zusammenhang insb. an Er- bzw. Abmahnungen, Verwarnungen und Verweise oder auch an Geldbußen und den Entzug von freiwillig gewährten Leistungen – weniger dagegen an Versetzungen, Kündigungen und Entlassungen, da diese Maßnahmen aufgrund gesonderter gesetzlicher Normierung eigenständigen Voraussetzungen unterliegen (differenzierend *Schwarz/Löschnigg* Arbeitsrecht[6] 811; zu diesen Maßnahmen gleich unten). Zu beachten ist in diesem Zusammenhang, daß dem **Betriebsrat**, sofern nicht mit dessen Zustimmung ein eigenes betriebliches Disziplinargremium eingerichtet worden ist, bei der Verhängung der genannten Disziplinarmaßnahmen gem. § 102 ArbVG ein **absolutes Vetorecht** zukommt – die Sanktion darf nur verhängt werden, wenn ihr der Betriebsrat **vorher** zugestimmt hat. Ist das nicht der Fall, so ist die Maßnahme absolut nichtig und kann auch durch nachträgliches Einholen der Betriebsratszustimmung nicht saniert werden (*Schwarz/Löschnigg* Arbeitsrecht[6] 813; *Holzer* ZAS 1982 7 f.). Da der Betriebsrat bei der Ausübung seines Vetorechts nicht nur die Interessen des abzumahnenden Arbeitnehmers, sondern insb. auch jene der Belegschaft wahrzunehmen hat (arg. § 113 Abs. 1 ArbVG; vgl. *Floretta/Spielbüchler/Strasser* Arbeitsrecht I[4] 378 und 382), wird bei der Verhängung einer Disziplinarmaßnahme gegen einen Mobbingtäter in vielen Fällen die Zustimmung des Betriebsrates zur Verhängung der Sanktion naheliegen.

### c) Versetzung

Eine weitere Möglichkeit des Arbeitgebers, Mobbing in seinem Betrieb zu sanktionieren, ist es, den Mobber zu versetzen, wobei unter **Versetzung** nicht nur der künftige (voraussichtlich länger als 13 Wochen dauernde) Einsatz des Arbeitnehmers an einem anderen Arbeitsort, sondern auch eine wesentliche Veränderung seines Tätigkeitsbereiches und/oder seiner Stellung im Belegschaftsgefüge zu verstehen ist (*Schwarz/Löschnigg* Arbeitsrecht[6] 276; *Floretta/Spielbüchler/Strasser* Arbeitsrecht I[4] 170). Finden die genannten Veränderungen ihre Deckung im Arbeitsvertrag, so kann die Versetzung einseitig durch Weisung des Arbeitgebers erfolgen (= **direktoriale Versetzung**) und unterliegt nur der Schranke des Gute-Sitten-Gebots gem. § 879 ABGB, bewirken sie dagegen eine Änderung des Arbeitsvertrages (= **vertragsändernde Versetzung**), so ist die Zulässigkeit der Versetzung von der Zustimmung des betroffenen Arbeitnehmers abhängig. Wird diese Zustimmung verweigert, so hat der Arbeitgeber im zweitgenannten Fall nur die Möglichkeit, eine Versetzung mittels Änderungskündigung zu erwirken (dazu unten d).

Da es sich bei der Versetzung um einen relativ einschneidenden Eingriff in das Arbeitsleben des von der Maßnahme betroffenen Arbeitnehmers handelt, normiert § 101 ArbVG sowohl für die direktoriale als auch für die vertragsändernde Versetzung ein **Mitwirkungsrecht des Betriebsrats**, dessen Art und Intensität von der Frage abhängig ist, ob die Versetzung für den davon betroffenen Arbeitnehmer eine Schlechterstellung bedeutet oder nicht. Ist die neue Arbeitssituation für den Versetzten nämlich ebenso günstig oder sogar besser als die alte, so ist der Betriebsrat lediglich von der geplanten Maßnahme zu informieren, und auf sein Verlangen ist mit ihm darüber zu beraten. Nur im Fall einer **Verschlechterung** infolge der Veränderung (z. B. im Hinblick auf Entgelt und/oder Arbeitsbedingungen) ist die Rechtswirksamkeit der Versetzung **zusätzlich** zu einer allfällig erforderlichen **Zustimmung** des Betroffenen noch von jener des **Betriebsrats** abhängig (*Holzer* ZAS 1982 8). Dieser hat seiner Entscheidung allerdings auch bei der Versetzung nicht ausschließlich das Interesse des Betroffenen, sondern insb. jenes der Belegschaft zugrundezulegen, was in vielen Fällen wieder eine Zustimmung des Betriebsrats zur geplanten Versetzung eines Mobbingtäters nahelegen könnte. Lehnt der Betriebsrat die Versetzung ab, so kann der Arbeitgeber gem. § 101 ArbVG noch das Arbeits- und Sozialgericht anrufen, durch dessen Urteil die Betriebsratszustimmung ersetzt werden kann, wenn die Versetzung sachlich gerechtfertigt ist.

### d) Kündigung

Anstelle der (bloßen) Versetzung des Mobbingtäters kann der Arbeitgeber aber auch gleich dessen **Kündigung** ins Auge fassen. Diese kann unter Wahrung bestimmter, je nach Berufsgruppe verschieden langer Kündigungsfristen grundsätzlich jederzeit durch einseitige Willenserklärung und ohne besondere Gründe ausgesprochen werden, doch unterliegt das freie Kündigungsrecht insb. in jenen Betrieben, in denen ein Betriebsrat eingerichtet ist, verschiedenen Einschränkungen und Auflagen. So hat einer beabsichtigten Kündigung gem. § 105 Abs. 1 und 2 ArbVG bei sonstiger Rechtsunwirksamkeit ein **Vorverfahren** voranzugehen, im Zuge dessen der **Betriebsrat** von der geplanten Kündigung eines Arbeitnehmers zu **verständigen** ist, wozu er binnen fünf Arbeitstagen eine **Stellungnahme** (Zustimmung mit Zweidrittelmehrheit oder Widerspruch mit einfacher Mehrheit; vgl. § 68 ArbVG) abgeben und eine **Beratung** verlangen kann. Reagiert der Betriebsrat nicht auf die Verständigung von der Kündigung, so wird sein Schweigen als „schlichter Widerspruch" gedeutet (*Floretta/Spielbüchler/Strasser* Arbeitsrecht I$^4$ 378 f.). Auch bei der Ausübung seines Stellungnahmerechts hat der Betriebsrat primär das Interesse der Belegschaft wahrzunehmen, was in vielen Fällen wieder zu seiner Zustimmung zur Kündigung eines Mobbers führen könnte.

Ist die Kündigung einmal ausgesprochen, kann sich an diesen Ausspruch noch ein **Anfechtungsverfahren** schließen, im Zuge dessen der Mobber geltend machen könnte, daß seine Kündigung aus bestimmten, in § 105 Abs. 3 Z. 1 ArbVG aufgezählten **verpönten Motiven** (insb. Gewerkschaftszugehörigkeit und/oder -tätigkeit) erfolgt ist oder die Kündigung – praktisch häufiger – im Sinne des § 105 Abs. 3 Z. 2 ArbVG **sozial ungerechtfertigt** ist. Das ist nach dem Gesetz dann der Fall, wenn der gekündigte Arbeitnehmer schon seit mehr als sechs Monaten im Betrieb beschäftigt ist und wenn durch die Kündigung wesentliche Interessen des Arbeitnehmers beeinträchtigt werden. Aber selbst wenn die letztgenannten Voraussetzungen erfüllt sind, muß der Anfechtung der Kündigung des Mobbers noch kein Erfolg beschieden sein. Erbringt nämlich der Arbeitgeber den Nachweis, daß die Kündigung durch **Umstände** begründet ist, die **in der Person** des Arbeitnehmers gelegen sind und die betrieblichen Interessen derart nachteilig berühren, daß eine Weiterbeschäftigung des gekündigten Arbeitnehmers die Leistungsfähigkeit und Ordnung des Betriebes gefährdet – eine Gefahr, die angesichts des nachgewiesenen Leistungsabfalls gemobbter Arbeitnehmer nicht ganz fernliegt –, so wird das Arbeits- und Sozialgericht die Anfechtungsklage abweisen, und die Rechtswirksamkeit der Kündigung des Mobbers bleibt bestehen (*Schwarz/Löschnigg* Arbeitsrecht$^{6}$ 554; *Floretta/Spielbüchler/Strasser* Arbeitsrecht I$^{4}$ 389 mN aus der Rspr; speziell zur Rechtfertigung einer Kündigung wegen Mobbing OLG Wien ARD 4865/21/97).

Anstelle der eben beschriebenen unmittelbar zur Beendigung des Arbeitsverhältnisses führenden Kündigung kann der Arbeitgeber gegenüber dem Mobber auch die unter c) bereits erwähnte **Änderungskündigung** aussprechen. Dabei handelt es sich um eine Kündigung, die nur unter der (aufschiebenden oder auflösenden) **Bedingung** wirksam werden soll, daß der Arbeitnehmer einer Änderung seines Arbeitsvertrags (z.B. im Hinblick auf Entgelt, Arbeitszeit, Tätigkeit u.ä.) nicht zustimmt. Erklärt sich der Arbeitnehmer dagegen mit den Änderungsangeboten des Arbeitgebers einverstanden und sind die Abweichungen vom bisherigen Vertrag **wesentlich**, so kann es sich bei der vereinbarten Vertragsänderung um eine Versetzung handeln, die wiederum zur Anwendbarkeit des unter c) beschriebenen Versetzungsschutzes führen kann (*Schwarz/ Löschnigg* Arbeitsrecht$^{6}$ 543).

### e) Entlassung

Das schärfste Mittel, auf Mobbing am Arbeitsplatz zu reagieren, ist die (fristlose) Entlassung des Mobbers aus dem Dienstverhältnis. Sie ist dadurch gekennzeichnet, daß der Arbeitgeber durch einseitige Willenserklärung kundtut, das Dienstverhältnis aus einem **wichtigem Grund**, der ihm eine **Weiterbeschäftigung** des zu entlassenden Arbeitnehmers auch für die Dauer der Kündigungsfrist **unzumutbar** macht, zu lösen (*Kuderna* Entlassungsrecht$^{2}$ 3; *Floretta/Spielbüchler/ Strasser* Arbeitsrecht I$^{4}$ 412 ff.). Die solcherart in Betracht kommenden **Entlassungsgründe** sind vielfältig und in den für die verschiedenen Berufsgruppen einschlägigen Rechtsvorschriften nicht einheitlich normiert. Gemeinsam ist jedoch den meisten Gesetzen der Entlassungstatbestand der Setzung von **Tätlichkeiten, Sittlichkeits- und erheblichen Ehrverletzungen** gegen den Dienstgeber, dessen Stellvertreter und Angehörige oder gegen Mitarbeiter (insb. § 27 Z. 6 AngG, § 82 lit g GewO 1859 und § 38 Z. 8 SchauspG) – ein Tatbestand, der in schweren Fällen von Mobbing am Arbeitsplatz, insb. in solchen mit strafrechtlicher Relevanz, durchaus erfüllt sein kann (dazu eingehend *Kuderna* Entlassungsrecht$^{2}$ 120 ff.; vgl. aber den Fall OGH ARD 4999/5/99, in dem nicht der Mobber entlassen wurde, sondern der Arbeitnehmer, der sich auf Mobbing durch Arbeitskollegen berufen und darauf seinerseits mit Ehrbeleidigungen reagiert hatte).

Im Gegensatz zur Kündigung muß dem Ausspruch der Entlassung eines mobbenden Arbeitnehmers kein betriebsverfassungsrechtliches Vorverfahren vorangehen. Die vorzeitige Lösung kann ohne vorherige Information des Betriebsrats **sofort nach Bekanntwerden des wichtigen Grundes ausgesprochen** werden und ist sogleich rechtswirksam. Lediglich zu langes Zuwarten des Arbeitgebers kann als Verzicht auf das Entlassungsrecht gedeutet werden oder die Verwirkung desselben nach sich ziehen (*Schwarz/Löschnigg* Arbeitsrecht$^{6}$ 595 f.). Erst **nach** dem erfolgten Ausspruch der Entlassung ist der **Betriebsrat** gem. § 106 ArbVG davon **unverzüglich in Kenntnis** zu setzen, worauf er wiederum drei Arbeitstage Zeit hat, um vom Arbeitgeber eine **Beratung** über die Entlassung zu verlangen und zu ihr Stellung zu nehmen (*Floretta/Spielbüchler/Strasser* Arbeitsrecht I$^{4}$ 423). Dabei könnte im Hinblick auf die Schwere der einer Entlassung vorangehenden Mobbinghandlungen sowie im Hinblick auf das vom Betriebsrat auch hier wahrzunehmende Interesse der Belegschaft wieder in vielen Fällen eine Zustimmung des Betriebsrats zur Entlassung geboten sein. Zu dem der Kündigungsanfechtung nachgebildeten Entlassungsanfechtungsverfahren *Schwarz/Löschnigg* Arbeitsrecht$^{6}$ 621 ff.

## 5.2 Reaktionsmöglichkeiten des gemobbten Arbeitnehmers

### a) Beschwerde

Die vorstehend genannten Möglichkeiten der Reaktion auf Mobbing am Arbeitsplatz setzen neben der nach allgemeinen Grundsätzen immer erforderlichen Beweisbarkeit der Mobbinghandlungen allesamt voraus, daß der Arbeitgeber der von Mobbing betroffenen Personen bereit ist, entschlossen gegen die negativen Abläufe in seiner Dienststelle vorzugehen und die entsprechenden Reaktionen zu setzen, und daß er nicht selbst in irgendeiner Weise am Mobbinggeschehen beteiligt ist. Kann man nämlich nicht im Sinne der unter 5.1 genannten Reaktionen mit einer Hilfestellung des Arbeitgebers rechnen, so sind die Chancen des gemobbten Arbeitnehmers, den Mobbingprozeß zu beenden **und** am Arbeitsplatz zu verbleiben, deutlich geringer. Er hat dann zunächst die Möglichkeit, gem. § 37 Abs. 2 ArbVG eine **Beschwerde beim Betriebsinhaber** oder – in vielen Fällen wahrscheinlich zielführender – beim **Betriebsrat** einzubringen. Beide sind dazu verpflichtet, sich die Anliegen des gemobbten Arbeitnehmers anzuhören, haben aber keine gesetzlich normierte Pflicht zu weitergehenden Reaktionen wie z. B. einer Stellungnahme oder zur Einleitung der angeregten Verbesserungen (*Binder* DRdA 1975 84). Der Betriebsrat wird sich aber in der Folge aufgrund seiner ihm gem. §§ 38 und 39 ArbVG obliegenden Interessenvertretungsaufgabe um einen Interessenausgleich und eine Lösung des Konflikts bemühen. Aufgrund des eben angesprochenen Mangels einer konkreten gesetzlich normierten Vorgangsweise bei Einbringung einer Beschwerde besteht aber dennoch die Gefahr, daß seine Bemühungen in vielen Fällen nicht zum gewünschten Erfolg führen, sodaß dem Gemobbten oft nichts anderes übrigbleiben wird, als sein Dienstverhältnis sobald wie möglich zu beenden. Diese Lösung ist jedoch insoweit äußerst unbefriedigend, als der Gemobbte damit genau das tut, worauf es dem Mobber in der Regel ankommt, da das Wesen des Mobbing ja die feindselige Ausgrenzung mit dem Ziel des Ausstoßes des Gemobbten aus der Dienststelle, wenn nicht sogar aus dem Arbeitsprozeß schlechthin ist (*Trost* in: *Petrovic/Maska/Matyas* Handbuch Band 4 Teil 17 Kap 7 15 f.).

### b) Austritt und Kündigung

Beim **Austritt** handelt es sich um die einseitige Willenserklärung des Arbeitnehmers, das Dienstverhältnis vorzeitig zu beenden. Er ist der Entlassung durch den Arbeitgeber nachgebildet und setzt als zentrales Erfordernis ebenfalls das Vorliegen eines **wichtigen Grundes**, der dem Arbeitnehmer den Weiterverbleib im Betrieb auch für die Dauer der ordnungsgemäßen Kündigungsfrist **unzumutbar** macht, voraus (*Floretta/Spielbüchler/Strasser* Arbeitsrecht I$^4$ 409 f.). Auch die **Austrittstatbestände** sind in den für die jeweilige Berufsgruppe einschlägigen Rechtsvorschriften grundsätzlich vielgestaltig normiert. Als ein den meisten Gesetzen gemeinsamer Austrittsgrund, der bei Mobbing am Arbeitsplatz verwirklicht sein könnte, ist aber auch hier das Vorliegen einer wesentlichen **Gesundheitsgefährdung**, die Ausübung von **Tätlichkeiten, Sittlichkeits- und erheblichen Ehrverletzungen** durch den Arbeitgeber selbst sowie der **mangelnde Schutz des Arbeitnehmers durch den Arbeitgeber vor solchen Handlungen der Arbeitskollegen** zu nennen (z.B. § 26 Z. 1 und 4 AngG; § 82a lit a und b GewO 1859; § 39 Z. 2 und 5 SchauspG; § 25 Z. 1 und 4 GAngG).

Auch der Austritt ist vom Arbeitnehmer **unverzüglich nach Bekanntwerden des wichtigen Grundes** zu erklären, da er ansonsten alle seine gegenüber dem Dienstgeber bei berechtigtem Austritt bestehenden Ansprüche (insb. auf Kündigungsentschädigung) verliert und dem Arbeitgeber u.U. sogar schadenersatzpflichtig werden kann (*Schwarz/Löschnigg* Arbeitsrecht$^6$ 652; *Floretta/Spielbüchler/Strasser* Arbeitsrecht I$^4$ 419 f.). Gerade bei einem durch die längere Dauer und die schleichende Verschlimmerung der Situation gekennzeichneten Mobbingprozeß ist der **Zeitpunkt**, bis zu welchem diese Unverzüglichkeit noch gewahrt ist, natürlich äußerst **schwer zu bestimmen**. Der OGH hatte sich, soweit ersichtlich, erst in einem einzigen Fall mit einem vorzeitigem Austritt aufgrund von Mobbing am Arbeitsplatz zu befassen und hat entschieden, daß auch der Charakter des Mobbing als Dauertatbestand nichts am Erfordernis der Unverzüglichkeit ändere, weshalb der wichtige Grund – im gegenständlichen Fall eine Gesundheitsgefährdung gem. § 26 Z. 1 AngG – spätestens zum Zeitpunkt des Antritts eines Krankenstandes mit Austrittserklärung geltend zu machen sei (OGH ARD 4842/19/97).

Hat der Arbeitnehmer die zur Wahrung der Unverzüglichkeit zulässige Zeitspanne überschritten, sieht er sich aber dennoch gezwungen, das Unternehmen zu verlassen, so bleibt ihm oft nur die Möglichkeit, sein Dienstverhältnis unter Wahrung der gesetzlich vorgesehenen Fristen und Termine (z.B. § 20 AngG; § 77 GewO 1859) ordnungsgemäß zu **kündigen** (zur Kündigung im allgemeinen *Schwarz/Löschnigg* Arbeitsrecht$^6$ 527 ff.).

# 6. Grundsätzliche Probleme bei der Beschreitung des Rechtsweges

Zusätzlich zu den bei den jeweiligen rechtlichen Handlungsmöglichkeiten genannten Risiken und Erschwernissen sollte sich der handlungswillige Gemobbte darüber hinaus noch einiger **weiterer grundsätzlicher Probleme** bei der Beschreitung des Rechtsweges bewußt sein und sich vor seinem Tätigwerden insb. folgende Fragen stellen:

## 6.1 Haben meine rechtlichen Schritte hinreichende Erfolgsaussicht?

Gerade in einem so sensiblen Bereich wie Mobbing verbietet sich jegliche Generalisierung. Jeder einzelne Sachverhalt ist anhand seiner **individuellen Umstände** gesondert zu betrachten, und daß es in einem Fall gelungen ist, einen Mobber für seine Handlungen rechtlich zur Verantwortung zu ziehen (wovon man vielleicht sogar nur aus der Tagespresse gehört hat), heißt noch nicht unbedingt, daß sich daraus auch für die eigene Sache etwas ableiten läßt. Entscheidend für die Rechtsdurchsetzung ist in jedem Fall, daß dem Mobber seine rechtswidrigen Handlungen **bewiesen** werden können, wofür es günstig ist, **Zeugen** (Arbeitskollegen etc.) benennen zu können, die sich an die in Frage stehenden Verhaltensweisen nicht nur erinnern können, sondern auch gewillt sind, diese im Verfahren auszusagen. Auch allenfalls vorhandene **sonstige Beweise** (beleidigende Briefe, ärztliche Zeugnisse etc.) sollten gesichert und aufbewahrt werden. Schließlich kann auch das **Mobbingtagebuch** eine wertvolle Erinnerungshilfe und ein Mittel zur besseren Nachvollziehbarkeit des Geschehensablaufes darstellen. In jedem Fall ist es ratsam, die Erfolgsaussichten der jeweils in Betracht gezogenen rechtlichen Schritte zunächst mit einem darauf spezialisierten **Juristen** (Rechtsanwalt, Interessenvertreter) zu besprechen.

## 6.2 Stehe ich ein Verfahren psychisch durch?

Zu der Zeit, in der ein Mobbingopfer an die Einleitung rechtlicher Schritte denkt, ist es psychisch in der Regel bereits schwer angeschlagen, sodaß gut überlegt sein will, ob es sich den zusätzlichen **psychischen Belastungen**, die ein Gerichtsverfahren – sei es straf-, zivil- oder arbeitsrechtlicher Natur – mit sich bringt, gewachsen fühlt. Nicht nur, daß Mobber und Gemobbter während der gesamten Dauer des Verfahrens

**weiter miteinander arbeiten** müssen (eine Suspendierung des Mobbers wird nur in den seltensten Fällen erfolgen), was mitunter zu einer Zuspitzung der Situation an der Arbeitsstelle führen kann. Es ist auch durchaus möglich, daß sich der Gemobbte im Verfahren **Gegenvorwürfen** ausgesetzt sieht, da der Mobber die Anschuldigungen in der Regel nicht widerspruchslos hinnehmen wird, sondern oft versuchen wird, seine Handlungen als Reaktion auf Verhaltensweisen des Gemobbten darzustellen.

## 6.3 Wie gehe ich mit dem Verfahrensausgang um?

Der Ausgang eines Gerichtsverfahrens ist immer ein Risiko, und es besteht stets die Möglichkeit, daß der **Mobber** aus verschiedensten Gründen im Strafverfahren **freigesprochen** wird, daß die zivilrechtliche **Klage des Gemobbten abgewiesen** wird oder daß die gegen den Mobber eingeleiteten arbeitsrechtlichen Schritte nichts fruchten, er z. B. mit seiner Kündigungsanfechtung Erfolg hat. In diesem Fall ist die Gefahr groß, daß sich der Mobber durch den für ihn günstigen Verfahrensausgang derart bestätigt sieht, daß er glaubt, künftig einen „Freibrief“ für seine Verhaltensweise zu haben und das Mobbing unvermindert, oft sogar verstärkt, fortsetzt. Aber auch im umgekehrten Fall besteht nicht die Gewißheit, daß der Psychoterror am Arbeitsplatz mit einer straf- oder zivilrechtlichen **Verurteilung des Mobbers** endet. Denn auch ein solcher Verfahrensausgang bedeutet per se noch nicht das Ausscheiden des Mobbers aus der Dienststelle; vielmehr ist der Gemobbte in aller Regel gezwungen, weiterhin mit seinem Widersacher zusammenzuarbeiten, der beschließen könnte, den Gemobbten jetzt erst recht für die seiner Meinung nach ungerechtfertigte Sanktion büßen zu lassen.

# XII. Betriebsvereinbarung „Mobbing"

Unter einer Betriebsvereinbarung versteht man eine schriftliche Vereinbarung, die vom Betriebsinhaber einerseits und vom zuständigen Belegschaftsorgan (Betriebsrat, Betriebsausschuß oder Zentralbetriebsrat) andererseits in Angelegenheiten abgeschlossen werden, deren Regelung durch Gesetz oder Kollektivvertrag der Betriebsvereinbarung vorbehalten ist (§ 29 ArbVG).

Ansatzpunkt für den Abschluß einer Betriebsvereinbarung „Mobbing" könnte **§ 97 Abs. 1 Z. 1 ArbVG** sein.[1] Danach kann sowohl der Arbeitgeber als auch der Betriebsrat den Abschluß einer Betriebsvereinbarung „erzwingen", welche allgemeine Ordnungsvorschriften, die das Verhalten der Arbeitnehmer im Betrieb regelt, betreffen. Kommt in dieser Angelegenheit zwischen Betriebsinhaber und Betriebsrat über den Abschluß, die Abänderung oder Aufhebung der Betriebsvereinbarung eine Einigung nicht zustande, so entscheidet – insoweit eine Regelung durch Kollektivvertrag oder Satzung nicht vorliegt – auf Antrag eines der Streitteile die Schlichtungsstelle. Es handelt sich also um eine sogenannte „erzwingbare Betriebsvereinbarung".

Daß Mobbing die betriebliche Ordnung und das Verhalten der Arbeitnehmer im Betrieb betrifft, ist nicht zu bestreiten. Gesetzliche Regelungen zu Mobbing gibt es nicht, kollektivvertragliche Regelungen zu Mobbing dürften die Ausnahme sein.

Obwohl sich auch der Abschluß einer Betriebsvereinbarung „Mobbing" als äußerst kompliziert erweisen kann – das gilt unter anderem dann, wenn sich der Arbeitgeber mit Händen und Füßen wehrt, eine solche Betriebsvereinbarung abzuschließen und dem Betriebsrat alle möglichen Steine in den Weg legt –, liegen die Probleme in der Beantwortung der Frage, was Inhalt einer Betriebsvereinbarung „Mobbing" sein sollte. Eine Betriebsvereinbarung ist um so besser, je eher sie den konkreten betrieblichen Bedürfnissen gerecht wird. Pauschalierungen oder unumstößliche Verallgemeinerungen sind daher fehl am Platz. Wer es sich leicht macht und die Betriebsvereinbarung eines anderen Betriebes ab-

---

[1] § 97 (1) Z. 1 ArbVG ist nur einer von mehreren möglichen Ansatzpunkten. Jede Bestimmung in einer Betriebsvereinbarung muß durch einen der Tatbestände der §§ 96 ff. ArbVG gedeckt sein und unterliegt demnach verschiedenen Mitwirkungserfordernissen des Betriebsrates.

schreibt, wird nicht das Optimale erreichen. Vielmehr ist von einer „Verschlimmbesserung" auszugehen.

Auf unseren Seminaren haben wir festgestellt, daß es einige Aspekte gibt, die Bestandteil einer jeden Betriebsvereinbarung sind. Andere Punkte sind dagegen höchst individuell auszugestalten, lassen Verallgemeinerungen wegen der konkreten betrieblichen Situation nicht zu. Ferner ist zu bedenken, daß die Ausgangslagen für die Verhandlungen sowie für den Abschluß einer Betriebsvereinbarung „Mobbing" höchst unterschiedlich sind. So kann es sein, daß der Betriebsrat des Betriebes A wegen der ablehnenden Haltung des Arbeitgebers nur minimale, der Betriebsrat des Betriebes B wegen der Aufgeschlossenheit und des Problembewußtseins seines Vertragspartners hingegen maximale Forderungen durchsetzen kann. Demgemäß sind die folgenden **Eckpunkte** einer Betriebsvereinbarung „Mobbing" lediglich **als Anhaltspunkte sowie Orientierungshilfen** zu begreifen.

## Eckpunkte einer Betriebsvereinbarung „Mobbing":*)

### Überschrift:

- z. B. „Betriebsvereinbarung zu sozialem Umgang im Betrieb" oder „Betriebsvereinbarung für ein partnerschaftliches Verhalten am Arbeitsplatz"

### Präambel:

- Grund für den Abschluß der Betriebsvereinbarung
- Absichten und Ziele

### Geltungsbereich:

- Räumlich: für welche(n) Betrieb(e), Abteilung(en) …
- Persönlich: alle im Betrieb Tätigen (Stammbelegschaft, Fremdfirmenbeschäftigte, Geschäftsleitung, Abteilungsleiter …)
- Zeitlich: sofern die Geltungsdauer der Betriebsvereinbarung (z. B. aus Gründen ihrer Erprobung) befristet sein soll

*) Das Buch kommt aus Deutschland, wurde aber für Österreich bearbeitet. Die „Eckpunkte einer Betriebsvereinbarung Mobbing" wurden als Information trotzdem belassen. Hinzuweisen wäre aber, daß in Österreich differenzierte Mitwirkungserfordernisse für die Belegschaftsvertretung bestehen.

**Begriffsklärung und Reichweite:**

- Definition von Mobbing
- Aufzählung von Mobbinghandlungen (nicht abschließender Katalog, der bei Bedarf ergänzt werden kann)
- Abgrenzung von Verhaltensweisen, die nicht Mobbing sind
- Einbeziehung von Verhaltensweisen, die nicht Mobbing sind, allerdings wie Mobbing betrachtet werden

**Verhaltenskodex:**

- Aufzählung der einzelnen Verhaltensanforderungen
- Verbot unerwünschter Verhaltensweisen
- Umgang mit Problemen sowie Konfliktsituation im Betrieb

**Betriebsklima:**

- Festschreibung von Maßnahmen zur Verbesserung des Betriebsklimas
- Zeitpunkt, Ort und Art der Maßnahmen
- Freistellung für die Teilnahme an den Maßnahmen
- Kostentragung

**Konfliktlösungsverfahren:**

- Regelung das Verfahrens zur Bewältigung von Konfliktsituationen im Betrieb
- Maßnahmenkatalog/Stufenplan
- Einschaltung externer Personen (z. B. Selbsthilfegruppe, Arzt, Psychologe)

**Hilfe für Mobbingbetroffene:**

- Angebot von (therapeutischen) Maßnahmen und Hilfe (z. B. Gespräche, Vertrauen schaffen, Ängste abbauen)
- Zeitpunkt, Ort und Art der angebotenen Maßnahmen
- Freistellung für die Teilnahme an den Maßnahmen
- Kostentragung

**Sanktionen (falls gewünscht):**

- Aufzeigen der Sanktionsmittel (z. B. Ermahnung, Abmahnung, Geldbuße, Versetzung, Kündigung)

- Welche Sanktionsmittel kommen wann in Betracht
- Regelung des Verfahrens der Sanktionierung (z. B. Einschaltung des Betriebsrats, Anhörung des Betroffenen, Aufklärung des Sachverhalts, Anrufung der Schlichtungsstelle bei Meinungsverschiedenheiten)

**Mobbingbeauftragter:**

- Funktion und Aufgabe
- Stellung (Mitglied des Betriebsrats oder Beauftragung einer externen Person)
- Ausstattung (z. B. Büro, Bücher, PC, Schreibkraft)
- Hinzuziehung externer Personen (z. B. Rechtsanwälte, Ärzte, Sachverständige)
- Schulung und Bildung
- Kostentragung

**Sensibilisierung und Qualifizierung:**

- Maßnahmen zur Sensibilisierung und Qualifizierung von Vorgesetzten und Beschäftigten (z. B. Vorträge, Seminare)
- Zeitpunkt, Ort und Art der Durchführung der Maßnahmen
- Freistellung für die Teilnahme an den Maßnahmen
- Kostentragung

**Schlichtungsstelle:**

- Zuständigkeit (bei Meinungsverschiedenheiten zwischen Betriebsrat und Arbeitgeber, die sich aus der Anwendung der Betriebsvereinbarung ergeben)
- Besetzung
- Verfahren
- Hinzuziehung von Sachverständigen
- Kostentragung

**Schlußbestimmungen:**

- Information (Aushändigung der Betriebsvereinbarung an den Adressatenkreis, Aushang am schwarzen Brett, Erläuterung der Betriebsvereinbarung auf einer Betriebs-/Belegschaftsversammlung)
- Salvatorische Klausel

- Pflicht zur Fortschreibung der Betriebsvereinbarung im Bedarfsfall
- Inkrafttreten (einer unbefristeten Betriebsvereinbarung; s. a. den Eckpunkt „zeitlicher Geltungsbereich“), Kündigung und Nachwirkung der Betriebsvereinbarung

Einige Entwürfe von Betriebsvereinbarungen sowie bereits abgeschlossene Betriebsvereinbarungen, die wir bislang zu Gesicht bekamen, waren mit rechtlichen Feststellungen wie „Mobbinghandlungen erfüllen strafrechtliche Tatbestände“ versehen. Da weder der Betriebsrat noch der Arbeitgeber solche Feststellungen rechtsverbindlich treffen kann und es auch nicht deren Aufgabe ist, solche Wertungen abzugeben, sollte auf diese verzichtet werden. Sinnvoller und passender ist daher eher der Hinweis „Mobbinghandlungen *können* strafrechtliche Tatbestände erfüllen“.

Wichtig ist zu bedenken, daß die Arbeit des Betriebsrats mit dem Abschluß der Betriebsvereinbarung nicht beendet sein darf. Die Realität zeigt immer wieder, daß Betriebsräte verbissen um den Abschluß einer Betriebsvereinbarung kämpfen, diese aber dann anschließend im Betrieb nicht weiter beachten, ihre Umsetzung nicht weiter verfolgen. So meinen Betriebsräte oftmals, daß es z. B. Alkoholprobleme von Beschäftigten nicht mehr gibt, sobald sie eine Betriebsvereinbarung „Sucht“ abgeschlossen haben. Vergleichbares gilt für Arbeitgeber.

**Wichtig!**

Mit dem Abschluß der Betriebsvereinbarung ist das Problem Mobbing nicht gelöst. Der Betriebsrat muß die Umsetzung der Betriebsvereinbarung verfolgen und diese bei Bedarf fortschreiben bzw. korrigieren.

Ein Ratschlag zu guter Letzt: Selbst gesteckte Ziele kann man – egal ob als Mobbingbetroffener oder als Betriebsrat(smitglied) – häufig nur dann verwirklichen, wenn man diese stets vor Augen hat. Hierzu ist es hilfreich, in regelmäßigen Abständen sowohl eine **Bestandsaufnahme** (s. a. Abb. Seite 240) als auch eine **Erfolgskontrolle** (s. a. Abb. Seite 240) durchzuführen. Gemäß der von uns gemachten Erfahrungen bedarf es hierfür nur weniger Minuten.

## Bestandsaufnahme zu Mobbing im Betrieb

| Problem-beschreibung | Ursachen des Problems | Bisheriger Umgang mit dem Problem | Konsequenzen für den weiteren Umgang mit dem Problem |
|---|---|---|---|
| | | | |
| | | | |
| | | | |
| | | | |
| | | | |

## Erfolgskontrolle zu Mobbing im Betrieb

Ziel:

Kontrolle am: (z. B. nach vier Wochen)

| Meine nächsten drei Schritte | angegangen und erledigt | angegangen und noch nicht erledigt (warum?) | nicht angegangen (warum?) | Konsequenzen für das weitere Vorgehen |
|---|---|---|---|---|
| | | | | |
| | | | | |
| | | | | |

# XIII. Der betriebliche Mobbing-Beauftragte

Um Mobbing am Arbeitsplatz auf Dauer wirksam in den Griff bekommen zu können, kann es ratsam und notwendig sein, einen betrieblichen Mobbingbeauftragten zu bestellen. Hierzu gibt es zwei Alternativen:

1. Jemand, der nicht Mitglied des Betriebsrats ist, wird mit dieser Aufgabe betraut (**der betriebsratsexterne Mobbingbeauftragte**);

2. einem Mitglied des Betriebsrats wird diese Tätigkeit übertragen (**der betriebsratsinterne Mobbingbeauftragte**).

Für welche Alternative man sich entscheidet, ist eine Abwägungssache. In beiden Fällen wird jemand als Ansprechpartner für Mobbingbetroffene benannt. Beide Alternativen beinhalten sowohl Vorteile als auch Nachteile.

Wird einer dem Betriebsrat nicht angehörenden Person (z. B. Arzt) die Aufgabe des Mobbingbeauftragten übertragen (z. B. im Wege eines Dienst- oder Werkvertrages), so kann sich diese Person – von den allgemeinen Betriebsratsaufgaben unbelastet – auf ihre Aufgaben konzentrieren. Allerdings handelt es sich bei dieser Person eben nicht um ein Mitglied des Betriebsrats. Eine Bildungsfreistellung zum Zweck der Teilnahme an Schulungs- und Bildungsveranstaltungen gem. § 118 ArbVG ist ebenso ausgeschlossen wie der besondere Schutz von Betriebsratsmitgliedern vor Benachteiligungen und Kündigungen.

Mobbingbeauftragte, die Mitglied des Betriebsrats sind, besitzen den besonderen Schutz, den jedes Betriebsratsmitglied genießt (z. B. Freizeitgewährung zur Erfüllung ihrer Obliegenheiten gem. § 116 ArbVG oder sogar völlige Freistellung von der Arbeitsleistung gem. § 117 ArbVG, beides unter Fortzahlung des Entgelts, besonderer Kündigungs- und Entlassungsschutz gem. §§ 120 ff. ArbVG). Als Mitglied des Betriebsrats können sie gem. § 118 ArbVG an speziellen Schulungs- und Bildungsmaßnahmen zu Mobbing teilnehmen, in Betrieben mit mindestens 20 Arbeitnehmern sogar unter Fortzahlung des Entgelts.

Da der Betriebsrat über die erforderliche Nähe zur Belegschaft verfügt und über betriebliche Gegebenheiten wie kein anderer informiert ist, verfügt er über Grundlagen und Hintergrundwissen, die sich ein Dritter nur schwerlich verschaffen kann. Dafür ist der Mobbingbeauftragte, der Mitglied des Betriebsrats ist, neben der Mobbingproblematik mit allen übrigen betrieblichen Problemen belastet, mit denen sich jeder Betriebsrat auseinanderzusetzen hat.

Der Begriff „Mobbingbeauftragter" kann insbesondere bei Mobbingbetroffenen Ängste schüren sowie Hemmschwellen und Vorurteile aufbauen. Wer sich an den Mobbingbeauftragten wendet, könnte hierdurch vielleicht Dritten zu verstehen geben, daß er mit Mobbing konfrontiert wird, Mobbingangriffen ausgesetzt ist …

Um dieser mit dem – objektiv richtigen – Begriff verbundenen Gefahr vorzubeugen, schlagen wir vor, einen Terminus zu wählen, der nicht mißverstanden werden kann und bei dem die Wortwahl eher positiv besetzt ist. Dies dürfte unter anderem für die Begriffe „**Konfliktbeauftragter**" und „**Betriebsklimabeauftragter**" gelten.

# Anhang

## 1. Zwei Fragebogen zur Selbstklärung bei Mobbing

Im folgenden sind zwei Fragebogen abgedruckt. Der erste Fragebogen richtet sich an die Interessenvertretung sowie an interessierte Personen (z.B. Arbeitskollegen). Der zweite Fragebogen ist für Mobbingbetroffene bestimmt.

Die Fragen geben Anregungen zum Nachdenken über das eigene Engagement sowie die eigene Betroffenheit. Sie dienen ausschließlich der Selbstklärung. Aus diesem Grunde können vorformulierte Ergebnisse nicht erzielt werden.

### a) Fragebogen für den engagierten Helfer

Häufig wird sich nicht die Zeit genommen, die notwendig ist, grundlegende Fragen sowie Probleme im erforderlichen Maße durchdenken zu können. Dieser Fragebogen soll Sie darin unterstützen, den eigenen Standpunkt zu Mobbing, Ihre konkrete betriebliche Situation und Ihre eigenen Möglichkeiten genauer unter die Lupe zu nehmen und weiter zu entwickeln. Nehmen Sie sich daher für die Beantwortung der Fragen ausreichend Zeit.

1. Wie definiere ich nach meinen persönlichen Eindrücken und nach meiner Überzeugung Mobbing? Wer, was und welche Situationen gehören dazu? (Eventuell später ergänzen, wenn Sie sich durch den ganzen Fragebogen durchgearbeitet haben).
2. Was unterscheidet Mobbing von anderen Formen unfreundlichen sozialen Umgangs?
3. Welche einzelnen Mobbinghandlungen habe ich persönlich beobachten können bzw. am eigenen Leib erfahren?
4. Welche Gründe und Motive haben Mobber für ihr Tun? Wenn ich mir nicht sicher bin, welche Motive vermute ich?
5. Welche „Schwachstellen“ haben die mir bekannten Mobbingbetroffenen? Welche vermute ich?

6. Welche betrieblichen Situationen oder personellen Konstellationen begünstigen Mobbing?

7. Welches ist die *entscheidende* Schaltstelle im Betrieb, um Mobbing einzudämmen bzw. vorzubeugen?
   - Geschäftsführung
   - Betriebsrat
   - Mobbingbetroffener selbst
   - Belegschaft
   - je nachdem
   - alle zusammen
   - …

8. Welches sind nach meiner Meinung die wichtigsten Gründe, daß es Mobbing in meinem Betrieb gibt bzw. daß Mobbing in meinem Betrieb zutage treten könnte?
   - schlechtes Arbeitsklima
   - Konkurrenz
   - Aufstiegsprobleme
   - Personalabbau
   - Niedertracht
   - Machtgelüste
   - Engherzigkeit
   - Arbeitshetze
   - Neid, Mißgunst
   - Niedergang des Betriebs
   - schlechtes Management
   - Engstirnigkeit
   - Jagdfieber
   - schlechte Arbeitsorganisation
   - Überempfindlichkeit
   - Überforderung
   - kein Mitgefühl
   - machen sich keine Gedanken
   - andere Gründe: …

9. Ich fühle mich selbst aktuell Mobbingangriffen ausgesetzt.
   - Ja, stark
   - Ja, manchmal bzw. zeitweilig
   - Nein
   - Weiß nicht, ob man das Mobbing nennen soll

10. Ich bin in der Vergangenheit gemobbt worden.
    - Ja, stark
    - Ja, manchmal bzw. zeitweilig
    - Nein
    - Weiß nicht, ob man das Mobbing nennen soll

11. Für alle diejenigen, die selbst noch nicht gemobbt wurden: Kann ich mir vorstellen, daß ich unter bestimmten Umständen auch einmal die Zielscheibe von Mobbing werden könnte?
    - Ja, das könnte passieren, wenn …
    - Nein, das könnte eigentlich nicht passieren, weil …
    - Vielleicht, aber ich kann es mir nicht so recht vorstellen, weil …

12. Wenn ich ehrlich bin, war ich selbst schon mal an Vorgängen beteiligt, die den Betroffenen als Mobbing vorgekommen sein mögen.
    - Ja
    - Vielleicht
    - Nein

    Wenn ja oder vielleicht, was ist geschehen?

13. Welche Eigenschaften und Fähigkeiten braucht ein Betriebsratsmitglied, um mit Mobbingbetroffenen gute Beratungsgespräche führen und sie unterstützen zu können?

14. Welche Eigenschaften und Fähigkeiten braucht ein Betriebsratsmitglied, um mit Mobbern Gespräche führen oder um in einer Abteilung, in der gemobbt wird, mit allen Beteiligten die soziale Situation verbessern zu können?

15. Von welcher Seite im Betrieb kann ich kurzfristig/unmittelbar Unterstützung beim Vorgehen gegen Mobbing erwarten?

    Personen:

    Gremien/Funktionsträger:

16. Bei welche Personen(kreisen) und Gremien kann ich mir begründete Hoffnung machen, daß sie *langfristig* zu Bündnispartnern gegen Mobbing werden könnten? Oder sehe ich das eher sehr pessimistisch?

17. Von welcher Seite kommt (vermutlich) Widerstand/Gegnerschaft?

    Personen:

    Gremien/Funktionsträger:

18. Wer verhält sich (vermutlich) neutral/abwartend/ambivalent?

    Personen:

    Gremien/Funktionsträger:

19. Welche Personen/Gremien/Funktionsträger kann ich nicht richtig einschätzen?

zu 15 – 19:

Wenn ich mir vorstelle, daß das Kästchen meine Belegschaft symbolisiert (100 %), wie groß sind die Anteile der Unterstützer, Mobber, Neutralen usw.?

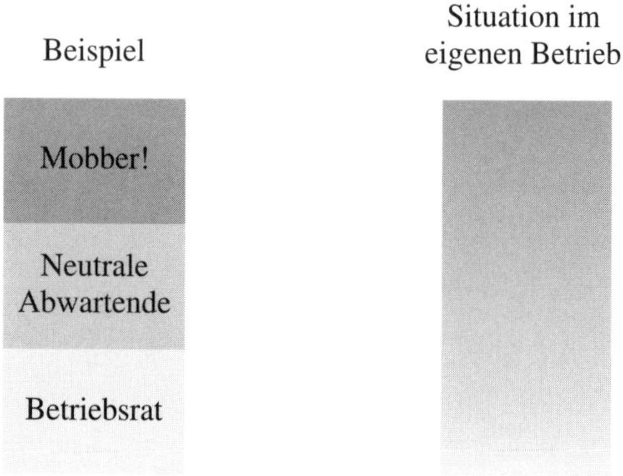


20. Angenommen, ein Betriebsrat möchte den Arbeitgeber für Mobbing sensibilisieren und erwartet jedoch Unverständnis oder Unwillen von dieser Seite. Wie sollte der Betriebsrat die Maßnahme beginnen? Welche Verhandlungsstrategie gegenüber dem Arbeitgeber (z.B. um Verständnis werben, Druck machen, Belegschaft mobilisieren) sollte der Betriebsrat wählen, und auf welche Ziele sollte hingesteuert werden?

   a) Womit beginnen?
   b) Welche Verhandlungsstrategie?
   c) Welche Ziele?

21. Welche Handlungsstrategie des Betriebsrats halte ich in meinem Betrieb für erfolgversprechend?

   a) Beratung und Unterstützung für Mobbingbetroffene;
   b) persönliche Mobbing-Anlaufstelle/telefonische Mobbing-Hotline;
   c) Referat mit Experten auf der Betriebsversammlung;
   d) Verhandlungen mit Geschäftsleitung mit dem Ziel: besseres Management;
   e) Sanktionen, juristische Schritte gegen Mobber;
   f) Druckmittel, juristische Schritte gegen Arbeitgeber;
   g) Konfliktmanagement durch Arbeitgeber in den betreffenden Abteilungen;
   h) Konfliktmanagement durch Betriebsrat in den betreffenden Abteilungen;

i) Konfliktmanagement durch externe Fachleute;
j) Konfliktgespräche des Betriebsrats mit allen Beteiligten;
k) Konfliktgespräche Betriebsrat und Arbeitgeber mit allen Beteiligten;
l) …

Weitere Pläne und Vorhaben:

22. Wo beginne ich? Welche Schritte leite ich innerhalb der nächsten Zeit ein, um meine Vorhaben gegen Mobbing umzusetzen?

## b) Fragebogen für den Mobbingbetroffenen

Falls Sie selbst akut von Mobbing betroffen sind, ist es häufig schwer, sich allein von den quälenden, immer wiederkehrenden Gedanken zu befreien, die einem immer und immer wieder durch den Kopf gehen. Wenn Sie momentan keinen Gesprächspartner haben oder einmal ganz in Ruhe Ihre derzeitige Situation überdenken möchten, können Sie diesen Fragebogen zur Selbstklärung durcharbeiten. Vielleicht ergeben sich für Sie hieraus neue Anregungen zur Konfliktbewältigung.

1. Was ist genau geschehen bzw. geschieht zur Zeit?

2. Seit wann ist (mir) klar, daß es keine vorübergehende oder zufällige Sache ist?

3. Welche psychischen und physischen Verletzungen habe ich bisher hinnehmen müssen?

4. Was passiert, wenn der Prozeß so weiterläuft?

5. Welche Gefühle habe ich gegenüber dem Mobber?

   - Haß
   - Verachtung
   - Schadenfreude
   - Ohnmacht
   - Gleichgültigkeit
   - Wut
   - Enttäuschung
   - Resignation
   - Angst, Furcht
   - Rachedurst
   - Neid
   - Ekel
   - Ärger
   - andere Gefühle: …

6. Welche Gefühle hat der Mobber vermutlich mir gegenüber?
   - Haß
   - Verachtung
   - Schadenfreude
   - Ohnmacht
   - Gleichgültigkeit
   - Wut
   - Enttäuschung
   - Resignation
   - Angst, Furcht
   - Rachedurst
   - Neid
   - Ekel
   - Ärger
   - andere Gefühle: …

7. Welche Motive vermute ich hinter dem Tun des Mobbers?

8. Wie und wann ist die Mobbingsituation entstanden (vorher/nachher)? Kann ich einen konkreten Auslöser oder Anlaß erkennen?

9. Wer ist (war) der Hauptverantwortliche für die Mobbingangriffe?

10. Wer ist (war) bzw. sind (waren) Mitläufer und Mittäter?

11. Bin ich persönlich gemeint oder geht es eher um eine „Sündenbockrolle“? Bin ich nur zufällig in die Schußlinie geraten?

12. Welche Maßnahmen habe ich gegen das Mobbing ergriffen? Welche Maßnahmen sind wirkungslos geblieben, welche haben Teilerfolge gebracht? Welche Maßnahmen haben gegebenenfalls das Gegenteil bewirkt? Welche Maßnahmen waren wirkungsvoll?

13. Welche Menschen würden mich unterstützen?
    a) im privaten Bereich:
    b) im Betrieb bzw. in der Dienststelle:
    c) professionelle Helfer:

14. Ist die Familie und der Freundeskreis überfordert? Haben wichtige private Bezugspersonen kein Verständnis?

15. Welche Personen habe ich nicht angesprochen, aus Furcht, sie würden verständnislos oder ebenfalls feindselig reagieren?

16. Von welchen Personen gab es kein Verständnis oder keine Unterstützung, obwohl darum gebeten wurde?

17. Manche Menschen, die gemobbt werden, räumen das Feld, um auf diese Weise die Angriffe zu beenden. Möchte ich aufgeben? Aus welchen Gründen möchte ich nicht aufgeben?

18. Lassen Sie Ihre Phantasie fliegen! Stellen Sie sich vor, in drei Monaten (oder sechs Monaten, wenn das für Sie realistischer klingt) wäre der ganze Spuk, der Sie bisher so belastet hat, vorbei. Lassen Sie mal beiseite, wie das im Einzelnen vor sich gegangen ist. Stellen Sie sich nur Ihre betriebliche Situation und Ihr dazu passendes Gefühlsleben, Ihre sozialen Beziehungen und Ihre Arbeit vor – zu dem Zeitpunkt, wenn es endlich vorbei ist. Machen Sie es so konkret wie möglich. Sie stehen morgens auf, Sie gehen zur Arbeit, treffen Arbeitskollegen … Wie wäre es, wenn es optimal für Sie wäre?

19. Welche Form der Unterstützung möchte ich mir in der nächsten Zeit organisieren? Was fehlt mir, damit ich besser mit der Situation zurecht komme bzw. damit ich die Situation überwinden kann?

20. Was kann ich als nächstes praktisch tun?

## 2. Checkliste für handlungsorientierte Beratungsgespräche mit Mobbingbetroffenen

Jedes Beratungsgespräch mit einem Mobbingbetroffenen hat seine Besonderheit. Je nach der Situation und den Beteiligten werden sich Gespräche verschieden entwickeln. Deswegen wäre es irreführend, wenn wir ein Ablaufschema für solche Gespräche erstellen wollten. Aus Gesprächen mit Betriebs- und Personalratsmitgliedern, die solche Gespräche führen (wollen), hörten wir dennoch den Bedarf nach einer Checkliste heraus. Diesem Wunsch kommen wir mit der folgenden Checkliste nach. Sie soll es Ihnen als Berater ermöglichen, auch im „Eifer des Gefechts" einigermaßen den Überblick zu behalten. Beispielsweise könnte es zu Unstimmigkeiten kommen, wenn Sie vergessen, den Ratsuchenden nach seinem Einverständnis hinsichtlich der Anfertigung von Notizen zu fragen. Andererseits könnten Sie sich beim Überfliegen der Checkliste daran erinnern, daß es angesichts der zu erwartenden Menge an Informationen und deren Unübersichtlichkeit sinnvoll wäre, Notizen zu machen.

# Checkliste für das Beratungsgespräch

## 1. Vor dem Gespräch

- Kurze eigene Einstimmung auf das bevorstehende Gespräch
- Störquellen möglichst ausschalten
- Angenehme Gesprächssituation schaffen
- Sitzordnung weder zu distanziert noch zu vertraulich

## 2. Begrüßung

- Wenige einleitende Worte: „Türöffner"
- Getränk anbieten, soweit vorbereitet
- Frage: „Darf ich Notizen machen?"
- Zeitrahmen gemeinsam festlegen (nicht länger als 60 Minuten)
- Absolute Vertraulichkeit zusichern

## 3. Zielsetzung für dieses Beratungsgespräch erfragen

- Frage: „Was ist für Sie das Ziel dieses Gesprächs?" oder
- „Welchen Wunsch haben Sie (heute) an mich?"

## 4. Schilderung des Problems

- Ratsuchenden frei aussprechen lassen; hören Sie zu, was ihn bewegt
- Ratsuchenden als Person „annehmen"; keine Wertungen abgeben
- Mit Worten und Gesten zeigen, daß Sie zuhören; Ablenkungen vermeiden
- Nachfragen, um die Gefühle und Erlebnisse besser nachempfinden zu können
- Nachfragen, um den Sachverhalt und die Zusammenhänge besser verstehen zu können
- Abschließende Zusammenfassung des Problems

## 5. Mögliche Lösungen prüfen

- Ziele, Erwartungen des Ratsuchenden erfragen: „Was möchten Sie erreichen?"
- Lösungsvorstellungen des Ratsuchenden erfragen: „Welcher Weg schwebt Ihnen vor?"
- Mögliche Lösungen und Unterstützung aus Sicht des Betriebsrats einbringen
- Keine Lösungen aufdrängen, nicht auf Vorschlägen beharren
- Gemeinsame Beratung möglicher Wege zur Verbesserung der Situation

# Checkliste
# für das Beratungsgespräch *(Fortsetzung)*

## 6. Schwierigkeiten einkalkulieren

- Nicht gegen unrealistische Ziele des Ratsuchenden argumentieren; statt dessen gemeinsam eine Pro/Kontra-Liste der möglichen Folgen erstellen
- Keine oberflächliche Ermutigung bei Angst und Zurückhaltung des Ratsuchenden; statt dessen vorsichtig die Konsequenzen des Nicht-handelns besprechen
- Nicht in Unruhe kommen, wenn Sie als Berater ebenfalls keine Lösung wissen; statt dessen beiderseitige Bedenkzeit vereinbaren

## 7. Auf Lösungen hinarbeiten, nicht bei Problemen stagnieren

- Lassen Sie sich nicht auf Dauer mit den Problemen im Kreis drehen
- Auf einen „ersten (nächsten) Schritt" hinarbeiten
- Vereinbarung treffen, was als Erstes getan werden soll

## 8. Bündnis eingehen

- Gemeinsam festlegen, was getan werden soll
- Arbeitsteilung zwischen Betroffenem und Berater
- Offen für spätere Gespräche bleiben, wenn der Ratsuchende nichts tun will

## 9. Verbindlichkeiten schaffen

- Folgetermin verbindlich absprechen
- Weiteres Vorgehen vereinbaren
- Gegenseitiges Informieren über Veränderungen absprechen
- Später: Erfolgskontrolle der eingeleiteten Maßnahmen

## 10. Nach dem Gespräch

- Notizen nachbereiten; Gespräch nachfühlen und überdenken
- Zusagen einhalten

# 3. Anschriftenverzeichnis zu Mobbing

Es gibt in Österreich einige Anlaufstellen, Selbsthilfegruppen, Ärzte, Psychologen, Seminaranbieter etc., an die sich interessierte Mobbingbetroffene sowie Betriebsräte und Personalvertreter wenden können. Anschriften und Telefonnummern finden sich in Aussendungen und Aushängen.

Da jedes Anschriftenverzeichnis nur eine auf den Zeitpunkt seiner Erstellung bezogene und niemals vollständige Bestandsaufnahme sein kann, haben wir uns getreu dem Motto „Weniger ist mehr" dazu entschlossen, nur zentrale Einrichtungen aufzulisten. Schließlich bieten diese noch am ehesten die Gewähr dafür, auch noch längerfristig unter den recherchierten Anschriften erreichbar zu sein.

## Therapeuten/Erstversorgung:

**Dr. Rudolf Karazman**
Facharzt für Psychiatrie und Neurologie, Psychotherapeut, Arbeitsmediziner, Wien
Ordination: 01/5962440

**Dr. Karin Gutierrez**
Fachärztin für Psychiatrie und Neurologie und Psychotherapeutin
Univ.-Klinik für Psychiatrie Wien
Währinger Gürtel 18–20
1090 Wien

**Beratung/Seminare/Ausbildung**
Seminare zum Thema Mobbing:
**Institut für Betriebliche Gesundheitsförderung (IBG)**
Seidengasse 33–35
1070 Wien
Tel. Nr.: 01/52437510

**Kammer für Arbeiter und Angestellte für Salzburg,**
Abteilung Betriebsräteberatung, Referat Neue Technologien,
Wolfgang Liepold, Markus-Sittikus-Straße 10, 5020 Salzburg,
Tel. Nr.: 0662/86 87 14, Fax: 0662/87 62 58

**Österreichischer Gewerkschaftsbund**
**Landesorganisation Vorarlberg**
Persönliche Beratung für Mobbingbetroffene
(telefonische Vereinbarung):
Bildungssekretär: Kurt Vent, Tel. Nr.: 05522/35 53/DW 24
Frauensekretärin: Sabine Rüdiger, Tel. Nr.: 05522/3553/DW 20

**Landesorganisation Steiermark**
Persönliche Beratung für Mobbingbetroffene
(telefonische Vereinbarung):
Bildungsreferent: Mag. Gerhard Winkler, Tel. Nr.: 0316/7071-0

**Landesorganisation Salzburg**
Persönliche Beratung für Mobbingbetroffene
(telefonische Vereinbarung):
Landessekretär: Rupert Schindlauer, Tel. Nr.: 0662/881646/DW 233

**Gewerkschaft der Privatangestellten Wien**
Persönliche Beratung für Mobbingbetroffene
(telefonische Vereinbarung) und Seminare zum Thema Mobbing:
Trainerin: Mag. Johanna Kothbauer, Tel. Nr.: 01/31393/DW 345 oder DW 292

**Gewerkschaft der Privatangestellten Oberösterreich**
Persönliche Beratung für Mobbingbetroffene
(telefonische Vereinbarung)
Ansprechpartnerin: Liane Irsigler, Tel. Nr.: 0732/669845/DW 50

**Gewerkschaft der Privatangestellten Tirol**
Persönliche Beratung für Mobbingbetroffene
(telefonische Vereinbarung)
Sekretär: Robert Koschin, Tel. Nr.: 0552/59777-0

**Beratungsstelle für Bundesbedienstete**
Beratungsteam: Ärzte, Psychologen, Psychotherapeuten, Sozialarbeiter
Leiterin: Dr. Eveline List
Sekretariat: Sonja Fitz, Tel. Nr.: 01/5322555

**Gewerkschaft Öffentlicher Dienst**
Beratung: Christine Gubitzer, Tel. Nr.: 01/53454/DW 270 oder 273

**Gewerkschaft der Gemeindebediensteten**
Referat Humanisierung der Arbeitswelt
Thomas Kattnig, Tel. Nr.: (01) 313 16 / 83677, e-mail: thomas_kattnig@gdg.oegb.or.at
Kurt Obermülner, Tel. Nr.: (01) 313 16 / 83685, e-mail: fcgok@funtastic.net

**Forschung**

Prof. Dr. Dieter Zapf,
Johann-Wolfgang-Goethe-Universität Frankfurt,
Institut für Psychologie,
Mertonstraße 17, 60054 Frankfurt/Main,
Tel. Nr.: 069/79823-786, Fax: 069/79823-847

Dr. Klaus Niedl (Universitätslektor), Wirtschaftsuniversität Wien,
Abteilung für verhaltenswissenschaftlich orientiertes Management, Augasse 2-6,
1090 Wien

# Autoren

**Dr. phil. Axel Esser**, geb. 1952, Diplompsychologe, Stipendiat der Hans-Böckler-Stiftung, ist seit vielen Jahren in der gewerkschaftlichen Bildungsarbeit eingebunden. Zunächst in der Gesundheitsforschung tätig, arbeitet er seit 1996 freiberuflich als Trainer. Zudem ist er als Berater von Betriebs- und Personalräten tätig.

**Martin Wolmerath**, geb. 1961, Rechtsanwalt, ist seit vielen Jahren in der gewerkschaftlichen Bildungsarbeit eingebunden. Zunächst als Redakteur bei den Zeitschriften „Arbeitsrecht im Betrieb“ und „Der Personalrat“ tätig, leitet er heute als Verlagsleiter die „Arbeitsrecht im Betrieb“ Verlagsgesellschaft mbH.

**Axel Esser und Martin Wolmerath** beschäftigen sich gemeinsam seit 1994 mit dem Thema „Mobbing“. Die in zahlreichen Gesprächen mit Betriebs- und Personalräten gesammelten Erfahrungen sowie Arbeitsergebnisse haben sie in ihrem Mobbing-Ratgeber einfließen lassen, der 1996 im Bund-Verlag (Frankfurt/Main) erschienen ist und 1999 bereits in der dritten aktualisierten Auflage vorliegt. Neben zahlreichen (zum Teil gemeinsamen) Veröffentlichungen führen sie zusammen Seminare zu den Themen „Effektive Interessenvertretung“, „Konfliktbewältigung am Arbeitsplatz“ und „Psychische Belastungen am Arbeitsplatz“ durch.

**Mag. Dr. Klaus Niedl**, geb. 1965. Studium der Betriebswirtschaftslehre an der Wirtschaftsuniversität Wien, Schwerpunkt Personalwirtschaft. Forschungsaufenthalte in Schweden und Deutschland. 1994 Abschluß einer Dissertation über Mobbing. Seit 1994 als Personalleiter tätig; seit 1999 Personalleiter eines Dienstleistungsunternehmens im Bereich Wirtschaftsinformation.

**Mag. Dr. iur. Ingrid Mitgutsch**, geb. 1968 in Linz. Diplomstudium der Rechtswissenschaften an der Johannes Kepler Universität Linz, seit 1996 Universitätsassistentin und -lektorin am Institut für Strafrecht, Strafprozeßrecht und Kriminologie in Linz. Fakultätsbeauftragte des Arbeitskreises für Gleichbehandlungsfragen der Universität Linz. Fakultätsbeauftragte für ERASMUS/SOKRATES der Universität Linz. Veröffentlichungen auf dem Gebiet des Strafrechts.

# Literaturverzeichnis


## 1. Aufsätze

*Binder,* Bemerkungen zum „Vorbringungsrecht“ des Arbeitnehmers gemäß § 37 Abs. 2 ArbVG, DRdA 1975 83 f.

*Däubler,* Mobbing und Arbeitsrecht, Betriebs-Berater 1995 1347 ff.

*Holzer,* Einige Strukturfragen personeller Mitbestimmung, ZAS 1982 3 ff.

*Mitgutsch,* Strafrechtliche Aspekte des Mobbing am Arbeitsplatz, in: *Deixler-Hübner* (Hg), Die rechtliche Stellung der Frau, 1998 (zit: Mitgutsch Aspekte).

## 2. Bücher

*Bertel,* Grundriß des österreichischen Strafprozeßrechts, 5. Auflage 1997 (zit: Bertel Strafprozeßrecht[5]).

*Björkqvist,* Trakassering förekommer bland anställda vid AA, Meddelanden fran Abo Akademi, Nr. 9, 1992, S. 14–17

*Brinkman/Kirschner,* Dealing with people you can't stand; New York u. a., 1995

*Däubler,* Das Zivilrecht. Ein Leitfaden durch das BGB; Reinbek bei Hamburg, 1997 (zitiert: Band 1 = Däubler ZR 1; Band 2 = Däubler ZR 2)

*Einarsen/Raknes/Mathiesen/Hellesoy,* Mobbing og harde personalkonflikter, Soreidgrend, 1994

*Fisher/Kopleman/Kupfer-Schneider,* Jenseits von Machiavelli. Kleines Handbuch der Konfliktlösung; Frankfurt/Main, New York, 1995

*Floretta/Spielbüchler/Strasser,* Arbeitsrecht Band I, 4. Auflage 1998 (zit: Floretta/Spielbüchler/Strasser Arbeitsrecht I[4]).

*Foregger/Kodek,* Die österreichische Strafprozeßordnung Kurzkommentar, 7. Auflage 1997 (zit: Foregger/Kodek StPO[7]).

*Fuchs,* Österreichisches Strafrecht Allgemeiner Teil I, 3. Auflage 1998 (zit: Fuchs AT I[3]).

*Glasl,* Konfliktmanagement; Bern, 1990

*Heinemann,* Mobbing – gruppvald bland barn och vuxna; Natur och Kultur; Stockholm, 1972

*Huber,* Psychoterror am Arbeitsplatz – Mobbing; Niedernhausen/Taunus, 1993/1994

*Izard,* Die Emotionen des Menschen; Weinheim, Basel, 1981

*Jescheck/Weigend,* Lehrbuch des Strafrechts Allgemeiner Teil, 5. Auflage 1996 (zit: Jescheck/Weigend AT[5]).

*Kienapfel,* Grundriß des österreichischen Strafrechts Besonderer Teil Band I, 4. Auflage 1997 (zit: Kienapfel BT I[4]).

*Kienapfel,* Grundriß des österreichischen Strafrechts Besonderer Teil Band II, 3. Auflage 1993 (zit: Kienapfel BT II[3]).

*Knorz/Zapf,* Mobbing – eine extreme Form sozialer Stressoren am Arbeitsplatz, Zeitschrift für Arbeits- und Organisationspsychologie, 40. Jg, 1, 1996, S.12–21

*Koziol,* Österreichisches Haftpflichtrecht Band I, 2. Auflage Wien 1980 (zit: Koziol Haftpflichtrecht I[2]).

*Koziol/Welser,* Grundriß des bürgerlichen Rechts Band I, 10. Auflage 1995 (zit: Koziol/Welser Bürgerliches Recht I[10]).

*Kuderna,* Das Entlassungsrecht, 2. Auflage 1994 (zit: Kuderna Entlassungsrecht[2]).

*Leukauf/Steininger,* Kommentar zum Strafgesetzbuch, 3. Auflage 1992 (zit: Leukauf/Steininger StGB[3]).

*Leymann,* Psychoterror am Arbeitsplatz und wie man sich dagegen wehren kann; Reinbek, 1993 (zitiert: Leymann 1993)

*Leymann* (Hrsg.); Der neue Mobbing-Bericht; Reinbek, 1995 (zitiert: Leymann 1995)

*Leymann/Gustavsson,* Psykiskt vald i arbetslivet. Stockholm, 1984

*Leymann/Niedl,* Mobbing: Psychoterror am Arbeitsplatz. Ein Ratgeber für Betroffene, Wien, 1994

*Lindemeier,* Neue Arbeit – Neues Denken? Psychosoziale Probleme: ihre Ursachen und Interventionsmöglichkeiten; Beruf und Gesundheit 2/96

*Neuberger,* Mobbing, Übel mitspielen in Organisationen; München und Mering, 1994 (zitiert: Neuberger 1994)

*Neuberger,* Mobbing, Übel mitspielen in Organisationen; München und Mering, 1995 (zitiert: Neuberger 1995)

*Niedl,* Mobbing, Bullying am Arbeitsplatz; Mering, 1995

*Niedl,* Mobbing. in: Rosenstiel/Molt/Rüttinger (Hrsg.), Handbuch der Angewandten Psychologie. Landsberg/Lech, 1997

*Petrovic/Maska/Matyas,* Aktuelles Handbuch des Arbeitsrechts für die betriebliche Praxis, Loseblatt-Ausgabe seit 1988, Stand März 1999 (zit: Bearbeiter in: Petrovic/Maska/Matyas Handbuch).

*Platzgummer,* Grundzüge des österreichischen Strafverfahrens, 8. Auflage 1997 (zit: Platzgummer Strafprozeßrecht[8]).

*Rummel* (Hg), Kommentar zum Allgemeinen bürgerlichen Gesetzbuch 1. Band, 2. Auflage 1990 (zit: Bearbeiter in: Rummel ABGB[2]).

*Rummel* (Hg), Kommentar zum Allgemeinen bürgerlichen Gesetzbuch 2. Band, 2. Auflage 1992 (zit: Bearbeiter in: Rummel ABGB[2]).

*Schwarz/Löschnigg,* Arbeitsrecht, 6. Auflage 1997 (zit: Schwarz/Löschnigg Arbeitsrecht[6]).

*S. Seiler,* Strafprozeßrecht, 2. Auflage 1999 (zit: S.Seiler Strafprozeßrecht[2]).

*Triffterer,* Österreichisches Strafrecht Allgemeiner Teil, 2. Auflage 1994 (zit: Triffterer AT[2]).